# 文化的记忆丛书
（文学系列）

**主　编**
朱法元

**副主编**
徐建国　郭平英　张问渔

**编　委**
张德意　彭新元　游道勤
揭同元　张国功

文化的记忆丛书

# 叶圣陶画传

商金林 著　叶燕 图

羅漢昔觀漏雨淋九尊今看坐碧岑
供奉無復教宗涉来者唯好古塑深
兼陳文物得其宜位置對石見匠心
重来顧酬逾半紀此日盤桓豁匈襟
一九七七年五月十六日来游十月二十五日補題　葉聖陶

江西人民出版社

# 总　序

多年以来，中国学术界有这样一个判断：即近代时期（具体而言，约莫指19世纪中叶至20世纪中叶），是中国学术文化继两千年前的先秦时期和近千年以前北宋时期之后的第三次高峰。其中尤以史学和哲学成绩卓著。屈指数来，像王国维、梁启超、陈寅恪、陈垣、胡适、郭沫若、顾颉刚、钱穆、傅斯年、熊十力、冯友兰、梁漱溟等重量级人物，随随便便就点到两位数了。孟子云，五百年必有王者兴（语出《孟子·公孙丑章句下》，"彼一时，此一时也。五百年必有王者兴，期间必有名世者。"）。而这一百年内，伴随着中华民族莽荡多灾的历史进程，思想文化界却也是风起云涌，王者辈出，书写了和民族命运转换相颉颃的厚重而辉煌的一页。

其实，不光是史学、哲学乃至整个国学界，再横向推广开来看（纵向则可收缩到20世纪上半叶），在现代文学艺术领域，同样是风云际会、群雄并起，诸如文学巨子鲁迅、郭沫若、茅盾、巴金、老舍、曹禺、林语堂、郁达夫、徐志摩、张爱玲等等；美术巨擘徐悲鸿、张大千、傅抱石、齐白石、吴昌硕、刘海粟、潘天寿、林风眠等以及梅兰芳等京剧四大名旦等等。他们共同构成了现代中国文学艺术史上天才出没、灵杰隐现的蔚然奇观，只不过比前者发轫时间稍晚（名曰现代），且特点或不如前者显赫，故不易在数千年的时空中以"第×次高潮"名之。她倒更像是历史长河突然在这里拐了个弯，文学艺术革命豁然开出了新生面，"乱石穿空，惊涛裂岸，卷起千堆雪，江山如画，一时多少豪杰"……

人们不免要问了，近现代中国风雨如磐，血火迸溅，神州陆沉，中华板荡，几乎无处安放下一张平静的书桌，何以文化学术与文学艺术独能繁华百年尽得风流呢？这确实是个大问题，恐怕不是一两句马克思的"文化繁荣有时与社会发展并不同步"的名言，或者"国家不幸诗家幸，话到沧桑句便工"的古诗所能了得的。在我看来，概括前人备述，择其大端，至少有三条或可一说。谨此就教方家，请略论之。

其一，由于西学东渐激活了中华文化。近代以来，欧风美雨排天而来，东方/西方、本土/域外、传统/现代，两种文化的相互激荡、冲撞、融合，构成了百年大潮波澜壮阔的主流。孰优孰劣，暂不置评。但一个不争的事实是，文化需要对撞，交流才更易激活，尤其是具有五千年历史的中华文明，一经激荡便活力四射。无论是先秦诸子，还是佛入中土；无论是民族融合，还是西学东渐。凡有交流、刺激者，必有如输入新鲜血液，带来新的生机，开出新的生面。这是一般的文化特性，更是博大精深的中华文明历经五千年而不坠的根本所在。因为她的超稳定性，所以不惧开放；因为她的超包容性，所以能同化异质，从而生生不息，永葆青春。恰如陈寅恪先生所言："在吾国思想史上……其真能于思想上自成系统，有所创获者，必须一方面吸收输入外来之学说，一方面不忘本来民族之地位。"（《冯友兰中国哲学史下册审查报告》）——正是进化史观和唯物史观的引进和运用，传统中国史学才蜕变一新。王国维的"二重证据法"（典籍与文物），陈寅恪的"中外互证法"（外文资料与中土旧籍），都有西方实证史观与理性分析之影响在焉。他们大胆地采用"拿来主义"，坚信"吃了羊肉决不会变成羊"。茅盾说五四时期鲁迅的小说一篇一个样，鲁迅则说"全是仰仗了百余篇外国小说的阅读"。曹禺剧本脱胎于尤金·奥尼尔，茅盾则师承普顿·辛克莱，如此等等，不胜枚举。也正因如此，中华文化学术与文学艺术才勃发新机，翻开了新的一页。

其二，由于西力东扩激发了中华士子。自从鸦片战争的坚船利炮轰毁了古老帝国的城门，一个辉煌了几千年的民族，瞬间跌入了屈辱的深渊。"知耻而后勇"，"置之死地而后生"。面对保国、保种、保教三重危机的挑战，中华民族激发出了勇敢的应战精神。无论是"体用之争"还是"师夷制夷说"，睁开眼睛看世界之后的选择就是走出国门走向世界。以150多年前的留美幼童为肇始，无数仁人志士英才俊杰汇入了这一潮流。科学救国也罢，主义救国也罢，文化救国也罢，为救亡图存，为中华崛起乃第一要务。这恰是中华传统之精义，天下兴亡，匹夫有责；愈挫愈奋，百折不挠。于是，鲁迅们东渡扶桑，从学医疗救身体到弃医从文疗救灵魂，不经意间成为了新文化运动的旗手与骁将；陈寅恪们负笈欧美，游历列国，博通多语，只为重审历史，探询新知，未曾料想为现代中国史学奠基开疆。他们或者干脆"怒向刀丛觅小诗"，以笔为枪投入战斗：林语堂放弃翻译《红楼梦》之夙愿而新创《京华烟云》直接伸张民族大义，徐悲鸿以中西合璧之膂力绘制巨作《田横五百士》激励士气；梅兰芳蓄须罢演表明抗敌心志……"沧海横流，方显出英雄本色。"正是中国士子的良知使命，爱国热忱，天下担当促成了他们的选择，玉成了他们的事业，使之迸发出最大的创造激情和最炫目的天才光芒，像群星照亮了近现代中国文化学术与文学艺术的深邃夜空。

其三，由于坚守根本，昭示了中华文化的未来。前点引述陈寅恪之"两方面说"——"一方面吸收输入外来之学说，一方面不忘本来民族之地位"。说的就是大师的标准与风范：学贯中西，融通古今。综观近现代诸子，经、史、子、集、儒、释、禅乃至西学，无一不通者，不如此不能有大成。但掰开了说，我更看重后一方面，即"民族根本"。而且依我看来，近现代诸子多作如是观。从张南皮的"中学为体，西学为用"，到鲁迅的"越是民族的便越是世界的"；从王国维的沉湖殉葬，到辜鸿铭、钱穆的终生"卫道"；从林语堂的"中华文化至上论"到陈寅恪、钱钟书皈依传统以至于书写方式都回到竖写、繁体、文言而决不妥协，已然看出近现代诸子之殊途同归——从中土出发，游学多年，再精通数门外语、深谙异域文化也就是说拥有了双重乃至多重文化背景之后，进行了"入乎其里，出乎其外"的深刻比较，最后的选择是回归传统。即便口口声声要"全盘西化"如胡适之者，后半生几乎都投入了"整理国故"，一部《水经注》的考证就沉湎二十三年不能自拔。至于说到中国艺术的魅力，诸位想想，林语堂区区一本《生活的艺术》都足以让美国人倾倒，那梅兰芳访美访苏演出之后被惊为"天人"又有什么可奇怪的呢？表现派大师布莱希特就坦言：我梦寐以求的艺术境界（假定性、程式化或曰"间离说"）在梅先生的京剧艺术中已然炉火纯青了……当然，凡此种种，都是现象，只云其然，未云其所以然因为她太过复杂，因为她涉及中华民族的思维方式、语言方式，就譬如说汉字结构罢——由于她象形与会意，就造成了一字多形多义的效果，美国语言学家范尼诺萨一百年前（1908）就著文阐述汉字的象形文字所传达的动感，所包含的具体图画和多词类功能。因其非抽象性，包涵有浓厚的感性直观素材而更能表达诗的本质，"由于其记载了人的思维心态的过程而开创了语言哲学的新篇章"——汉字仅仅是"更能表达诗的本质"吗？范氏发现不正是今天西方有识之士开始频频叩询与推崇"儒教文明即将拯救人类"的先声吗？

好了，三三归一，依然是个说不清道不明。要知真相，欲探究竟，还请看江西人民出版社隆重推出的大型丛书《文化的记忆——中国近现代文化名人画传》。它以图文并茂的形式，阵容豪华的规模，为活跃于近现代中国文学、国学、艺术诸领域中的数十位巨子作人传，立学案，画群英谱。既向世界系统介绍近现代中国文化从而可能进一步引发西方解码中华文化的兴味，又向国内一般读者尤其是青少年重启记忆，赓续传统。所谓薪尽火传，传什么？怎么传？如何站在巨人的肩上继续攀登？"读图时代 an era of reading picture"固然不免"读图"，但又决不能仅仅止于读图！文化的赓续主要在于两条：一是有传统（记忆）；二是要思考。读了"记忆"以后要三思啊！至于我的三点解读对耶错耶？诸君读后自有明鉴。

是为序。

蔡向蓉

己丑夏月于江右袁州听松楼

# FORWARD

It has been long time that Chinese academic community acknowledged such a judgment, that the modern times (specifically, it is from the mid-nineteenth century to the mid-twentieth century) is the third academic peak following another two in the Pre-Qin period which is 2000 years ago and the Northern Song Dynasty which is about 1000 years ago respectively. During this period, we witnessed outstanding achievements in historiography and philosophy. It's easy to count to more than 20 academic titans like Wang Guowei, Liang Qichao, Chen Yinque, Chen Yuan, Hu Shi, Guo Moruo, Gu Jiegang, Qian Mu, Fu Sinian, Xiong Shili, Feng Youlan, Liang Shumin. As Mencius said, it is a rule that a true Imperial sovereign should arise in the course of five hundred years. Over the past one hundred years, along with the vicissitudes of Chinese nation, in the ideological and cultural circles, we saw an age of titans and big events, which left a profound and splendid chapter in history.

Actually, it is not only in historiography and philosophy and even involved in all aspects of Sinology, and if we viewed it panoramically (or focused in the first half of 20th century), we could see the similar situation in fields of modern literature and arts. To name just a few, literati like Lu Xun, Guo Moruo, Mao Dun, Ba Jin, Lao She, Cao Yu, Lin Yutang, Yu Dafu, Xu Zhimo, Zhang Ailin etc.; masters of arts like Xu Beihong, Zhang Daqian, Fu Baoshi, Qi Baishi, Wu Changshuo, Liu Haishu, Pan Tianshou, Lin Fengmian etc., and "Four Great Famous Opera Female Roles" represented by Mei Lanfang. All of them constitute a marvelous phenomenon of history of modern Chinese literature and arts with constant emerging of talents. Because their little bit late appearance than the above-mentioned titans, and comparatively undistinguished features, it's not easy to use the term "peak time" to honor their achievements among thousands of years history. It's like the river of history make an abrupt turn here, revolution of literature and arts break a new path.

It is no wonder that people will ask that, from the mid-nineteenth century to the mid-twentieth century, China be in a grim and grave situation, it was hardly to find a place to put a desk in tranquil, why can sinology, literature and arts experience prosperous development for the past 100 years? This is really a big question. It cannot be answered simply by Karl Marx's well-known saying that "cultural prosperity sometimes doesn't be in pace with social development", or as the ancient poem says, "misfortune of country is fortune of poet, great changes bring great words." In my view, by summarizing predecessor's opinion and absorbing their main points, there are at least three reasons. I will discuss it briefly for your reference.

Firstly, the progressively spreading of western learning to the East activates Chinese culture. Ever since the mid-nineteenth century, the influence of western culture has been sweeping and surging. The cultural clashing and merging between East and West, local and foreign, traditional and modern constitute the main stream of the development of the past 100 years. I will make no comments whether it's good or bad. It is no doubt that culture needs clash, communication brings vitality, especially for Chinese civilization with 5000 years history, it appears full vigor after such kind of cultural clash. No matter what it is, contentions of a hundred schools of thoughts in Pre-Qin Period, or introduction of Buddhism to China, merging of nationality, or the progressively spreading of western learning to the East, if there are communications and stimulates, it's like give somebody a shot in the arm, bring new vitality and breaking new path. This is general characteristic of culture and the fundamental reason of sustained development for over 5000 years of the broad and deep Chinese civilization. It is exactly the ultra-stability make it's not afraid of opening-up, the ultra-inclusiveness make it grow continually a vement to absorb import theories in one hand and not forget the origin of tradition. (from *Survey of Feng Youlan's History of Chinese Philosophy*) It is exactly the introduction and application of the viewpoints of evolutionism and materialism transform the traditional Chinese historiography to a new face. We could find clues of positivism and rationalism in Wang Guowei's "Duplex Evidences" (ancient books and records with cultural relics), Chen Yinque's "Cross-reference of China and Foreign Countries" (foreign data with Chinese ancient books). They boldly apply "the principle of bringing in" and believe that "you will not turn into sheep after eating mutton." Mao Dun once said that Lu Xun's novels was different from each other during the "May 4th Movement" period. Lu Xun himself contributed it to "reading of more than a hundred foreign novels at that time". Cao Yu's scripts were reborn from Eugene O'Neil, Mao Dun followed the example of Upton Sinclair Jr., and such kinds of examples are too numerous to be counted. It's exactly because of this, Chinese culture and its literature and arts radiate its vigor and turn a new chapter of history.

Secondly, western expansion inspired Chinese scholars to work with a will to make the country strong. Ever since the Opium War, western powers' solid battleships and advanced cannons destroyed the city gate of ancient empire, a nation with several thousands years magnificent history fell to an abyss of humiliation quickly. As the old Chinese saying goes, "Courage comes after the sense of shame", "confront a person with the danger of death and he will fight to live". Facing three great challenges of safeguarding country, race and Confucianism, Chinese nation put up a brave fighting spirit. No matter what attempts they tried, "dispute upon Ti and Yong (base and application)" or "learning advanced technology from Europeans to fight against them", it's inevitable choice to go abroad and embrace the world after eye-opening to the outside world. Since Rong Hong went to study in the U. S. A 150 years ago, numerous talents and elites came together to form a trend of studying abroad. No matter what they did, saving the country by science, by culture or by ism, it's top priority to rescue the nation and make her prosperity to rise in the world. It's exactly the essence of Chinese tradition. We Chinese think, "Every man has a share of responsibility for the fate of his country", and praise highly of being indomitable and becoming more brave through setbacks. Therefore, people like Lu Xun sailed east toward to Japan, originally he wanted to learn medicine to save the body of Chinese people, but he finally stopped his medical practice and took up writing to save the soul of them, and then became a flag bearer and valiant general of the New Cultural Movement; people like Chen Yinque went to America and European countries for study. They traveled across countries and mastered several foreign languages, just for re-examining history and pursuing new knowledge, and they virtually laid the foundation of Chinese historiography. They might simply use their pen as weapon to fight against enemies; Lin Yutang gave up his long-cherished wish to translate *The Dream of Red Mansion* into English and wrote a novel of *Moment in Peking* to promote the overall interests of the nation directly; Xu Beihong used his great creation of *Tianheng and 500 heroic man*, which is a combination of Chinese and western arts, to encourage the morale of the nation; Mei Lanfang grow his beard to refuse performance for Japanese invaders to show his fighting resolution… "As the sea flows, the characters of a hero show." It is their conscience and mission, their patriotism and sense of "taking responsibility for the world" help to bring about their choices, secure their achievements, and arouse their most creative enthusiasms and unearth their talents. They are shining stars of modern Chinese academic culture, literature and arts.

Thirdly, holding fast to the root of Chinese culture makes it clear to all of future orientation of Chinese culture. As the above-mentioned by Chen Yinque's "two aspects theory"—"it is imperative for those who have a style of their own and make achievement to absorb import theories in one hand and not forget the origin of tradition." This is master's standard and demeanor : being well versed in both Chinese and Western learning ; mutual assimilation of the ancient and the modern. If you make a comprehensive survey of modern scholars, you will find that only those who familiar with Jing,Shi, Zi, Ji, Confucianism, Buddhism, Zen as well as western learning can make great achievements. But if we evaluate it separately, I attach more importance to latter, "the root of nation". In my view, modern scholars hold similar viewpoints. From Zhang Nanpi's "Chinese knowledge for base, Western Knowledge for use", to Lu Xun's "more nationality, more cosmopolitan." from Wang Guowei committing suicide out of royalty to Confucianism, to Gu Hongming and Qian Mu serving as defender of conventional moral principles all their life; from Lin Yutang's theory of supreme standing of Chinese culture" to Chen Yinque and Qian Zhongshu's return to traditional practices, even their writing styles were back to down typesetting, traditional Chinese characters and ancient Chinese and never give up. We could find that almost all modern scholars reached the same goal by different means, that is, departure from China, travelling across countries, mastering several foreign languages and cultures. After holding double and multiple cultural backgrounds, they make profound comparison in a way of "Dig deep into it's essence, and observe it beyond its boundaries", and their last choice is return to Chinese tradition. Even those people keep on advocating total westernization like Hu Shi spend latter half of his life to sort out ancient records. He was too deep involved in textual research of *Shui Jing Zhu* for 23 years to withdraw. As for the charm of Chinese arts, just one book like Lin Yutang's *The Importance of Living* let Americans bedazzled, it's no wonder that Mei Lanfang's Peking Opera tour to the U.S. and Soviet Union gave knock-outs to their audiences. Bertolt Brecht, master of Expressionism, frankly expressed his view that the artistic realm (presumption, stylization or call it "theory of dialectical theatre ") what he dreamed about attained a high degree of perfection in Mei Lanfang's performance... Of course, all these are the surface of things, you just know what it is and don't know why and how it is. It's complicated because it is involved with the thinking style and language style of Chinese nation. Take the structure of Chinese character as an example, because of pictograph and associate compounds, it creates an effect of multiple shape and meaning with on character. One hundred years ago, an American linguist wrote an article to elaborate the vividness delivered by pictograph in Chinese character and the specific pictures it contains and multiple functions in its parts of speech. Because Chinese character is not just abstract symbol, and contains rich materials that can be directly perceived through sense, so it's easy to convey the essence of poem. It opened a new chapter of linguistic philosophy by recording the process of human thinking. How can we just think that Chinese character is easy to convey the essence of poem? Is the linguist's finds exactly the first sign of theory of "civilization of Confucianism will save humankind", which is inquired and advocated by western scholars with insight nowadays?

Well, all in all, I am still unable to explain it clearly. If you want to know the truth and get to the heart of the matters, please read the large series of *Cultural Memory-Pictorial Biography of Modern Chinese Cultural Celebrities*, a grand launch by Jiangxi People's Publishing House. It builds up biographies and academic achievements records for dozens of masters in the fields of modern Chinese literature, Sinology and arts with excellent pictures and accompanying essays and a well-balanced collection. It is not only a systematic introduction of modern Chinese culture for foreigners to arouse their interests in Chinese culture, but also an inspiration for domestic readers, especially adolescents to open memory of tradition and carry on the tradition. This is so-called "as one piece of fuel is consumed, the flame passes to another", what do we pass and how do we pass? How do we continue to climb the mountain on the shoulders of giants? It's hard to avoid "picture-reading" in an era of reading picture, but we can not afford to merely stop here. The continuation of tradition lies in two aspects, on one hand is tradition itself (memory), on the other hand is thinking. After reading the "memory", we should think twice. As for the right or wrong of my three viewpoints, I'd like to leave it for reader's judgement.

Zhu Xiangqian

Jiangxi Yichun Ting Song Lou, summer of 2009

# 目 录
# Contents

**1.** 家世、学生时代与家庭 / 1
　　家世与家教 / 1
　　读私塾与考秀才 / 5
　　爱国心的孕育 / 7
　　在草桥中学 / 9

**2.** 辛亥年的亢奋与幻灭 / 13
　　洋洋洒洒的《大汉天声·祝辞》/ 13
　　当上了小学教师 / 15
　　遭到旧势力的排挤 / 16
　　追随革命志士陈翼龙"倒袁"/ 19

**3.** 真挚圣洁的爱 / 22
　　词翰姻缘 / 22
　　情逾金石 / 25
　　"朝朝暮暮有独哀" / 28

**4.** 《新青年》的召唤 / 31
　　痛斥写小说"牟利"是"无赖" / 31
　　盼"朝野之子同心洗面于一旦" / 33
　　用"新"的"精神"来规范自己 / 35

**5.** 在第二个故乡——甪直 / 37
　　"感到了橄榄回味般的恬适" / 37
　　"常常拿新的意见来提倡讨论" / 39
　　成了新潮社最活跃的成员之一 / 40
　　传播"庶民主义"和"社会主义" / 42
　　全家迁居甪直 / 43
　　"无限殷勤送别情" / 45

**1.** Family Background and Student Life / 1
　　Family Background and Education / 1
　　At the Private School and Becoming a Xiucai / 5
　　The Burgeon of Patriotism / 7
　　At the Caoqiao Middle School / 9

**2.** Excitement and Disillusion of 1911 / 13
　　Lengthy "Heavenly Sound of the Great Han: Prayers" / 13
　　Becoming a Primary School Teacher / 15
　　Marginalized by Old Power / 16
　　Following Revolutionary Chen Yilong to "Overthrow Yuan" / 19

**3.** Sincere and Pure Love / 22
　　A Marriage Made by Literature / 22
　　Unbreakable Bond / 25
　　"Days and Nights with the Sadness of Being Alone" / 28

**4.** Call from New Youth / 31
　　Writing Fiction "for Profit" is "Shameless" / 31
　　Hoping for "the Day when Officials and Common People Share the Same New Goal" / 33
　　Regulating Self with "New" "Spirits" / 35

**5.** In the Second Hometown—Luzhi / 37
　　"Feeling a Comfort Similar to the Aftertaste of Olives" / 37
　　"Often Promoted Discussions with New Ideas" / 39
　　Becoming One of the Most Active Members of the New Tide Society / 40
　　Promoting "the Principle of Common People" and "Socialism" / 42
　　Relocating the Whole Family to Luzhi / 43
　　"Infinite Feelings on the Parting Day" / 45

6. 新文学运动的先驱者 / 46
　　"半淞园摄影"成佳话 / 46
　　创办新诗月刊《诗》/ 47
　　家门口挂上"文学研究会"的牌子 / 51
　　参与文学研究会会刊的编辑工作 / 53
　　代理主编《小说月报》/ 55

7. "第一个十年"的创作成就 / 62
　　《隔膜》："汇刊个人的新体小说的第一部" / 62
　　被誉为"写生妙手"的《火灾》 / 64
　　《稻草人》：彻底改写我国童话界"言
　　　必丹麦"的历史 / 67
　　成功的艺术典型——潘先生 / 71
　　"城中"的"倒流之势" / 74
　　"不厌世"和"不厌足" / 76

8. 在商务印书馆的革命活动 / 78
　　中国共产党人的诤友 / 78
　　参与创办《公理日报》 / 80
　　为"革新苏州"大造舆论 / 82
　　主编中国济难会会刊 / 85
　　"清党委员会"的"确凿证据" / 86

9. 开明书店的灵魂 / 88
　　白马湖聚会绘愿景 / 88
　　主编《中学生》和《新少年》 / 90
　　开设"文章病院"讨蒋 / 92
　　抨击"尊孔读经" / 95
　　类乎鲁迅的"生命" / 97

10. "第二个十年"的创作实绩 / 100
　　作为大时代"稗史"的《倪焕之》 / 100
　　童话集《古代英雄的石像》和
　　　《鸟言兽语》 / 101
　　短篇杰作《多收了三五斗》 / 106
　　小学语文教材的经典——《开明国语课本》 / 108

6. Precursor of the New Culture Movement / 46
　　The Much-Told Tale of "Bansongyuan Photography" / 46
　　Starting the Monthly Periodical Poetry / 47
　　The Sign of "The Literary Association" outside the House Door / 51
　　Editing the Journal of the Literary Association / 53
　　Deputy Chief Editor of Fiction Monthly / 55

7. Literary Accomplishments in the "First Decade" / 62
　　Estrangement: "the First Collection of New-Style Fiction" / 62
　　Conflagration: Praised as "Good Sketch from Life" / 64
　　Scarecrow: Ending the Total Worship of Denmark in the Chinese
　　Fairy Tale Circle / 67
　　A Successful Artistic Prototype—Mr. Pan / 71
　　"The Trend of Backflow" in "The City" / 74
　　"Never Tired of Worldly Issues" and "Never Tired of Work" / 76

8. Revolutionary Activities at the Commercial Press / 78
　　A Friend of the Chinese Communist Party who would Give Forthright Admonition / 78
　　Establishing the Public Truth Daily / 80
　　Promoting Public Opinions for "Renovating Suzhou" / 82
　　Editing the Journal of the Chinese Association to Relieve Distress / 85
　　"Firm Evidence" of the "Party Purification Committee" / 86

9. The Soul of Kaiming Bookstore / 88
　　Vision Drawn in the Gathering at the White Horse Lake / 88
　　Editing Middle School Students and New Juvenile / 90
　　Criticizing Chiang by Running "The Hospital for Essays" / 92
　　Attacking the "Esteeming Confucius and Reading Classics" Campaign / 95
　　A "Life" Similar to Lu Xun's / 97

10. Creative Achievements in the "Second Decade" / 100
　　Ni Huanzhi as an Unofficial History of the Time / 100
　　Figures in Stone of Ancient Heroes: Collection
　　of Fairy Tales / 101
　　Brilliant Short Story "The Harvest Bigger than a Bushel" / 106
　　Classic of Primary School Chinese Textbook: Kaiming Standard Chinese / 108

中学语文教材的精品——《开明国文讲义》《国文百八课》/ 111

《文心》和《文章例话》/ 114

## 11. 烽火漫天走巴蜀 / 117

"不扫妖氛誓不还" / 117

"在重庆安顿了十个月" / 119

"落单"来到乐山武汉大学 / 121

侨寓蓉城四载余 / 124

"年五十而知四十九年非" / 129

## 12. 1946—1949 年在上海 / 132

胜利日的"沉重之感" / 132

接替老舍主持文协的日常工作 / 133

"试听如潮继志词" / 134

要跟反动派"考较个明白" / 137

弘扬"开明风" / 140

主编《国文月刊》《中国作家》和"现代作家文丛" / 141

《抗战八年木刻选集》《闻一多全集》和《苏联见闻录》的出版 / 143

## 13. 绕道香港进入解放区 / 147

来自"远方"的召唤 / 147

在香港候船"北上" / 148

"最欣同气与同舟" / 150

从烟台到北平 / 154

出任教科书编审委员会主任 / 156

## 14. 在出版总署五年 / 159

担任出版总署副署长兼编审局局长 / 159

为语言的纯洁和健康而示范 / 163

撰写《标点符号用法》/ 164

拟定课程"总纲"和"标准" / 167

出版"新文学选集"和《朱自清文集》/ 168

组建人民教育出版社 / 170

---

Excellent Middle School Chinese Textbooks: Kaiming Lectures on Chinese, 108 Chinese Lessons / 111

The Literary Mind and Comments on Example Essays / 114

## 11. Trip to Sichuan in the Flames of War / 117

"Vowed not to Go Back until the Chaos is Cleared Away" / 117

"Stayed in Chongqing for Ten Months" / 119

"Alone" to the Wuhan University in Leshan / 121

More than Four Years in Chengdu / 124

"Knowing the Mistakes in the Past Forty-nine Years at the Age Fifty" / 129

## 12. In Shanghai, 1946–1949 / 132

"Feeling Heavy" on the Victory Day / 132

Directing the Everyday Work of the Association of Writers and Artists as the Replacement of Lao She / 133

"Listening to the Waves of Vows to Carry on the Ambition" / 134

Struggling with the Reactionaries "to Reach the Truth" / 137

Promoting the "Kaiming Style" / 140

Editing Chinese Monthly, Chinese Writers, and the "Modern Writers Series" / 141

The Publication of Selective Woodcuts Produced in the Eight Years' War against Japan, Complete Works of Wen Yiduo, and Travelogue in the Soviet Union / 143

## 13. Entering the Liberated Area via Hong Kong / 147

Calls from "Far Away" / 147

Waiting for the Ship "Up to the North" in Hong Kong / 148

"I Like Shared Ideal and Shared Ship" / 150

From Yantai to Beiping / 154

Taking up the Post of the Director of the Textbook Compilation Committee / 156

## 14. Five Years at the Press and Publication Administration / 159

Serving as the Deputy Administrator and the Director of the Editorial Bureau / 159

Demonstrating the Purity and Healthiness of the Language / 163

Composing The Use of Punctuation Marks / 164

Preparing "General Outline" and "Standards" for Courses / 167

Publishing "Selected Works of New Literature" and Collected Works of Zhu Ziqing / 168

Building the People's Education Press / 170

15. "时出新词吐衷诚" / 172
　　《小记十篇》和《箧存集》 / 172
　　赴印度参加亚洲作家会议 / 173
　　率"全国著名艺术家文化访问团"
　　　　访内蒙古 / 175
　　因真诚而受诬 / 178

16. 鞠躬尽瘁 死而后已 / 181
　　堪称"史实"的
　　　　三本通信集 / 181
　　提交关于"公审'四人帮'"的提案 / 185
　　"晴窗"撰文争朝夕 / 187
　　"教是为了达到不需要教" / 191
　　"希望文艺界共趋于正派" / 194
　　为出版业鞠躬尽瘁 / 195
　　"把全部身心交还给人民" / 196

后记 / 200

15. "Occasional New Poems Right from the Heart" / 1
　　Ten Sketches and Poems in a Suitcase / 172
　　Attending the Asian Writers Conference in India / 173
　　Leading the "Cultural Delegation of National Famous
　　Artists" to Inner Mongolia / 175
　　Framed for Sincerity / 178

16. Performing Duties until End of Life / 181
　　Three Collections of Correspondences that can be
　　Considered "Historical Truth" / 181
　　Proposal for "The Open Trial of the 'Gang of Four'" / 185
　　Writing Essays at the "Sunny Window" Day and Night / 187
　　"The Purpose of Teaching is to Making Further Teaching Unnecessary" / 191
　　"Hope the Circle of Literature and Art Goes Upright" / 194
　　Exhausting Energy for the Publishing Industry / 195
　　"Return All Physical and Mental Vigor to the People" / 196

Postscript / 200

# 家世、学生时代与家庭

## 家世与家教

叶绍钧 1894 年 10 月 28 日诞生于苏州城内悬桥巷一个平民家庭。1906 年春,叶绍钧进小学读书之前,按那时的习惯取号"秉臣"。这个号是根据《诗经·小雅》上的"秉国之均"那句话起的。这儿的"均"就是"钧","秉国之均"大概是掌握治理国家枢纽的意思;所以接下去的两句就说能辅助君主,能教化百姓。这样的人的身份当然是"臣","秉臣"这个号就是这样来的。给起这个号的是他堂叔,名朝缙,字绶卿,是一位教书先生。升入中学后,叶绍钧觉得"臣"字容易使人很自然地联想到统治人民的"君",他不愿意做"皇帝"的"臣民",就在 1909 年改号为"圣陶"。给他起这个号的是一位姓沈的国文老师,名孔修,字绶成,古书念得很熟。他说"圣陶"出典是"圣人陶钧万物"。"陶钧"就是"制陶器的时候用来把泥团旋成陶坯的转盘。在'圣人陶钧万物'这句话里,'陶钧'当然作动词用,大约是塑造的意思,陶冶的意思,感化的意思"。后来,这个号渐渐地被人们所熟悉,知道"叶绍钧"的人反而不多了。

叶圣陶祖辈原籍安徽。明末清初,在明王朝行将灭亡的荒乱岁月里,祖辈们饱尝战乱之苦,辗转来到苏州,白手起家,艰苦创业。旧时苏州有三处地方最为热闹,一是位于苏州城东南的盘门,二是位于苏州城西的阊门,三是位于苏州城南的胥门。叶圣陶的祖辈住在盘门,开猪行和丝绸店。相传猪行的伙计很在行,力气大,有眼力,用一只手就能拎起一只大猪,掂一掂就知道重量,不用秤称。由于经营有方,

叶圣陶的出生地悬桥巷旧址。

1905年11岁时的叶圣陶。

生意越做越红火，后来在盘门买下了半条街，故曾有过"叶半街"的美名。1860年，"太平军"攻克苏州，叶家惨遭战火的焚掠，从此败落了。

苏州是一座历史文化名城，其园林名胜甲于天下，水乡河渠风情万种，美丽的大自然和丰饶的人文环境，孕育着一代又一代的文人学子。叶圣陶对童年的回忆，是和父亲带着他到茶馆听说书、听昆曲，以及到亲戚家拜年、贺寿、吃喜酒，清明节到乡下上祖坟、秋天到乡下看收租子联系在一起的；是和母亲教他学唱歌谣联系在一起的；也是与他能走路就去看园林联系在一起的。在人杰地灵的苏州，叶圣陶从小就受到优秀传统文化和旖旎的江南风景的熏陶和养育。

叶圣陶的父亲叶钟济，字伯仁（1848—1919），职业是账房，为一位姓吴的地主家管理田租，苏州称这种职业叫"知数"。苏州向来是官吏的出产地，清朝的状元苏州出得最多。苏州之所以繁荣，就是因为出了许多官僚。他们从外面搜刮了钱财，带回苏州，在安富尊荣、尽情享乐的同时，买地置产，役使乡下农民，而自为"有田之家"。正是因为江南的"有田之家"大都住在城里，所以又流行"江南无封建（地主）"的说法。"地主"把土地租给乡下的农民耕种，秋后择日开仓收租，规定"头限"、"二限"、"三限"等三个"限期"，

抗战爆发前在苏州青石弄的故居。

佃户按"限期"缴租，可适当减免租子，借以奖励本分和听话的佃户；如逾期不缴，地主则放舟下乡，强行收租。叶圣陶早年在日记中写到父亲去"大儒巷吴家"，就是到那位姓吴的地主家帮助收租。叶钟济为人笃实，仁慈可亲，口碑极佳。一些大户人家逢到婚嫁庆吊，总请他去帮着管账。母亲朱氏（1865—

父母亲照片。

50年代与母亲和妹妹叶绍铭合影。

母亲80岁时合影。

① 《叶圣陶集》第7卷第307页。江苏教育出版社，2004年12月。

② 即叶绍铭，1986年春病逝。

母亲90岁时合影。

1961）料理家务。叶圣陶在《略述我的健康情况》①一文中介绍说：

我母亲是我父亲的第二位续弦，生我的那一年，我母亲三十岁，我父亲四十七岁了。我生后第三年又生了妹妹，再过四年生了第二个妹妹②。大妹妹十三岁时病故。

那时，叶圣陶家里除了父母亲和两个妹妹之外，还有祖母和外祖母，全家7口人，靠父亲每月12元的微薄收入维持生计，日子的窘迫可想而知。叶圣陶早年的日记中不仅有"冷月峭然袭衣襟"、"重单不温"的描述，还有朝不保夕的忧虑。但父母亲都心地善良，乐观向上。叶圣陶说他很敬重父亲，"我懂了事就佩服他"，佩服父亲的为人，佩服父亲的"孝道"和"仁心"。苏州有"过节"的风俗，每年的清明、七月半、十月朔为"鬼节"；端午、冬至、年夜为"人节"。每逢鬼节和年夜的"人节"，叶钟济都要循旧俗祭祖，上菜、供香、斟酒、焚化纸锭，拜跪时"容貌显得很肃穆，一跪三叩之后，又轻轻叩头至数十回，好像在那里默祷，然后站起来，恭敬地离开拜位"。①

对祖辈尽"孝"，对穷苦人则施"仁"。平时，叶钟济总爱到小铺子里去买东西，有心让做小本生意的商贩赚点钱。一般人嫌小铺子货物太差，他却说："我们不去买，小店主靠什么生活呢？"②"孝"与"仁"是我国传统伦理观念。"孝"为"德之本""仁之冕"；"仁"者"以人为本"、"仁者爱人"。父辈的言传身教，使叶圣陶从小就受到"孝"与"仁"等伦理观的影响，造就了他襟怀磊落，无私无畏，诚恳笃实的品格。

## 读私塾与考秀才

1900年春，悬桥巷一位陆姓的殷富之家延师设帐讲学，叶钟济给先生送了贽敬，让叶圣陶到陆家附读，先读《三字经》《千字文》，然后是《四书》《诗经》《易经》。这些圣经贤传，"都要读熟，都要在老师跟前背诵，背得出来了，老师才教下去。每天还要理书，就是把先前背熟了的书轮替温理一部分，背给老师听。"

1901年春天，叶圣陶转到张承胪（字元冲）先生在悬桥巷开设的私塾读书，与"以疑古辨伪擅名于学术界、创建了'古史辨学派'"的顾颉刚为同学。张先生教书认真，督责极严。学生念书念不出，他将戒尺在学生桌上乱拍；背书背不出，便用戒尺在学生头上乱打。顾颉刚在《记三十年前与圣陶交谊》中说：

光绪二十七年，予九岁，新丧母，读书张氏塾。圣陶是时八岁（虚龄——引者注）亦至。圣陶读《四书》，予读《诗经》《左传》。师特严，读辍声者，戒尺击其案背，背诵中绝者，戒尺击其头，待童子如囚犯，以是予虽日与圣陶接席，而谈话之机会乃绝少。

叶圣陶慑于张先生的"戒尺"和"弗熟而不得进膳"的家规，用心读书，背诵"均能上口，手掌未尝戒尺"。因为经常到茶馆"听说书"、"听昆曲"，接触社会多，又善于思考，文章自然写得好。1905年夏天，父亲怂恿他去考秀才。叶圣陶顺利地通过了县试和府试，由舅父陪着到署府"贡院"参加"道试"。

① 叶圣陶：《过节》，《叶圣陶集》第5卷。

② 作者1985年3月14日访叶圣陶。

应试那天，父亲为他准备了一个轻巧的小食篮，中间盛着两个马铃瓜、七八个馒头、一包火腿，还有些西瓜籽花生米制橄榄之类，可吃着消遣的东西。叔父特地为他准备了一个小小的书箱，里边装有石印的《四书味根录》《五经备旨》《应试必读》《应试金针》《圣谕广训》一类的书，作考试时的参考。考试时间定在清晨零点。夜里十二点之前进考场，通宵答卷，最快的第二天上午交卷，考得慢的可以拖延到下午。叶圣陶在1923年写的小说《马铃瓜》，[1]就是以这次道试的经历为素材的：一个活泼好动的孩子进了戒备森严的考场，却一心想着自己篮里带来的两个马铃瓜，他终于忍不住削起瓜来吃，把考试丢在脑后了。不过，既然是小说，就有虚构的成分。例如，小说中描写的前来应试的幼童虚龄仅十二岁，生得秀美，因为未"编红辫线"，令围观的看客感到遗憾。按说这位"幼童"就是叶圣陶，但叶圣陶的确是系了"红辫线"进"考棚"的。顾颉刚的《记三十年前与圣陶交谊》可资佐证，文中说：

当科举未罢时，予已略习操觚，吾父欲令观场，而吾祖以为不宜太早。科举遽废，予乃无从取得提篮进考场之经验。圣陶告我，渠曾往应试，家中为之系红辫线，示年幼，闻之而羡。

旧中国科场风气不正，平民百姓"朝中无人"，就编织出种种奇奇怪怪的幻想来：假如自己的孩子长得很清秀，就用红棉线给他编辫子，使他显得玲珑可爱，主考的学政看得喜欢，就会在点名簿上打个记号，阅卷时便可放宽衡文的尺度，那就运气了。叶圣陶的父亲、叔父和舅父也有这样的幻想。但叶圣陶毕竟还是个11岁的孩子，他进"考棚"后吃马铃瓜，吃馒头和火腿，磕瓜子，围观挨痛打的"冒籍"和"抢替"，直到第二天上午11点才

[1]《叶圣陶集》第2卷。

悬桥巷私塾旧址。

匆匆忙忙写了一篇二百多字的策论，抄完指令恭默的一节《圣谕广训》已是傍晚，没能考中是很自然的事，父亲、叔父和舅父的"红辫线"的想象落了空。也就在这一年，清王朝发布上谕："从丙午年（1906）起所有岁试、乡试、会试一律停止。"所以叶圣陶参加的是我国最后一次科举考试。这一特殊的经历，成了街坊邻里间的美谈，也让小学和中学的同窗"闻之而羡"。

长元吴公立小学旧址。

## 爱国心的孕育

1906年春，叶圣陶进长元吴公立高等小学堂，接受新式教育，校址在葑门内夏侯桥东边的十梓街上（第二年搬进城中心草桥附近新建的校舍），校名来自苏州三县"长洲县"、"元和县"、"吴县"县名的第一个字。教师有苏州留日归来的章伯寅（授修身、历史、地理、音乐）；朱遂颖（授国文）；龚赓禹（授经学、博物）；杜安伯（授英文、算术）；罗树敏（授图画）；孙雨苍、赵至善（授体操）；管燮臣任事务。不设校长，由发起人王同愈、蒋炳章为校政总理，章伯寅、朱遂颖、龚赓禹三人负常务之责，章伯寅居首。章、朱、龚等都是资产阶级民主革命的启蒙者，留日前宣传康（有为）梁（启超）变法的主张，留日期间深受"明治维新"的影响。他们信奉"救国以教育为主脑论"，倡导爱国、尚武，反对守旧、迷信，把"养成尚武精神，实行民族主义"，作为办校的方针。

叶圣陶生活的那个年代，正是中华民族风雨飘摇的年代，也是中华民族日益觉醒的年代：他出生那年——1894年甲午之战，败于日本。1895年，清政府割地赔款，与日本讲和。1896年，清政府与沙俄签订《中俄密约》，沙俄逐步控制了我东北三省。1897年，德国占领胶州湾。1898年，英国租占威海卫，清廷发生戊戌政变；1899年，法国占领广州湾。1901年，清政府与英、

顾亭林像。

顾亭林塑像——"天下兴亡匹夫有责"。

① 《中国灭亡论》，《国民报》第4期。

"士大夫之无耻，是谓国耻！"1900年之后，民族危机空前激化，清政府的卖国嘴脸进一步暴露，人们对它感到绝望和愤怒，因而这个政府在许多汉族人看来又恰好是一个"异族"政府。在这样的历史条件下，反满情绪与日俱增，"非我种类，其心必异"，成了反清的号角；"宁使汉种之亡尽死尽杀尽，而必不愿其享升平、舞河山、优游于鞑靼之下"①成了反清的誓言。

美、俄、德、日、奥、法、意、西、荷、比十一国代表订约赔款讲和……庸懦腐朽的清朝统治着的中国到了19世纪末，承受不住列强帝国的围堵侵略，摇摇欲坠了！

社会存在决定人们的意识，尤其是敏感而猛进的青年，面对满目疮痍的江河大地，内心只有一股爱国狂热。大声呐喊"国家兴亡，匹夫有责！"的顾亭林，就成了叶圣陶、顾颉刚这帮学子追捧的"楷模"。顾亭林是苏州昆山县人，他一生应事接物，守礼不越乎耻，力倡"行己有耻"之道，常痛斥当道者说：

时代的激励，乡贤的风范，师长的教诲，孕育了少年叶圣陶的"爱国心"，他和同学们一起参加了当年风起云涌的"反美华工禁约运动"。众所周知，从19世纪40年代到70年代初，美国要求清政府"供应华工"，大批劳工辗转被贩卖到美国，用他们的血汗造就了美国的繁荣。到了19世纪80年代，美帝国主义为了转嫁经济危机，不断颁布"华工禁约"，以"华人品性不良"、"黄人程度甚低"、"野蛮"、"嗜赌"、"争斗"等莫须有的理由，虐待华工，驱逐华人出境。旅美华侨发起

1907年夏，苏州公立第一中学与长元吴公立高等小学合影。最后一排是中学生，左二为叶圣陶。

了反对禁约运动，国内也立刻呼应，在1905—1906年掀起了波澜壮阔的反美爱国运动。

在老师的带领下，叶圣陶和同学们一起多次上街游行，挨家挨户张贴"本宅不点美孚油"、"本宅不用洋肥皂"的五色纸条，抵制美国货，提倡用国产的"菜油"和"粗肥皂"，在苏州开反帝风气之先。

## 在草桥中学

长元吴公立高等小学学制三年，叶圣陶因学业优异，读了一年就于1907春越级考入新创办的苏州公立第一中学堂。

苏州公立第一中学学堂校址在皇废基北侧，玉带河草桥南塊路东，所以又叫草桥中学，学制五年。1907—1912年，叶圣陶在草桥中学就读的五年，正是由改良主义的"维新运动"过渡到民族革命运动的年代，是"创建中华"最亢奋、最热烈的年代。中国正处在社会大变革时期，在民族革命运动汹涌澎湃浪潮的激荡下，青年叶圣陶既接触到西方较为系统的现代文化科学知识，又经历了辛亥革命的洗礼，急进的民主主义思想和爱国主义思想得到了发展和升华。

1910年，我国近代革命的先驱者、同盟会在江苏省的负责人、著名教育家袁希洛先生出任草桥中学第四任监督（校长）。袁希洛曾留学日本，他信奉"师不严则道不尊"的古训，推崇"武功"和"实践"，

苏州公立第一中学堂。

1908年草桥中学同学合影（自左至右：章君畴、叶圣陶、蒋企巩、尤轶臣）。

他的名言是"微小的实践远胜于空谈"；抨击"放逸"，认为我国流于放逸，故国民身体衰弱，精神萎顿，办事敷衍苟且；力倡"筋骨坚强、精神奋发"说，鼓吹"上课钟当为醒世钟，操场当视为战场，学生当自认为军人"的"新思想"，强化"军国民教育"。赵孟昭回忆说：袁希洛俶畬先生"留学日本，隶同盟会，精神饱满，办事果敢。夏日，

1908年，14岁，读中学二年级时所拍。

① 赵善昌《拙斋纪年》，《苏州史志资料选辑》（总第三十六辑）第109页，2010年。

同学畏操，先生恒在烈日中陪立一小时，行动身先作则，校风为之一变"。①顾颉刚回忆说"庚戌辛亥间吾校之监督为袁俶畲先生希洛，宝山人，学于日本，加入同盟会。归，以假辫发缀瓜皮帽上，无客即光头。先生欲学生从军劳作，辟地种菜蔬，或以天热联名请罢，先生怒，脱冠立赤日中。同学为之感动，遂锄地。先生欲以我辈为革命干部，假提倡体育为名，向抚署请领枪枝实习，程抚德全（苏州巡抚——引者注）允之，遂排队至军械局，领前膛枪约百枝，学生数目倍于枪，一枪两人共之。自是以后，体育教师邵阳魏旭东先生廷晖日率学生至王废基操练。"

王废基在草桥中学东南，这里曾经是春秋时代吴王夫差行宫，元末明初张士诚的皇府，太平天国时季王宝殿的旧址，后遭兵燹的惨劫，成了废墟，苏州人称作"王府基"或"王废基"。清末，王府基成了兵营的校场。魏旭东"军界出身"，精通武术，擅长单杠和骑术，"苏州人几乎全都知道他，课程中有兵操的学校都请他，大伙儿称他'魏教习'"，辛亥革命时曾任苏州商团总司令。叶圣陶在日记中多次写到这位魏先生率领他们"冲锋"、"野战"、"破城"。在散文《两串人》中谈到中学时代的军国民教育时说："回想从前捐过几年的枪，什么散兵线和野战等都操练过，靶子也打过，这真是切实的根基"。1934年，叶圣陶又写了《捐枪的生活》，记叙中学时代参加学校组织的军事训练的情形：军训时的装束，怎样练习打靶、演习冲锋，又写到秋季游行时同学们的精神面貌，字里行间有一股青春的朝气扑面而来。这时的叶圣陶已年届不惑，"朝花夕拾"，更增添了天真而浪漫的情味。

中学时代，叶圣陶爱好文学，读了大量的林纾翻译的外国小说。

放社宣言。

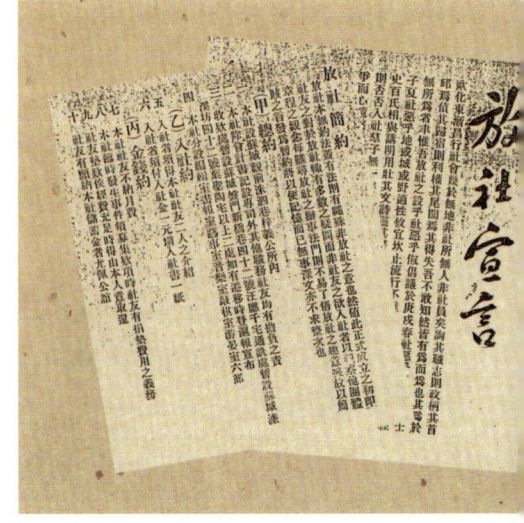

 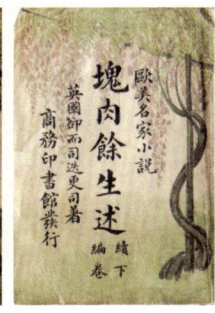   

"林译小说"。

他在《过去随谈》中说："作小说的兴趣可以说因中学时代读华盛顿·欧文的《见闻录》引起的。那种诗味的描写，谐趣的风格，似乎不曾在读过的一些中国文学里接触过；因此我想，作文要如此才佳妙呢。开头作小说记得是民国三年；投寄给小说周刊《礼拜六》，登出来了，就继续作了好多篇。到后来，礼拜六派是文学界中一个卑污的名称，无异海派、黑幕派、鸳鸯蝴蝶派等等。我当时的小说多写平凡的人生故事，同后来相仿佛，浅薄诚然有之，如何恶劣却不见得，虽然用的工具是文言，还不免贪懒用一些成语典故。作了一年多就停笔了，直到民国九年才又动手。"①他又特别喜欢写诗。1908年春，受到白居易《放言》诗的启发，叶圣陶在草桥中学组织了诗社，取名放社，意在放言高歌，抒发自己的志向。叶圣陶被社友推为"盟主"。同学少年，风华正茂。这帮以"中华男儿"自励，"誓将只手擎天空"的学子，在叶圣陶的带领下，经常举行社集，谈作文、作诗词、作画、刻印章、习字、吹箫；谈国内的"水灾"、"兵荒"、"暴动"；谈国外的"新事物"；谈民族前途，大家随心所欲，"畅谈无禁"，你争我辩，"往往至数小时"，这在今天似乎是难以想象的。

日记"前言"。

1911年5月，叶圣陶创办了年级小报《课余》（后改报名为《课余丽泽》）。"丽泽"，源于《周易兑卦》，"丽泽兑，君子以朋友讲习。"王弼注："丽犹连也"。"兑"，喜悦。意谓两个沼泽相连

①《叶圣陶集》第5卷第306页。

中学时代写的日记。

日记封面。

①《叶圣陶集》第9卷第224页。

滋润万物，所以万物皆悦。叶圣陶用"丽泽"作报名，既表示同学间"相连"的情谊，激励自己和同学们相亲相爱，互相切磋，砥砺学问，以文会友，以友辅仁。叶圣陶在《杂谈我的写作》一文中说："升到五年级（前清中学五年毕业）的时候，和几个同学发起一种《课馀丽泽》，自己作稿，自己写钢板，自己印发，每期二张或三张，犹如现在的壁报；我常常写一些短论或杂稿，这算是发表文章的开始。"①

为了探索做人和求学的真谛，叶圣陶从1910年11月2日开始记日记，他在《〈圣陶日记〉缘起》中说：

我之生也以甲午九月三十日，以迄昨日，十六周岁矣，而今日为十七岁之第一日。日来于百事之动静变迁，以及师长之朝训夕诲，每清晨卧思，若有所会，而未足云心得也；及下床一有他事，则强半忘之，虽于肠角搜寻，亦难得矣。因思古来贤哲皆有日记，所以记每日所作

所思所得种种。我于是效之而作日记，而非敢以贤哲自比也。以今日为十七岁之第一日，故即以今日始。且我过失孔多，己而察之，志之日记；己而不察，人或告之，亦志之日记：则庶以求不贰过也。

《小序》中说的"生日"是农历，十七岁是虚岁，实足年龄是十六岁。他是为了铭记"百事之动静变迁"和"师长之朝训夕诲"，以及"以求不贰过也"（不会再犯同样的过失），才记日记的。从1910年11月到1918年年底的8年间，写日记"成了习惯，就与刷牙漱口一样，一天不写是很不舒服"。后来间断了，但自1937年抗战爆发之日起，叶圣陶又恢复了写日记的习惯，一直到1988年1月他谢世的前1个月为止，50年间从未间断过。

中学生活的回忆。

# 辛亥年的亢奋与幻灭

## 洋洋洒洒的《大汉天声·祝辞》

辛亥革命那年,叶圣陶十七岁。10月10日(阴历辛亥年八月十九日),在古老的中国,爆发了一个震动世界的大事件。湖北新军成功地发动了反抗清朝统治的武装起义,建立了革命政权,揭开了近代史上最光辉的一页。中华民族"改造神州,扫除恶朽"的壮举,如春雷响彻五洲。由于这次革命发生在阴历辛亥年,史称"辛亥革命"。

1911年11月4日上午,革命党人从上海来到苏州,面谒江苏巡抚程德全。他们给程"长跪",力劝早日独立,免致全城涂炭。程即召各界研究。是日傍晚,又有3位革命党人到苏州抚府请见,程对他们的来意"极表同情","晚即传檄各兵队,预备白布,明早应用。次晨七时,省中新兵防营一律肩荷快枪,臂缠白布,整队诣抚院,自大堂至头门,分站两旁。刀光臂布,辉映如雪,军容整肃,气象一新。……九时,都督著酱色宁绸马褂便服,出至大堂,向外立。上海司令部代表某向内立,当众演说,数语毕,手持红绫包裹都督印一方,授与都督。都督受印讫,致答词,大致谓'鄙人此举乃为保全全苏省数百万人民生命财产计,甚愿与诸君始终如一,达完全之目的,苏省幸甚,鄙人幸甚'。语毕,听者拍手,各兵均擎枪示敬,市面安静如常。"①

"苏州光复"只是江苏巡抚程德全摇身一变,成了江苏"革命政府"的都督,此外就是"满眼是白旗"。"革命"并不像叶圣陶想象的那么壮观,那么浪漫,他"爽然

### 叶圣陶的第一首诗《大汉天声·祝辞》

商金林

《大汉天声·祝辞》是我找到的叶老发表在报刊上最早的一首诗。全诗抄录于下:

黄鹤楼高高百尺,一夜被一呼感槭抬。三吴灵秀甲人前,一夜城头旗尽白。塔喜同胞醒大梦,更庆长官为将伯。未流点血飞一弹,妇欢舊悦此改革。秋山如黛秋风和,日光亦作炎炎赤。似此佳气何壮哉,天然界亦致欣怀。然而吾党资方殚,黄龙未捣房未摧。其余当从根本谋,改革尤须改革心。心犹旧习新何有,革之惟有痛规箴,规箴以口亦以笔,口不至笔有远音。于此乃有大汉报,一朝发现吴江得,人心种种恶魔陶,直欲举投大聚炷。时持正论察现势,示人指归儆人仇,吾国文学产英雄,英雄此日起国中。报章鼓吹在平日,于此当不为无功。少数英雄犹未足,无名英雄其实系大局。大汉报乎须努力,吾有产生无名英雄职。我更为君进颂言,愿君魄力满乾坤。起我同胞扬轩辕,保护我自由,张大我汉魂,世界末日君尚存。

叶圣陶颂

《大汉天声·祝辞》。

① 赵善昌《拙斋纪年》,《苏州史志》(总第三十六辑)第112页。

早年写的诗。

长上街游行。

　　袁希洛是"中华民国"的开国元勋之一。武昌起义后，他一直在沪宁杭等地游说，鼓吹革命。11月5日凌晨，他从上海赶回苏州，令各学堂悬白旗志庆。白旗临风飞舞，既是"雪耻"的象征，又寄托着"革命"惨淡经营的"色彩"。看到街坊上挂得密密层层的白旗，叶圣陶觉得前途和希望真是无穷，满清的毒焰既去，从此是"景运隆会，不难立致"了。11月5日，叶圣陶剪了辫子，他在日记中写道：

　　至十句钟复至校中。令时适来，则发辫已剪去，劝我盍剪去之。盖近日同学中剪去者已十之八矣。余应之，即请令时捉刀。"嚯榻"一声，"豚尾"之嘲已解，更徐徐修整，令之等长。揽镜自照，已不出家僧矣。而种种居止行动得以便捷，则我生自今日始也。①

　　叶圣陶庆贺自己和同胞都获得了"新生"，跨入了世界"文明"的行列。次日"晨起后作《剪发吟》两首绝句"，来纪念"剪发"这件光耀"我祖我宗"的大事。11月18日，叶圣陶为苏州新创办的《大汉报》撰写了一首洋洋洒洒的《大汉天声·祝辞》，希望《大汉报》努力精进，"魄力满乾坤"，以"产生无名英雄"为己任，迎接并推进祖业光复。词云：

① 叶圣陶《辛亥革命前后——日记摘录（一）》，《新文学史料》1983年第1期。

若失"。但是，苏州毕竟是"光复"了。都督府前高悬着一面一丈见方的白旗，上面大书"兴汉安民"四个大红字，墨沈淋漓，煞是可爱。统治中国二百六十多年的最后一个皇朝——清王朝，土崩瓦解了，那个从来被人看作至高无上、神圣不可侵的"皇帝"终于被打倒了。"上头不再有皇帝，谁都成了中国的主人"，叶圣陶又怎能不心花怒放呢？他闻讯后"即驰至校中"，与同学们一起欢庆，又到王废基观看革命军巡防营，到"巡抚衙门"瞻仰光复后的都督府，还簇拥着袁希洛校

黄鹤楼高高百尺,
登楼一呼咸感格。
三吴灵秀肯人后?
一夜城头旗尽白。
堪喜同胞醒大梦,
更庆长官为将伯。
未流点血飞一弹,
妇欢孺悦此改革。
秋山如黛秋风和,
日光亦作炎炎赤。
似此佳气何壮哉,
天然界亦致欣怿。
然而吾党责方深,
黄龙未捣房未擒。
其余当从根本谋,
改革尤须改革心。
心犹旧习新何有,
革之惟有痛规箴。
规箴以口亦以笔,
口不及笔有远音。
于此乃有大汉报,
一朝发现吴江浔。
人心种种恶魔障,

直欲举投大壑沈。
时持正论察现势,
示人指归激人忱。
吾闻文学产英雄,
英雄此日起国中。
报章鼓吹在平日,
于此当不为无功。
少数英雄犹未足,
无名英雄其实系大局。
大汉报乎须努力,
吾有产生无名英雄职。
我更为君进颂言,
愿君魂力满乾坤。
起我同胞扬轩辕,
保护我自由,
张大我汉魂,
世界末日君尚存。

叶圣陶 颂

## 当上了小学教师

1912年1月1日,中华民国临时政府在南京宣布成立,孙中山先生就任临时大总统。草桥中学监督

1912年1月9日,草桥中学毕业班合影(三排右一为叶圣陶,前排拿手杖者为校长袁希洛)。

1953年10月9日与袁希洛夫妇合影。

（校长）袁希洛是参事，又是江苏省代表，成了大红人。8日下午，袁先生从南京回来，又立马就要走，政府正在议订宪法，他可忙呢。第二天一清早，毕业班同学一齐赶来了，都说要跟袁先生留影纪念。大家七嘴八舌，都说而今已是民国了，得与逊清定下的满洲规矩彻底决裂，剪了豚尾并不算数，得甩掉长袍马褂，这可说到袁先生心里去了。商量的结果是决定统统换上西服革履，没有这全套外国行头的就借了大围巾和长大衣来充数，算是"咸与维新"。照相时让西装革履的几位站在前排，陪着唇上留髭的西装革履的袁先生，显得气派。叶圣陶是围巾大衣派，站在后排。照过相，大家又缠住袁先生坦诚诉说，希望能跟随他到"南京政府"去工作，做一番轰轰烈烈的事业。袁先生回答说："政界不是你们去的地方，还是教育界吧，要紧的是培养国民意识。"他设法把十来个有就业要求的学生，分别安排在城里和四乡的小学校当教员。叶圣陶被安排在言子庙小学。1912年1月28日，草桥中学举行了隆重的毕业典礼，叶圣陶以"最优等"的"学业"毕业，怀着喜悦的心情走上社会。

### 遭到旧势力的排挤

言子庙小学在苏州城里的言子庙内，全称为"苏州中区第三初等小学"，简称言子庙小学。言子是孔子三千弟子中唯一的南方人，被列为"七十二贤"之一，是孔圣人的得意门生。说是文学家，可没见过他的署名作品；有提倡礼乐的记载,似乎还兼做教育工作。庙在干将坊,规模很小,起初只有3位教师,3个教室。教师除叶圣陶外,还有丁梦冈(士斌)、钱选青(柏荫)。丁梦冈任校长兼四年级主任,钱选青任三年级主任,叶圣陶任一、二年级主任,一、二年级合并在一个教室上课。1912年3月6日开学后的一周内,学生猛增到一百七十余人,县民政署学务科这才临时决定增添一个教室,由原来的三个扩增为四个,并增派来一名教学经验丰富的老教师潘森伯。经过调整,潘森伯任一年级主任,叶圣陶任二年级主任。当年初等小学设置的课目有修身、国文、算术、体操、唱歌、图画、手工。叶圣陶教授二年级修身课(每周2小时)、二年级算术课(每周5小时),以及二、三、四年级三个班的国文课(每周17小时),教学任务相当繁重。他虚心向同行学习,真诚地认学生做朋友,潜心总结教学经验,尝试各种教育的方法,一心想"导儿童于乐为研习之境"。3月31日,第一次发薪水,叶圣陶想到的是"应该自问是不是贡献是欠多",他在《薪工》一文中谈到当时的心情时说:

> 校长先生把解开的纸包授给我,说:"这里是先生的薪水,二十块,请点一点。"
>
> 我接在手里,重重的。白亮的银片连成一段,似乎很长,仿佛一时间难以数清片数。这该是我收受的吗?我收受这许多不太僭越吗?

言子庙之二。

言子庙之一。

① 《叶圣陶集》第 5 卷第 371 页。

② 叶圣陶《辛亥革命前后——日记摘录（三）》，《新文学史料》1983 年第 3 期。

③ 叶圣陶《辛亥革命前后——日记摘录（四）》，《新文学史料》1983 年第 4 期。

这样的疑问并不清楚地意识着，只是一种模糊的感觉通过我的全身，使我无所措地瞪视手里的银元，又抬起眼来瞪视校长先生的毫无感情的瘦脸。①

"一切的享受都货真价实，是大众给我的，而我给大众的也能货真价实，不同于肥皂泡儿吗？"深深感到教师"责任重大"，为人师表者应该学而不厌、诲人不倦，不能误人子弟。这之后，叶圣陶每月领薪水时总有一种"僭越之感"，总是策励自己在"执教"时"务期尽量"。1912 年 6 月 3 日日记：

课既毕，梦冈授余以所领得薪金。接而囊之，乃增种种之思念。

教学日记。

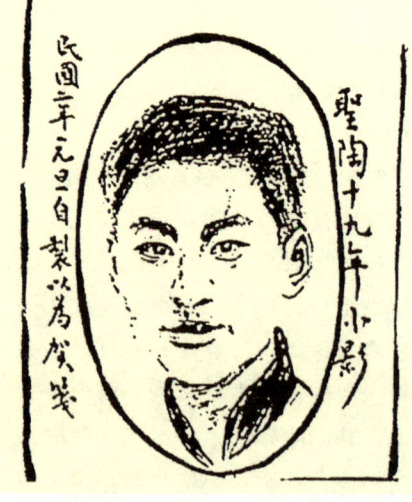

1913 年自画像。

以为余家贫，所入苟倍此数亦未嫌其多。然利之生由于有裨益之劳动行为，而余之为教师，学生果受其益乎？一虑及此，更将惶愧无地。且教育事业虽云间接生利，决非提倡直接生利者所嘉许。以口齿之微劳，而虚糜二十番佛（当时使用的墨西哥银元——引者注），思之复难以自为解嘲。以此两者而并以前之一端，则为教师受薪金，方且以为莫大之侥幸，然余复视此中为至苦。甚矣，余之愚非唯不合时宜，且更不近人情矣。②

7 月 8 日日记又记："今日又为领薪金之期，一度得钱又惹余一度浩叹。"③所谓"浩叹"，就是再次拷问自己："这该是我收受的吗？我收受这许多不太僭越吗？"可见叶圣陶对教学工作多么尽职。

然而，随着辛亥革命的流产，苏州学界的新旧之争日趋激烈。苏州光复后，新派教员将守旧的一派逐出学界，同时接纳了一批中学毕业生充实"小教"队伍。被解职的"守旧派"怀恨在心，使尽各种手腕，一心想夺回他们丢失的"饭碗"。1914年7月，言子庙小学以缩减班次的理由将叶圣陶排挤出校（由原来的四个班并成三个班）。所谓"并班"也只是个由头（后来并未压缩班级）。这让叶圣陶感到非常突然，更加痛恨教育界的污浊。有几位朋友来安慰他，劝他"设法"。叶圣陶说决不"厚脸"去"昏夜叩门"，乞求"同事"和"视学"的怜悯。自己被排挤了，但真诚地"劝学界模范为儿童造福"，"使醇醇诸稚展发神辉"。

## 追随革命志士陈翼龙"倒袁"

清末民初，是我国社会大变革、社会脉搏跳动得最为活跃的时代，也是我国思想史上又一个"黄金时代"。社会活动家和思想家们正视现实，敢于推翻传统，否定教条，反抗权威，无所顾忌地依照思想自由的观念来传播思想，鼓吹"主义"。面对社会大变革，叶圣陶也受到风靡一时的无政府主义思潮（又称"社会主义"思潮）的影响。

1912年1月21日，社会党苏州支部开党员谈话会。顾颉刚入党心切，就拉叶圣陶、王伯祥、王彦龙一同去参加。会址在姚家街利济寺，会议由苏州支部负责人陈翼龙和詹天雁主持。陈翼龙，一字意农，湖北罗田县人，生于1886年，"幼聪颖，有大志，年十五有澄清天下之愿，嗣奔走于湘、鄂、苏、赣各地，意在纠合同志，以图起义。其时民气未开，聆先生言论者，率目为狂悖。驰驱数年，迄无所遇合。1909年赴沪，任《神州日报》记者，以文字鼓吹革命，得与宋教仁相识，宋为介绍赴日本，与孙中山、黄兴相识，遂投身于革命事业。"①陈翼龙和詹天雁知道顾颉刚等都有入党的动意，极表欢迎，就请他们填表入党。叶圣陶加入中国社会党之后，英姿焕发。他多次出席社会党党员演讲会和谈话会，撰写的《宗教果必须有乎？》等传播社会党理念和主张的论文，深得陈翼龙的赏识，称赞他是深明"社会主义"的"纯粹社会党党员"。

1912年1月1日，孙中山宣誓就职临时总统，同时致电袁世凯，表示只要袁世凯运动宣统退位，即"推功让能"，请参议院选袁世凯为大总统。1912年2月15日，南京参议院选举统一临时大总统，

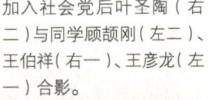

①曹嘉荫《陈翼龙先生奋斗史略》，原刊广州《震旦报》，转引自《文史资料选辑》第75辑，1981年8月。

加入社会党后叶圣陶（右二）与同学顾颉刚（左二）、王伯祥（右一）、王彦龙（左一）合影。

十七个省的参议员（每省三名参议员共投一票）投票，袁世凯得"十七票"，全票当选为统一临时政府大总统。

2月18日，社会党苏州支部在沧浪亭召开党员大会，商讨如何反对袁世凯任总统，以保卫我大汉同胞用铁血换来的"共和"。会上，叶圣陶力排众议，慷慨陈词：

宜用激烈之手段先致袁氏于死，再则运动军队及全国同胞以解散现今之参议院，更由全国人民公举议员以举定大总统。①

虽说刺杀袁氏的计划没能成功，但叶圣陶的"仇袁"之心更激烈了。1912年8月，社会党北京支部成立，陈翼龙任主任。12月初，应陈翼龙的邀请，顾颉刚北上助陈翼龙做党务工作。叶圣陶钦敬陈翼龙的学识和"豪气"，把撰写的宣传"无政府主义"的论文寄给顾颉刚转请陈翼龙审阅，念念不忘在"倒袁"革命旋涡中搏击的革命挚友陈翼龙。1913年6月28日，顾颉刚从北京回到苏州过暑假。叶圣陶急于想知道北京的"时政"，于次日邀顾到拙政园小憩，"以资清谈"。他们在"南轩"整整谈了一个上午。叶圣陶在当天的日记中写道：

坐轩中，颉刚多谈京中事，谓如某君某君昔日自期其有操行者，今则为政党走狗，为嫖界脚色，为报界败类；某君某君，昔日自命有干才者，今则吹箫燕市，借贷度日，拷诈饱腹。所谓政府议会神圣尊严之所，乃独为罪恶坏事之出产地，侦骑密布，而人之生命危矣；兵士载道，而人之心思恐矣。京华首都乃无一片干净土安乐土，真可为长叹患矣。

日记的前半部分是对失德败行的党、社、会头目的痛斥，后半部分则是对"袁氏政府"的挞伐。"袁氏政府"是"罪恶坏事之出产地"。中华民国暗无天日，叶圣陶心忧如焚，夜不能眠，在摇曳的烛光下写了《游拙政园》②一诗，记录了他与顾颉刚"清谈"后的慨叹。诗云：

颉公燕都归，听雨谈抵掌。
直北是长安，冠盖属朋党。

① 叶圣陶1912年2月18日日记，《新文学史料》1983年第2期。

② 收入《叶圣陶集》第8卷改题名为《游拙政园归得句二十二韵》。

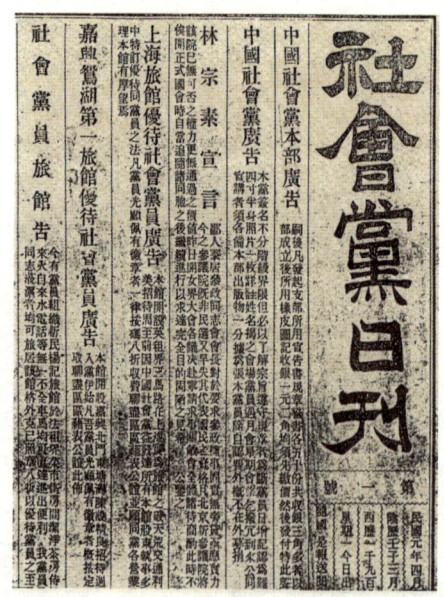

社会党日刊。

讨袁诗。

白日妖霾现，杀人弃沟壤。
鸡鸣上客尊，狗苟公道枉。
豪游金买笑，乞怜血殷颡。
嗟哉行路难，触处是肮脏。
何当谢世虑，摄心息俯仰。
寄情孰所乐，高歌慨以慷。
帝力鼓大化，谁省我所往？
辞终各无言，看水倚轩槛。
初荷碧玉盘，水珠滚三两。

这是一篇声泪俱下的讨袁檄文。独夫营私，袁氏将"北洋政府"的"内阁"视为一己的"私物"，用"峨冠博带"结盟死党。"野心总统、武人内阁、奴性国务、受贿议员、淆乱是非之报馆"，构成了特异的"中华民国"。"乞怜血殷颡"，指的是袁氏1913年4月26日与俄、英、日等"五国银行"秘密签字，借款2500万镑，用这笔巨款收买刺客和报馆，添置枪炮，假兵威以箝制黎庶，阴谋复辟帝制。那些"豪游金买笑"的政客文痞们，为了一己的私欲，舐痔吮疽，为独夫作伥。为肇造中华民国捐躯的先烈们的尸骨未寒，而民国蟊贼袁世凯当皇帝的野心已暴露无遗。1913年7月28日，革命志士陈翼龙在北京被袁世凯拘捕。叶圣陶为挚友的命运忧虑，在8月1日日记中写道：

醉眼阅报，见载陈翼龙被捕。陈自前年相识，交情乃多古豪士态。及去北京，虽无音问之通，而颉刚口中固常相及，而余亦时以相问者也。今被捕于北京，直似牧人之捕其牲畜，捆而杀之至易事也。鬼魅当途，妖氛蔽日，令我局外人有按剑四顾，掞头以斫之思，感愤之极……

8月6日，陈翼龙被枪杀于北京宣外老墙根玻璃公司荒野空地上，年仅二十八岁。次日，袁世凯以大总统令饬各省主管将所有社会党本部支部一律查禁，解散中国社会党。叶圣陶与陈翼龙"苏州一别"，竟成永诀。兰摧玉折，使得他更加仇恨"北洋政府"，更加仇恨专横跋扈的袁世凯，深切怀念为"主义"献身的陈翼龙。

# 3 真挚圣洁的爱

## 词翰姻缘

1916年8月12日（农历七月十四日），叶圣陶和胡墨林喜结良缘。胡墨林字翰先，浙江杭州人，叶圣陶撰写的《胡墨林年谱》中说：

> 墨以1893年8月24日（癸巳七月十三日）生于杭州。十余岁时，入苏州大同女学。1912年春与余订婚。是年秋季，入北京女师范肄业。凡四年，1916年夏毕业。回苏即结婚。是年秋季开学，在苏州女子高等小学任教。
> 
> 1917年暑后，至南通女师范任舍监。时余在甪直任教，送之抵南通，然后回甪直。

叶圣陶定婚照。

①抄自原稿——作者注

胡墨林定婚照。

叶圣陶在中学时代就爱好诗词，逢到同学或亲友结婚，就写诗庆贺。1912年2月9日，中学同学王彦龙结婚，叶圣陶作的祝贺诗得到胡铮子的赏识，遂出面为侄女墨林议婚。胡铮子早年留学日本，回

1927年大革命时代的胡墨林。

1917年摄于甪直。

叶圣陶、胡墨林结婚照。

国后在苏州大同女学当国文教员，常有诗文在报刊上发表，也算是个名人。顾颉刚在1944年写的《记三十年前与圣陶交谊》中说：

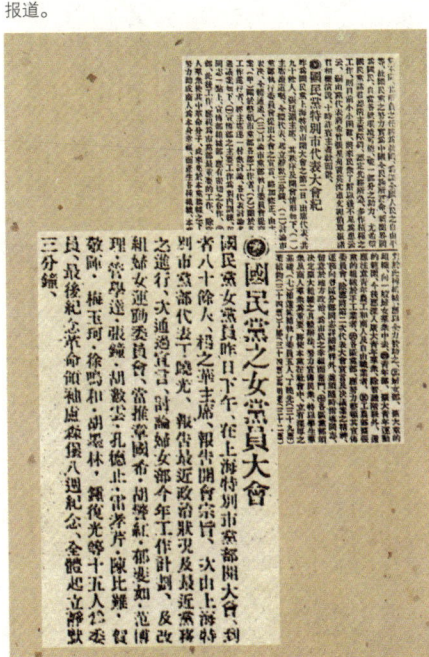

胡墨林加入国民党（左翼）并担任妇女领导工作的报道。

圣陶佳偶，得于词翰。光复之年，友人王彦龙成婚，予集宋明词句为长联，圣陶篆之，圣陶作《贺新郎》词，予楷书为立幅，并悬于洞房。胡铮子女士见而激赏，因询伯祥，"此两君已未婚？"伯祥答以圣陶尚未，遂嘱伯祥偕予作媒，以其兄之子墨林妻之。至于今日，玉芝竟爽，圣陶亦且含饴弄孙，此固当年一词之功哉！

浏览叶圣陶早年的日记，可知顾颉刚的叙述是准确的。叶圣陶1912年2月9日日记中说："晨十句钟颉刚来，即同之径赴彦龙家贺喜。"同年5月18日日记中说："今

真挚圣洁的爱 ● 023

30年代中期的胡墨林。

30年代初的胡墨林。

不无深情地说："我与妻能够爱好也只是偶然；迷信一点儿说，全凭西湖白云庵那位月下老人。"

胡墨林帮叶圣陶抄写的文稿。

日为余定婚之期。坤宅为浙江胡氏，由颉刚、伯祥、彦龙、烈裔（张昌熙）等作伐者。"

从形式上看，叶圣陶和胡墨林的婚事几乎完全遵循了"旧式"的"父母之命"、"媒妁之言"，"结婚以前没有会过面，也不曾通过信"，叶圣陶将这种"没有恋爱的基础"的结合称之为"打彩票式的结婚"，说"这样打彩票式的结婚当然很危险的"，但他却感到无比的美满，在《过去随谈》①中说："结婚以后两情颇投合"，"对方怎样的好是彼此说不出的，只觉得很合适，更合适的情形不能想象，如是而已"，并把这美满的婚姻归于"月下老人"，

① 《叶圣陶集》第5卷。

观新乐府剧襟评

二三月来，偶得豚间，辄往大世界观新乐府戏剧，携曲本数种，邀侪两三，自笑万如枯枝之栖鸣，僮濡染既免颇欲有说，随写数则，取示同好，咦不为益怎，遗有涯歌场月旦，或犹愈於谈兵军果军战略优劣也。

（一）姚传芗之「寻梦」

始末奇姚传芗之艺，及观艾玖为「寻梦」，乃颙为绝妙之才，彼盖能创造一神化境界，摄住观众心灵，俾与之同其欢愁喜颂者也，论文胜处，

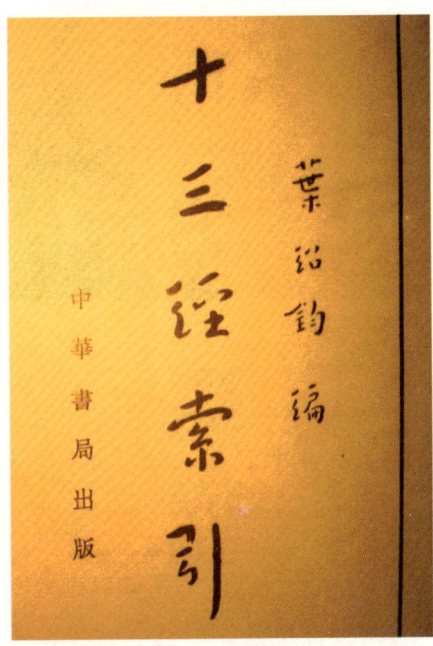

胡墨林协助叶圣陶编的《十三经索引》。

## 情逾金石

叶圣陶和胡墨林都说自己只是"半个人",加上对方的"半个",才是一个完整的"我"。他们都在对方身上看到了真诚和美善的品质,感受到了丰富而又宝贵的情感和无穷的力量,又都将这些品质、情感和力量升华为最圣洁的爱,将自己的整个生命融会在共同的生活历程中,心心相应、"携手"、"并肩",共同创造"忘形"、"忘言"、"忘机"和美到不可言说的境界。

风风雨雨几十年,叶圣陶一家和中国许许多多的家庭一样,曾毁于战火,又遭逢过劫掠,受过恫吓,迁徙流离,饱经忧患,直到1949年新中国成立后才过上了安定的生活。不管生活多么艰难,家庭中"永远充满着融融汇汇的空气",温馨和谐,令朋友们"艳羡不置"。①叶圣陶把家庭的美满归于胡墨林的"爱"。他似乎一刻也离不开胡墨林,在日记中常说"墨不在家,便觉异样","墨不在家,余则寂然无聊"。1957年2月上旬,胡墨林患癌症,医院再次发了"病危"通知。叶圣陶于2月17日到西山选择墓地。2月20日日记记:

> 余与我妹以三点往。墨仍如昨。口渴甚,时时欲喝水或以水棉花润口腔。头脑清明,而无力说话,我人附耳于其口边,乃能察其简短之言辞……努力说数语,至可感动,余立骤括其言得二十字如下:人情实太好,与我大有缘。一切皆可舍,人情良难捐。

> 墨具此襟怀,可见其乐生之趣,然竟不可久留矣!来时见晴光明耀,春意已萌,而我墨林即将离此而去,殆无此理。然理智相告,渠非去不可,诚人生之至哀矣。

2月22日,叶圣陶叮嘱儿女按

① 宋云彬《〈花萼〉序》。《花萼》(叶至善、叶至美、叶至诚著),文光书店,1943年。

圣陶夫妇1942年10月11日在成都新西门外乡间寄居的草屋外小溪边合影。

"净土宗之说"移动胡墨林的遗体。是日日记记：

> 墨颇信净土宗之说，今日尝艰难语满子，一切如夏（丏尊）先生模样，惟不赞成火葬。火葬固非我人所想，所谓如夏先生模样者，即气绝时勿遽搬动，勿扰其垂泯之脑筋。余因嘱至善辈，移动务必轻轻，大家须忍住，勿号哭出声，苟不可忍，则宁离去云云。净土宗此说，有生理学心理学之基础，可信从也。

3月2日，胡墨林谢世。叶圣陶情不能禁，在日记中写道："墨以今日逝世，悲痛之极，1957年3月2日，永不忘此惨痛之日。……

1949年初在香港。

余四十年来相依为命之人至此舍我而去矣。……墨患恶病三年，我人竭力隐瞒'癌'之一字，始终未扰其神思。"次日日记记："昨夕睡不能安。明知墨之逝世已为必然，心理上早有准备，而及事到眼前，复觉非常难安。于是思虑近日屡经想及而未完之一首词，调用《扬州慢》，系略叙四十年来与墨之游踪者。及乎全首想定，已将明之时矣。"《扬州慢——略叙偕墨同游踪迹，伤怀曷已。》以同一字为韵，称"独木桥"体，词云：

> 山翠联肩，湖光并影，游踪初印杭州。怅江声岸火，记惜别通州。惯来去淞波卅六，篷窗双倚，甫里苏州。暮胡尘纷扑，西趋麈寄渝州。丹崖碧巘，共登临、差喜嘉州。又买棹还乡，歇风宿雨，东出夔州。乐赞旧邦新命，图南复北道青州。坐南山冬旭，终缘仍在杭州。①

叶圣陶笔下的"游踪"，是他和胡墨林共同生活的记录。"山翠"三句说婚后同游杭州。"怅江声"二句，是说婚后胡墨林到南通执教，

① 《叶圣陶集》第8卷第230页。

50年代初在北京寓所。

逢假期才能回苏州。假期结束，叶圣陶总是送胡墨林到南通，依依惜别。1918年春，胡墨林辞了南通的教职，回到苏州时，叶圣陶执教于水乡甪直（甫里）。1919年夏，胡墨林应聘也到甪直执教，他们经常往返于苏城与甪直，两地相距18公里，乘船走水路较方便。"惯来去"二句便写实。"蓦胡尘"三句，指日寇入侵，寄居重庆。"丹崖"二句中写在嘉州教书时，赏乌尤、凌云等蜀中佳景。"又买棹"三句，说抗战胜利后乘木船东归。"乐赞"二句，述1949年年初离上海至香港，又乘船北上，在烟台登陆，进入解放区。最后二句叙1954年10月杭州之行，为最后一次偕同出游，故云"终缘"。写《扬州慢》的当天（3月3日），叶圣陶还写了一首五律《墨亡》"自抒其哀"，诗云：

　　同命四十载，此别乃无期。永劫君孤往，馀年我独支。出门唯怅怅，入室故迟迟。历历良非梦，犹希梦醒时。①

俞平伯读此诗时，写了评语："一屏浮词，独见至性，不仅如古人所谓情文相生。览之凄然增伉俪之重者。诗中五六句，淡而愈悲，复出之自然，殆必传之名隽也。"

3月18日，叶圣陶又填《鹧鸪天》"排遣哀愁"，词云：

　　暝色无端侵小斋，是耶非耶起徘徊。迟归行附三轮至，暂别将驰一简回。　　徒设想，更伤怀。往时相候候终来。如今已作西山土，暮暮朝朝有独哀。②

他在当天的日记中写道："昨夜醒来，完成近日构思之《鹧鸪天》一首。其第三四句盖写实况。迟归盼归，暂别盼书，候望之切，四十年如一。近日设想，苟亦若是，岂不善欤。然此只痴想而已。"

胡墨林生前任职于人民文学出版社，早出晚归，以三轮车代步。谢世后葬于北京西山之福田公墓。覆盖在墓穴上的汉白石墓碑上，刻着叶圣陶的手迹，额头六个篆字"吾

①《叶圣陶集》第8卷第229页。

②《叶圣陶集》第8卷第231页。

1954年10月摄于杭州南山招待所。

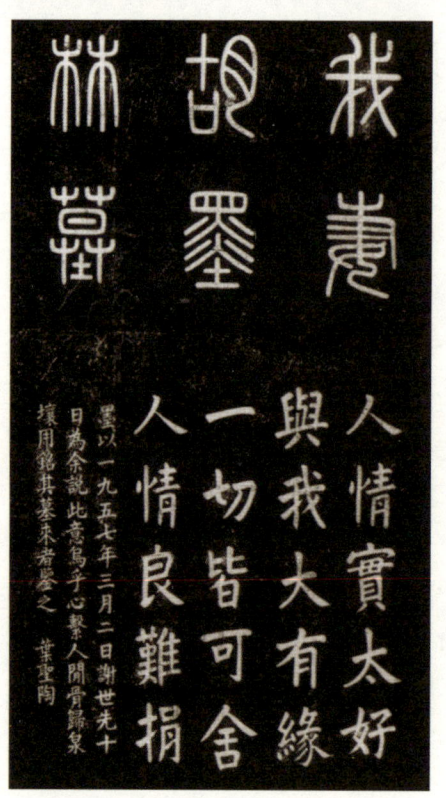

叶圣陶为胡墨林写的墓碑及碑文。

妻胡墨林墓"。碑文为正楷书的一首五绝:"人情实太好,与我大有缘;一切皆可舍,人情良难捐。"后面有两行小字:"墨以一九五七年三月二日谢世,先十日为余说此意。呜呼!心系人间,骨归泉壤。用铭其墓,来者鉴之。"从胡墨林临终遗言中,也能看得出她善良和通达,感受到她对家人、亲友和人世间的眷恋,对叶圣陶的"真爱"。她和叶圣陶都是典型的"爱情至上主义"者。

### "朝朝暮暮有独哀"

料理完胡墨林的丧事,在老友王伯祥和秘书史晓风的陪同下,叶圣陶到武汉、广州、金华、温州、上海、南京等地散心。诚可谓"心有阴晴万象殊",重叠的山峦,浓鲜的新绿,红艳的木棉,馨香的原野,怎么也排遣不了淤积在他心头的失落和哀愁。他在《水调歌头·从化温泉》里写道:"排遣哀愁无计,姑作南州游旅,愁尚损春眠。灯灭帘栊黑,听水复听鹃。"这"听水复听鹃"最值得体悟。记得有一首题为《杜鹃》的歌,歌词是这样写的:

春郊欲雨横塘笼雾,到处桃花迷路。却怪杜宇飞来何遽,踏破枝头晓露。剔刷毛羽彷徨四顾,振翅发问如催春去;春光已是难驻,休休不堪听汝语。韶华如许,经几多润煦;疾风暮起,满地残红舞。归去!归去!试问春归究何处?归去!归去!可奈春归人凄楚。

"归去!归去!",在叶圣陶听来肯定是别一番滋味。可见,在"南州游旅"的朝朝暮暮,他那破碎了的心从未有过片刻的安宁。这里摘录叶圣陶怀念胡墨林的几则日记:

1957年4月1日 近日读贺方回《鹧鸪天》,弥感亲切,日必背诵一二遍。录之:"重过阊门万事非,同来何事不同归?梧桐半死清霜后,头白鸳鸯失伴飞。 原上草,露初晞。旧栖新垅两依依。空床卧听南窗雨,谁复挑灯夜补衣?"

1957年6月14日写信复三官

（叶至诚），念及墨，暗自感伤。余为三官言，余四十年来为人作事，尚算不错，皆与墨有关。墨并未主张什么，亦未鼓励我什么，然余在渠之爱护下，自觉事事有兴，到处可乐，即在避寇四川非常困苦之际，余亦殊无所谓。今墨已去，余失所依傍，遂不免颓唐矣。

1958年8月27日，梅圣俞有"悼亡"三首，情意真切。录之：

结发为夫妇，于今十七年。相看犹不足，何况是长捐。我鬓已多白，此身宁久全，终当与同穴，未死泪涟涟。

每出身如梦，逢人强意多。归来仍寂寞，欲语向谁何。窗冷孤萤入，宵长一雁过。世间无最苦，精爽此消磨。

从来有修短，岂敢问苍天。见尽人间妇，无如美且贤。譬令愚者寿，何不假其年。忍此连城宝，沈埋向九泉。

在胡墨林墓前。

叶圣陶的为人为文，似乎可以借用章太炎谈治学的话来概括："始则转俗成真，终乃回真向俗。"青少年时代有锋芒，有棱角，"转俗成真"；到了五六十年代，则是"回真向俗"了。事事不过度，处处有节制，待人接物，进入了"发乎情，止乎礼义"的境界，胸襟开朗，心思旷达，宁静自然，含蓄温厚。他对死生之理知之甚深，悼亡之痛理当适可而止，可他居然不能免"俗"，过度伤感，以至一次次"号哭"，于"生死之际，诚难作达"，真可谓"人非圣贤，孰能无偏也！"有

悼念诗之一。

与家人及亲友为胡墨林扫墓。

几位亲友直接或间接地试着规劝他再找一位伴侣,叶圣陶断然拒绝。他把胡墨林30年代以及去世前的照片放大后挂在卧室里,暮暮朝朝慰藉他失所依傍的颓然心情。1973年9月23日,叶圣陶梦中想到胡墨林许久不给他写信了,醒后十分怅然,第二天写了题为《从未》的五言仿古诗,诗云:

从未寄书回,梦中常疑猜:何因竟诀绝,弃我知遗迹?而我亦太痴,胡为不先施?邮址何从写,电话何号码?念此怅百端,醒时始恍然。原来是永别,万古阻消息。①

①《叶圣陶集》第8卷第342页。

他在当天的日记中写道:"昨夜醒来得诗思,思之不已,历二小时许而复入睡。今日下午足成全首,书之于左。此是十数年间梦中常有情形,唯为诸种情形之一。昨夕忽然闯入意识界,自当勉而成之。"《从未》情意真切,从中再次看到了叶圣陶对胡墨林至诚忠贞的爱。他始终记得胡墨林逝世当天自己在日记上写下的话:"一九五七年三月二日,永不忘此惨痛之日。"开始几年每逢胡墨林的周年都去扫墓。到了晚年,因了健康原因,不能再去给胡墨林扫墓了,但每逢3月2日,他必定在日记上记着:墨逝世若干年矣,从未间断过。叶圣陶逝世的前一年1987年3月2日日记中说:

昨夜未睡好,思绪万千,今天是墨去逝纪念日。时光快矣,我独自又走了卅年。

这一年岁尾,叶圣陶末了一次生病住院之前,特地关照子女们说:"到母亲的忌日,你们无论哪一个去坟上看看吧。"从1957年到1988年,叶圣陶以他特有伤怀、孤寂和坚贞"余年独支",走过了30个春秋。"排遣哀愁无计"、"暮暮朝朝有独哀"。叶圣陶所说的"独哀",其实就是对于他与胡墨林的纯洁之爱的回味,是对于夫妇40年偎依、温亲的记忆,是对于生之真趣的吟咏。从中可以看到,叶圣陶的由"爱"的牺牲精神和"爱"的执着凝结而成的爱情观。他把全部的爱情献给了胡墨林。尽管胡墨林过早地离开了人世,水流云逝,是永远追不回来了,但叶圣陶对她依然一往情深。

# 4 《新青年》的召唤

## 痛斥写小说"牟利"是"无赖"

1914年7月,叶圣陶被排挤出校之后,闲散在家里读书看报、浏览杂志,写诗歌小说,帮人刻图章,写些贺词和挽联之类的应酬文字,日记中留下的相关记载相当多。

因为喜爱文学,叶圣陶很早就写小说了。第一个短篇《莫灰心》写于1911年4月8日,投给《小说月报》。主编恽铁樵在回信中说"你的小说写得不错",可登《小说月报》还"不够资格"[①]。《小说月报》"各种小说皆敦请名人分别担任"[②],像叶圣陶这样的"小字辈"挤不进去是很自然的;能采用他稿子的只能是《礼拜六》《小说丛报》《小说海》等"弗足数"的"小说杂志"。正式发表的第一个短篇《玻璃窗内之画像》登在《小说丛报》第2期,1914年6月10日出版。正式发表的第二个短篇是《姑恶》,登在《小说丛报》第3期,1914年7月10日出版。就写作时间而言,《姑恶》则早于《玻璃窗内之画像》,写于1913年12月21日,是日日记中说:"晨起后足成昨夜所著之小说《姑恶》篇。"《玻璃窗内之画像》初稿写于1914年5月21日,是日日记中说:"近日撰小说兴勃发,昨夕就床上构想,今日即以写出之成一短篇,才二千字耳。而笔意绝无生动,弗足观也,然一日以之消磨矣。"次日日记中说:"晨起后以昨作小说缮清,名之曰《玻璃窗内之画像》,储之敝箧中。他日出视,亦可以自

[①] 1980年6月14日访叶圣陶。——作者注

[②] 《〈小说月报〉编辑大意》,《小说月报》第1期,宣统二年七月二十五日。

1915年前后的叶圣陶。

《礼拜六》。

《小说丛报》。

① 顾颉刚《〈隔膜〉序》。

② 《礼拜六》第17期，1914年9月26日。

娱也。"这时的叶圣陶还不满20岁，在言子庙小学的教师位置还没有被挤掉，每月有20枚银圆的薪金，日子还过得去，"近日撰小说兴勃发"，显然不是为了"卖文"，恐怕像一般青年人一样不过是尝试罢了；何况他"对于文艺，没有一种不欢喜"，看到有趣的东西，"便兴起了自己创作的念头"①

《玻璃窗内之画像》和《姑恶》发表后，《小说丛报》的主编徐枕亚又来信约稿。叶圣陶1914年7月2日日记中说："又得徐枕亚一书。徐撰《小说丛报》，余曾寄与二篇，今复来索稿也。暑中多闲，当有以应之"，"即报徐枕亚一书。"可《小说丛报》后来再没有登过叶圣陶的作品。他的文言小说大部分刊登在《礼拜六》上，最早发表的是《穷愁》，刊登在1914年7月18日出版的《礼拜六》第7期，7月21日日记中说："曩我著《穷愁》一篇投《小说周刊》，今得其酬报八番佛。圣湖之游原取决于财力，今得此，虽未可以壮余行色，然亦

顾颉刚侍继母赴杭，邀叶圣陶相随。叶圣陶7月23日日记："饭后颉刚至，谓杭行已决，后日动身，余喜极。预定游踪，颉刚谓'此游期以七日，居杭五而居沪二，明圣湖上昔年固已历其大略，今只择其最胜或未至之地游之可耳。沪游则专事听歌，别无他玩'。余善其言，欣待后日之至矣。"

可勉强一行。故颉刚果行者，我亦必得重寻旧游也。"这时他已被排挤而失业，有"卖文"以贴补"零花"和"家用"的念头。一个短篇《穷愁》得了八番佛（八枚银圆），是一笔不少的收入。

从《姑恶》算起，到作于1916年4月11日的最后一篇《淞垒记》，前后二年又五个月，发表的小说共二十来篇。这二十来篇文言小说，就思想内容而言，主要的有六个方面：（一）写工人和佃农的苦难，如《穷愁》《我心非石》；（二）揭露袁氏政府的倒行逆施，如《终南捷径》《瓮牖新梦》；（三）歌颂劳苦大众的爱国情绪，如《一贫一富》《良心上之敌忾》；（四）写触目惊心的家庭悲剧，如《贫女泪》《姑恶》《博徒之儿》；（五）抒发父母之爱，朋友之情，如《倚闾之思》《旅窗心影》；（六）针砭教育之弊端，如《戕性》《某教师》；此外还有哲理小说《灵台艳影》，以及根据外国小说改写创作的《黑梅夫人》（小说通过冷静的描述，把资产阶级贵妇人极端自私、虚伪的心态刻画得入木三分）②等其他作品。这些小说瑕瑜互见，正表现了叶圣陶在这不到两年半的时间里，努力作了各种尝试和探索，其中《穷愁》《终南捷径》《瓮牖新梦》《灵台艳影》诸篇，从当时的水平来衡量，还不失为佳作。但叶圣陶总觉得靠写小说"牟利"，"其性如商贾"。他在1914年9月14日日记中说："晨

起绝早，餐已握管作小说，以之售去，亦可以得微资。文而至于卖，格卑已极，矧今世稗官，类皆浅陋荒唐之作，吾亦追随其后，以相效颦，真无赖之尤哉。"

## 盼"朝野之子同心洗面于一旦"

叶圣陶和郭绍虞从小就成了好朋友。郭绍虞最早在上海尚公学校教高小国文，1915年初进步书局请他去当总编辑。他就向尚公学校荐引叶圣陶接替他的职位，校方居然答应了。

1915年4月6日，叶圣陶来到尚公学校，是日日记：上午"十时别全家"，"越二时而抵沪"，"即驱车至尚公，晤曾君品纯，一切规模，语我唯详。曾君好诗文，在沪有东社之集，亦风雅士也。""部署既毕，而郭绍虞来，为述教课种种"。尚公小学位于闸北宝兴西里，叶圣陶任高小一年级级任教员，除了教国文、习字、修身，还有历史、地理共5门课。

尚公学校校名"尚公"是"崇尚公众"的意思，始创于1906年春，是商务印书馆的实验小学，有初小4个年级、高小3个年级，学生多达230人，大多是商务印书馆职工和工商业者的子弟，校长就是商务印书馆编辑所负责人之一的庄百俞。在尚公教书，可以去涵芬楼（商务的馆内藏书楼，创设于1904年）看书，在知识的海洋里仰浮，还可以结识更多的朋友，一起研讨文学和教育，这给叶圣陶以全新感兴。他在4月9日日记中写道：

校舍之旁，学校五六比屋而居，对门则商务印书馆印刷所在焉。每当朝曦方上，夕照当墙，则见挟书之学子短衣之工人络绎而过，繁于星斗。余思中国之地而尽如此间者，则工业盛而教育备矣。惜乎！者般佳景象仅见于此也。

尚公延聘的教员，多为热心教育的志士。他们"视校事如己事，视学生如己之子弟"，采用"实用主义"、"勤劳主义"、"自学辅导主义"的教育方法，注重实效。教师之间的关系极为融洽，工作之余，叶圣陶和同事们一起谈诗论文，相互唱和，观剧听曲，品茗茶肆、把盏叙饮，弹棋遣闲，雀戏助兴，手头窘迫时就写小说"脱贫"。4月13日日记中说：

诸同事议酿金饮酒，正中余怀，遂驱车至抛球场某酒楼，团坐一桌，恰得十人。一壶既倾，拳声斯作。诸君皆鸿量，以余比之，止上下驷耳。

酒散，殊饶醉意，与景岐、品纯、绍虞遨游通衢间，初不辨其方向，

尚公学校旧址。

商务印书馆旧址。

信足所至而已。时有微雨，我辈不伞不履，来趁宵游，可谓落魄清狂，逸情豪兴矣。

归校后聚语于王子进室中。王君酷好文学，性有同嗜，语乃无休时，复出其友人诗词稿见示。醉眼模糊，未之入目也。正畅谈间，灯电忽灭，遂就床卧。今夕之乐亦云难得，盖不减吴中烂醉狂歌之欢也。

那个年代，又正是中华民族的多事之秋。日本帝国主义利用第一次世界大战，列强帝国顾不上侵略中国的空隙，乘机出兵侵占了山东。1915年1月向袁世凯提出了"二十一条"。这"二十一条"主要内容是：承认日本接管德国在山东所享有的一切权利，并加以扩大；延长日本租借旅顺、大连两港及南满（辽东半岛）、安奉（从丹东到苏家屯）两路的期限为99年，并承认日本在南满等地的特殊权利；汉冶萍公司改为中日合办，附近矿山不准公司以外的人开采；中国沿海港湾岛屿不得租借或割让他国；中国政府聘用日人为政治、财政、军事顾问，中国警政及兵工厂由中日合办；日本有在武昌与九江、南昌间及南昌与杭州、潮州间筑路权，有在福建投资筑路开矿的优先权等。这些条件实际上就是要变中国为日本的殖民地，灭亡中国。日本公使日置益在向袁世凯递交"二十一条"的时候，向袁世凯说"日本希望贵大总统再高升一步"。暗示袁世凯，如果他接受这个亡国的卖身契，日本帝国主义就支持他做皇帝。丧心病狂的袁世凯，在5月9日完全接受了日本的亡国条件。叶圣陶在5月9日日记中写道：

阅报纸，而心为感伤。盖日人要求于我者，我已全允所请矣。……我之当政者，懦而自用，遂允所请。民意之谓何，亡国之谓何，盖在虑度之外矣。……堂堂上国之人，行见倭人骄横恣肆，轻狂于眼前，殊未甘耳。

剑秋起身后，相与谈论此事。相对无得意语，殊觉寂寂有死气……

每当与像剑秋这样的朋友谈及"二十一条"时，叶圣陶总觉得郁闷和绝望。7月25日日记中说："饭后览《东方杂志》，继至桂芳、宾若、有若、子明辈相与闲论时事。前途辽恶，共为兴叹。执柄者无献身图治之忱，而有自私苟自之恶；在野者存兴亡由他之念，而乏匹夫有责之志。上昏下瞆，疾乃弥笃。

此盖百体之蕴病齐作,非偏医所克奏效也。孤士清介,难启众浊。譬诸池塘积秽,洁者趋之,犹且自溷。自非朝野之子同心洗面于一旦,亦难为功矣。然此会何可得哉,此所以叹也。"

## 用"新"的"精神"来规范自己

1915年9月,陈独秀主编的《青年杂志》在上海创刊(第二卷起更名为《新青年》),这是"新文化运动"中最重要的杂志。陈独秀在发刊词《敬告青年》中提出了"人权"、"民主"与"科学"("德谟克拉西"、"赛恩斯")的口号。对青年提出六条要求:"要自主的,而非奴隶的;要进步的,而非保守的;要进取的,而非退隐的;要世界的,而非锁国的;要实利的,而非虚文的;要科学的,而非想象的。"这六条要求对青年造成了极大的冲击力。叶圣陶接受《青年杂志》的影响,始于1915年11月2日日记,是日日记云:

阴。间作微雨。百事最贵朝气,而阴霾之天气、不堪之时事,胥欲寻我之朝气而挫之。是在自性心强,方克免于堕落。否则凄凉嗟叹时作,日暮途穷之况甚无谓已。年来国人朝气丧亡殆尽,牛马奴隶亦既准备为之,于是嬉游恣乐而外无复所事,人心欲死,畏可叹也。某君谓欲挽人心当提倡新文学,的是探本之论。贤者为民之责,亦惟此一事而已。至于其他,匪此日所可言矣。

"某君"当指黄远庸(笔名远生),他在给章士钊的信中说:"愚见以为居今论政,实不知从何处说起。……至根本救济,远意当从提倡新文学入手。"①陈独秀创办《青年杂志》也是从"提倡新文学"入手的。1915年11月2日之前,《青年杂志》已出版两期。创刊号上刊登了陈嘏翻译的屠格涅夫短篇《春潮》,第1卷2号上刊登了汝非翻译的《托尔斯泰之逃亡》,以及薛琪瑛女士翻译的王尔德"爱情喜剧"《意中人》。陈独秀在为《意中人》加的"附语"中称薛女士是"吾国文艺复兴之嚆矢,女流作者之先河。"当时陈独秀最推崇的"世界三大文豪"托尔斯泰、左拉、易卜生;称易卜生、屠格涅夫、王尔德、梅特尔林克是"近代四大代表作家"。②他在《青年杂志》创刊号发刊词《敬告青年》中说:"吾愿青年之为托尔斯泰与达噶尔"(印度诗人泰戈尔),这些均可看作陈独秀倡导"新文学"的业绩。

①黄远庸《释言(致甲寅杂志记者)》,《甲寅》第1卷第10号,1915年10月10日。

②陈独秀《现代欧洲文艺谭》,《青年杂志》第1卷3至4号,1915年11月15日、12月15日。

《青年杂志》。

《新青年》。

夜览《青年杂志》，其文字类能激起青年的自励心。我亦青年，乃同衰朽。我生之目的为何事，精神之安慰为何物，昏梦焉莫能自明。康德曰："含生秉性之人，皆有一己所蕲向。"我诵此言，感慨系之矣。

叶圣陶生前多次谈到每逢《新青年》出版，他"急购而读之"的心情。《新青年》"鞭策人心"的"伟论精言"，《新青年》揭橥的"改造国民思想"、"讨论女子问题"、"改革伦理观念"、"提倡文学革命"等"四种主义"，成了拯救溺世的良药金针。"青年如初春，如朝日，如百卉之萌动，如利刃新发于硎，人生最可宝贵之时期也。青年之于社会，犹新鲜活泼细胞之在人身。新陈代谢，陈腐朽败者无时不在天然淘汰之途，与新鲜活泼者以空间之位置及时间之生命。……"叶圣陶读了《新青年》，对自己作了最深刻的反省："我亦青年"却"志气疲颓"，形同"衰朽"，不知"我生之目的"，浑浑噩噩；进而意识到身为"今日之青年"，面对20世纪磅礴涌发之潮流，应该有一种精神，有"一己所蕲往"。所谓"一己所蕲往"，无非是有理想、有信仰、有追求。这之后，叶圣陶不仅用"人生"的"新"的"目的"和"精神"来规范自己，也用"人生"的"新"的"目的"和"精神"来认识和观察社会，在人生的征程上揭开了崭新的一页。

叶圣陶日记中的《新青年》。

与此同时，叶圣陶"放眼域外"的思想也得已确立。1915年11月4日日记中说："傍晚与品纯、毅生闲谈，共谓吾人处此世界，非复可效井蛙之昧陋，而欲运我灵思与世界学术接触，舍通外文其涂莫由。"决心要学习德文和法文，"念德法学术，世称深邃，习其文书，殊胜英吉利文字也。"1915年11月25日日记中说：

# 5 在第二个故乡——甪直

## "感到了橄榄回味般的恬适"

1917年春季开学前，叶圣陶应中学同学吴宾若和王伯祥的邀请，来到甪直镇吴县第五高等小学（简称"五高"）任教。吴宾若是"五高"的校长，王伯祥是"五高"的教员，都是叶圣陶在草桥中学读书时的好朋友。

甪直在苏州东南18公里，曾经是吴中的一个大镇。它南连澄湖、万千湖，西靠独墅湖、金鸡湖，北邻阳澄湖，素有"五湖之厅"的美誉，历史上是个文化发达的地方。春秋时吴王阖闾在这里建过离宫。唐代诗人陆龟蒙在这里隐居，"多所论撰"。陆龟蒙号甫里，又号天随子。甪直镇古名甫里，甪直镇外有甫里塘，均为纪念陆龟蒙而得名。镇上的保圣寺，是有名的"南朝四百八十寺"之一。创建于梁天监二年（503），以后经多次重修重建。最盛的时候，据说有殿产五千多间，僧侣千人。宋、明两代，文人们常在保圣寺天王殿、莲花殿聚会。元代书法家赵孟頫曾隐迹于保圣寺。镇上小桥流水，黑瓦白墙，窄街深巷，房舍层叠，店铺栉连。全镇面积约一平方公里，原有石桥七十二座半（所谓"半座"，指一处架在小溪上仅有三四级石阶的小石板桥）。

甪直古镇。

甪直古桥

也远近闻名，名人学者纷至沓来，赞誉者甚多。1926年1月初，郭沫若与周全平、常云湄一同到甪直镇参加严良才的婚礼，事后在回忆中说：

  甪直于我却有点象物外的桃源。……那境地有点象是在梦里的一样。空气是那样澄净，林木是那样青翠；田畴的平坦，居民的朴素，

漫步于甪直街头，真有"市尘五步一顶桥"之感，相传唐代诗人杜荀鹤的诗句"人家尽枕河，水港小桥多"，就是在这里写成的。经明清两代建筑所形成的"分署清泉"、"西汇晓市"、"鸭沼清风"、"吴淞雪浪"、"海藏钟声"、"浮图夕照"、"长虹漾月"、"连阜渔灯"等甫里八景，

保圣寺。

"五高"西侧的古银杏。

五高四面厅。

使人于不知不觉之间便撤尽了内外的藩篱，而感到了橄榄回味般的恬适。①

叶圣陶对甪直的礼赞比"到此一游"的郭沫若更多，一再说甪直是他的"第二个故乡"。

## "常常拿新的意见来提倡讨论"

1917年，在我国现代史上是富有划时代意义的年份。1月，胡适在《新青年》发表《文学改良刍议》，拉开了我国新文化运动的帷幕。在陈独秀、鲁迅、周作人、钱玄同、刘半农等新文化运动先驱者们的策应下，提倡白话文、反对文言文；提倡新文学、反对旧文学的革新浪潮风起云涌。叶圣陶引导学生学习写"白话文"，尝试着"我手写我口"，"言文一致"，并自编国文教材。随着新文化运动的勃兴，鲁迅的《孔乙己》《故乡》；胡适的《一颗星儿》；周作人的《小河》《生活之艺术》；沈尹默的《三弦》等一大批新文学作品也被叶圣陶编入国文课本。为了使教学与社会活动、实践活动结合起来，让学生得到健全、全面而自由的发展，叶圣陶和同事一起，带领学生挥锄破土，在"五高"古银杏旁的乱砖地上创办了"生生农场"②，先生和学生一起种植瓜豆菜蔬。他还捐款在"五高"的四面厅创办了博览室和利群书店，把自己购买的中外名著、南社诗人的诗集，以及《新青年》《新潮》《小说月

①郭沫若《创造十年续篇》，《郭沫若全集》第12卷第283页，人民文学出版社，1992年。

②"生生"：指先生和学生——作者注。

任教"五高"时的叶圣陶、胡墨林。

胡墨林抱长子至善观五高同乐会。

胡墨林任教"五高"时的女子部教学楼。

① 顾颉刚《〈隔膜〉序》。

报》、上海《民国日报》《时事新报》、北京《晨报》等报刊，陈列在博览室，指导同学们多阅读、多欣赏，并在博览室的四壁开辟了诗文专栏、书画专栏、英文通讯专栏，鼓励同学们写生练笔。在他的建议下，"五高"建立了音乐室兼篆刻室。叶圣陶喜好篆刻，各班的篆刻课均由他担任。课上课余，叶圣陶教学生刻图章印记，刻竹板压书，刻诗文互赠，刻花鸟共娱。他指教学生刻写的诗文大多富有人生哲理，如"温不增华，寒不减叶"、"直、谅、多闻"等；有时还根据学生的特点刻写诗文相赠，如"开卷有益"、"时还读我书"，激励学生刻苦攻读，温故知新。他还"提议在学校里造了一个戏台，自编了剧本，每逢星期三演出一次"，①名叫"同乐会"。叶圣陶说他"曾经把胡适翻译的《二渔夫》改编成戏剧，大家看了颇为感动"，写过一个剧本叫《春雪》，编演的戏剧还有《最后一课》《荆轲刺秦》《完璧归赵》，等等。顾颉刚在《〈隔膜〉序》中说：

> 他在这几年里，胸中充满着希望，常常很快乐的告诉我他们学校的改革情形。他们学校里，立农场，开商店，造戏台，设备博览馆，有几课不用书本，用语体文教授……几年内一步步的做去，到如今都告成功了。这固是圣陶的一堂同事都有革新的倾向，所以进步如此其快，但圣陶是想象最锐敏的，他常常拿新的意见来提倡讨论，使全校感受到他的影响，这是无可疑的。

## 成了新潮社最活跃的成员之一

1918年11月，北大学生傅斯年、罗家伦等发起成立新潮社，出版《新潮》月刊，"专以介绍西洋近代思潮，批评中国现代学术及社会中各种问题为职司"，社员多为北大学生，也有少数教员和校外人士参加。新

叶圣陶在"五高"刻的部分印章。

潮，即 Renaissnce（意为"文艺复兴"）。蔡元培和胡适都把"新文化运动"称为"中国文艺复兴运动"。胡适说，在这场"中国文艺复兴运动"中，《新潮》杂志"表现得甚为特出，编写皆佳"，超过了北大教授所办之《新青年》。①

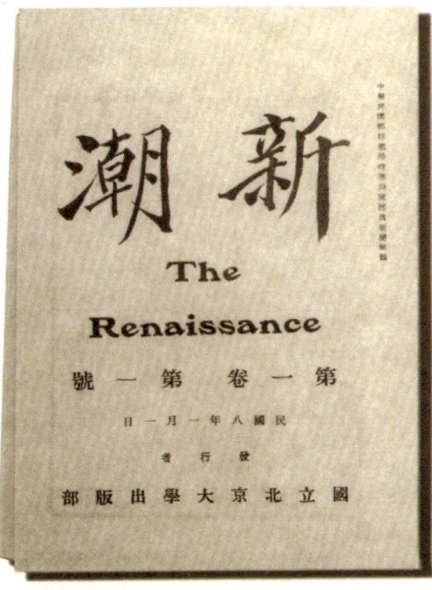

《新潮》封面照。

叶圣陶身在甪直，却加入了新潮社，并成了该社最活跃成员之一，在《新潮》月刊先后发表论文《对于小学作文教授之意见》、新诗《春雨》、论文《女子人格问题》、小说《这也是一个人？》、论文《今日中国的小学教育》、小说《春游》及《王钟麒〈拟编高等小学史地教材大纲〉跋》、新诗《我的伴侣》、论文《小学教育的改造》《职业与生计》、小说《两封回信》《伊和他》《不快之感》等。叶圣陶发表的诗文最多，体裁也最丰富。顾颉刚特别推崇叶圣陶的小说，他在《〈隔膜〉序》中说：

民国七年间，《新青年》杂志提倡国语文学极有力量。但那时新体小说只有译文，没有创作。圣陶禁不住了，当《新潮》杂志出版时，他就草了《一生》②一篇寄去，随后又陆续做了好几篇。可喜《新潮》里从事创作的，还有汪缉斋、俞平伯诸君，一期总有二、三篇，和圣陶的文字，竟造了创作的风气……

鲁迅在《对于〈新潮〉一部分的意见》中说："《新潮》里的《雪夜》，《这也是一个人？》，《是爱情还是苦痛》（起首有点小毛病），都是好的。上海的小说家梦里也没有想到过。这样下去，创作很有点希望。"③鲁迅在《〈中国新文学大系〉小说二集导言》中谈到汪敬熙、罗家伦、杨振声、俞平伯、欧阳予倩、叶绍钧等新潮社一批作家时，认为这群作家中"叶绍钧却有更远大的发展"。④

胡适说："《新潮》月刊表现得甚为特出，编写皆佳。互比之下，我们教授们所办的《新青年》的编排和内容，实在相形见绌。"

① 胡适口述，唐德刚译注，《胡适口述自传》第173页，广西师范大学出版社，2005年。

② 原题《这也是一个人？》，收入《隔膜》集时改为《一生》。

③ 《鲁迅全集》第7卷第236页，人民文学出版社，2005年。

④ 《鲁迅全集》第6卷第248页，人民文学出版社，2005年。

叶圣陶在《新潮》发表的诗和小说。

## 传播"庶民主义"和"社会主义"

叶圣陶加入新潮社后,在甪直设立了《新潮》杂志甪直"代办处"。1919年5月5日,叶圣陶从报纸上看到北京学界公讨卖国贼,要求"取消二十一条"、"还我青岛"、"保我主权"的报道,彻夜未眠。他觉得天地间最重要的是"民气",就和王伯祥等人一起商讨唤起民众的计划。第二天,在"五高"操场召开五四宣讲会。会上,叶圣陶高呼"外争国权,内惩国贼!"的口号,似乎要点燃每个听众的爱国热情。为了使民气"渐渐的腾起",叶圣陶写了《吾人近今的觉悟》①在上海《时事新报》发表,文章说:

现在世界各国的政府还是"强权称雄"的遗型,率了一种"强权欲"的冲动而前进,和"庶民主义"、"社会主义"根本矛盾。中国政府毫没学识,所以做出罪恶来格外难看。他国政府将学识自文,所以坏得较为冠冕,其实是一个样子。

我们欲改造世界,第一步先要铲除强权欲的冲动。我们恃自觉的奋斗精神,凡是和"庶民主义"、"社会主义"相背的,都要去反对他。我们不要怕强权,只要真能自觉,真能奋斗,最后胜利终属我们。我们如今应当认定,改造世界是我们的责任。无论什么难题,只有我们去解决——我们真欲解决,终能解决。

若是自居第三者地位,单说几句漂亮话,或是单能说不能行,或是深抱悲观,只会叹"国亡无日",这都是懦夫的行径,我们绝对不应有这等态度。

我们要改造世界,只重在一个"我"——只重在我的"努力奋斗"——这是我们近今的觉悟。

文章宣传"庶民主义"和"社会主义";提出"凡是和'庶民主义'、

---

① 《时事新报》(1919年5月15日)第2张第1版,收入《叶圣陶集》第5卷。

"五高"全体教师合影。

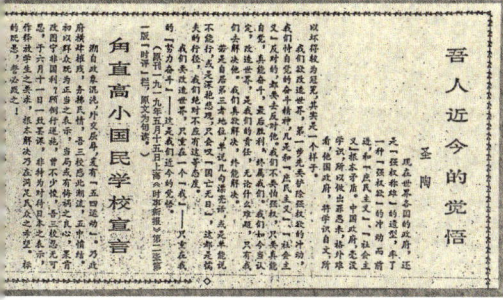

《吾人近今的觉悟》《甪直高小国民学校宣言》。

"'社会主义'反对的,都要去反对他";指明改造世界的第一步就是要推翻"强权称雄"的"中国政府",铲除"他国政府"的"强权欲的冲动";激励人们以"改造世界"为己任,反对在反帝反封建运动中"自居第三者地位";坚信只要"我们不怕强权,只要真能自觉,真能奋斗,最后胜利终属我们","我们要改造世界,只重在一个'我'",这些重要的见解与革命先驱者李大钊等人的思想十分相似,尤其是一个"我"字,"只重在一个'我'",堪称时代的"惊雷"。

为声援北京、上海等地青年学生的爱国运动,叶圣陶到甪直第一、第二国民学校串联,联名发表了《甪直高小国民学校宣言》。长篇小说《倪焕之》中写到倪焕之与几个学校串联罢课,就是以这件事为背景的。《甪直高小国民学校宣言》说:

> 溯自现象混沌,外交屈辱,爰有"五四运动"。乃政府横肆摧残,务拂民情,吾三校感此潮流,五中愤结。初以群众既为正当之表示,当局或有悔祸之良心,果肯改图,宁非国利?顾倒行逆施,曾不少悛,吾三校忍无可忍,于六月十一日一致罢课,非特为对付日本之表示,作释放学生之要求,根本解决乃在满足民众之希望。标的既悬,誓必践之!①

① 上海《时事新报》1919年6月16日第3张第4版,收入《叶圣陶集》第5卷。

从这份宣言中,可以看到叶圣陶五四时亢奋凌厉的风貌,同时也能看到五四运动的影响极其深远,已从城市波及到偏僻的水乡古镇。

## 全家迁居甪直

1919年5月,叶钟济谢世后,叶圣陶把家从苏州搬到甪直,和外祖母、母亲、妻子胡墨林,以及刚满周岁的长子至善一起,过上了恬静的"乡村生活"。他在《〈甪直

居住的走马楼。

居住的房间。

《〈闲吟图〉题记》中说：

1919年我父见背，我妻墨林育至善已逾周岁，伯安任墨林为女子部级任教员，于是我家于是年暑中迁居甪直。伯祥让出所赁屋之楼下三间俾我家居之。……厥后伯祥辞五高而就厦门集美学校教职，既而应北京大学之招赴北京，其家迁回苏城居因果巷……其家既迁，余家乃占陈氏楼房之六间。

……其处距五高三里许，到校有两途可循，一沿河岸而行，复折而南，一则曲折循田塍行，出眠牛泾即为保圣寺天王殿前之旷场，比较近捷。

"伯安"即沈伯安，时已接替吴宾若担任校长。叶圣陶"做了甪直人"之后，和胡墨林"晨晚到校返寓"，常"曲折循田塍行"，一日往返四次。叶圣陶本来就有通过改革教育来影响家庭、改造乡村的热望，也热心于"乡村教育"。做了甪直人之后，他服务乡村的愿望更强烈了。他动员镇上的穷孩子到学校读书，出钱供他们求学。胡墨林在女子部除了教授国文，还讲家政课，授的各种剪裁技艺，镇上的姑娘听说后，常在夜晚三五成群的来串门，要胡墨林教她们描剪花样，裁缝针织。1921年7月后，叶圣陶应邀先后到上海吴淞中国公学、浙江第一师范、北京大学中文系任教，但家眷仍留在甪直，胡墨林仍在"五高"女子部教书，直到1922年秋天才把家搬回苏州太平巷50号，在甪直生活了将近六个年头。

古镇特有的市街、石埠、田野、河流、丛树、屋舍、店铺、快船、殿宇，以及"卷舒自如的炊烟"、"山水画样的白云"等可爱的景色，给了叶圣陶以美的享受；古镇特有的茶馆、酒肆、集市、风情，以及"躯干高大且挺直"的农夫、"臂弯里挂着篮子"的农妇、"别有一种健美的风致"的村姑，触发了叶圣陶创作的灵感。五四新文化运动初期，叶圣陶怀着要"使'五四'曙光更光明更普遍"的热忱，讴歌"人的觉醒"，为被侮辱被损害的人寻求"光明"的、充满了"美与爱"的"别一世界"。这种富有浪漫色彩的憧

万盛米行。

憬固然是受了时代思潮的影响，但也的确凝聚了他在甪直"乡村生活"的感悟，就连30年代创作的短篇《多收了三五斗》，也是以甪直镇上的万盛米行为"原型"的，调动的也是他在甪直的生活积累。

### "无限殷勤送别情"

1977年5月，83岁高龄的叶圣陶重返甪直，为甪直小学题词，还写了《重到甪直》和《题甪直罗汉古塑展览馆》两首诗：

重到甪直
五十五年复此程，
淞波卅六一轮轻；
应真古塑重经眼，
同学诸生尚记名。
斗鸭池看残迹在，
眠牛径忆并肩行。
"再来""再来！"沸盈耳，
无限殷勤送别情。

"五十五年"句，叶圣陶自注："自甪直迁回苏城在一九二二年。""淞波"句，叶圣陶自注："苏城甪直间水程三十六里。""斗鸭池"句，叶圣陶自注："陆鲁望祠已毁，斗鸭池涸而通水阁之二石桥尚存。"陆鲁望，名龟蒙，晚唐诗人。"眠牛径"句，叶圣陶自注："曩与妻晨晚到校返寓，常循眠牛径。"

题甪直罗汉古塑展览馆
罗汉昔睹漏雨淋，
九尊今看坐碧岑。
供奉无复教宗涉，
来者唯好古塑深。
兼陈文物得其宜，
位置树石见匠心。
重来愿酬逾半纪，
此日盘恒豁胸襟。

甪直的古罗汉，不为人注意。1918年5月下旬，顾颉刚因夫人吴征兰病逝，悲痛欲绝。叶圣陶和王伯祥就请他来甪直游览，他们发现保圣寺大殿的抱对是赵子昂写的，顾颉刚认为罗汉是唐代杨惠之所塑，在叶、王的鼓励下作文呼吁募金修缮，于1923年得到蔡元培、马叙伦等贤达的支持，成立保存甪直唐塑委员会，改建大殿，古塑得以保存。

叶圣陶为甪直小学题词。

叶圣陶重访甪直写的两首诗。

# 6 新文学运动的先驱者

## "半淞园摄影"成佳话

1921年1月4日,由周作人、朱希祖、耿济之、郑振铎、瞿世英、王统照、沈雁冰、蒋百里、叶圣陶、郭绍虞、孙伏园、许地山等十二人发起的文学研究会,在北京中央公园来今雨轩正式成立,这是新文学史上的一件大事,标志着新文学运动已经从一般的新文化运动中分离出来,形成了一支独立的队伍。文学研究会的成立,预示着"一个普遍的全国的文学活动开始到来",[①]现代文学进入了各种流派竞相发展的新时期。叶圣陶在甪直,未能与会,却成了文学研究会的实干家。

未能与会的还有上海商务印书馆的沈雁冰。1921年3月,叶圣陶到沈雁冰在上海鸿兴坊的寓所与之相会,他的第一印象就是沈雁冰思路之缜密与知识之广博,又见到他的弟弟沈泽民。听说郑振铎到上海来了,就相约一同游半淞园,共商创刊文学研究会会刊《文学旬刊》和印行"文学研究会丛书"的事。郑振铎应邀而来,虽说是初次见面,但通信已久,谈完工作后四个人一起摄影留念。叶圣陶在1945年写的《略谈雁冰兄的文学工作》一文中谈及这次会晤时说:

[①]茅盾《中国新文学大系·小说一集导言》,《中国新文学大系·小说一集》,上海良友图书出版公司,1935年5月。

文学研究会成立时的合影。

到了上海，就到他鸿兴坊的寓所去访问他。第一个印象是他的精密和广博，我自己与他比，太粗略了，太狭窄了。直到现在，每次与他晤面，仍然觉得如此。那时还遇见他的弟弟泽民，一位强毅英挺的青年。振铎兄已经从北京到上海来了。我们同游半淞园，照了相片。后来商量印行《文学研究会丛书》，拟订译本目录，各国的文学名著由他们几位提出来，这也要翻，那也要翻，我才知道那些名著的名称。①

"文学研究会丛书"包括《文学研究会丛书缘起》《文学研究会丛书编例》和《文学研究会丛书目录》。这"文学研究会丛书"连同他们四人同游半淞园拍摄的照片，都是文学研究会极其珍贵的史料。从此，叶圣陶与沈雁冰、郑振铎成了一辈子心心相印的朋友，并形成了文学研究会新的领导核心，只可惜沈泽民牺牲得太早了。

4月下旬，为了争取郭沫若加入文学研究会，叶圣陶来到上海。经过周密的安排，先由郑振铎出面在半淞园宴请郭沫若，沈雁冰作陪；后由叶圣陶出面到郭沫若的住所（马霍路）拜访，郑振铎作陪。叶圣陶与沈雁冰、郑振铎等人精诚合作，团结了一大批作家，卓有成效地开展了各种活动。

从1921年1月到1932年一·二八事件前夕的11年间，是文学研究会最兴盛的时期，在我国现代文学史上写下了极其辉煌的篇章。司马长风在《中国新文学史》（上卷）中说："由于文学研究会所拥有的条件这样雄厚，因此除了创造社一群作家，及与胡适接近的一些作家如沈从文、陈衡哲、丁西林、杨振声、凌叔华等之外，几乎网罗了当时全国所有的作家。潦草作一统计，单是知名的作家即近百人；因为阵容和声势太浩大了，使后起的团体无法与之竞争。"②文学研究会的发展壮大，叶圣陶功不可没。

## 创办新诗月刊《诗》

1921年9月，叶圣陶应上海吴淞中国公学代理校长张东荪和中学部主任舒新城的邀请，来到中国公学中学部执教。

中国公学是一所富有光荣传统的学校，在中国新教育史上有着特殊的地位，因为她是由于留日学生反抗日本《取缔清国学生规则》而成立的。清末变法之初，政府为求

叶圣陶与沈雁冰、郑振铎、沈泽民合影。叶圣陶站于右边，沈雁冰席地而坐于其前，郑振铎坐于中间，旁边的是沈泽民。

①《叶圣陶集》第9卷第128页。

②司马长风《中国新文学史》（上卷）第135页，昭明出版社，1978年。

中国公学教学大楼。

中国公学校门。

中国公学礼堂。

速效，派遣大批学生赴日留学，至光绪三十一年（1905）已达万余人，学生来源很杂，良莠不齐，日本文部省于是年冬发布《取缔清国学生规则》，规定学生入学资格。中国留学生认为此举"不啻将清国视为日本之保护国"，是侮辱中国，群情大愤，决议全体归国，一时退学归国者达千余人，发起创办中国公学。丙午年（1906）春天，中国公学正式成立。其时反对取缔规则的风潮已渐松懈，许多官费学生纷纷东渡复学，而上海人士发现一大群剪发洋服学生自办学校，多起猜疑，官吏指为革命党，社会疑为怪物，故赞助的人很少，经费困难，学校遂陷于绝境。干事姚宏业激于义愤，遂于1906年10月13日投江自杀，以期唤起国人之注意。全社会受一大震动，赞助公学的人稍又多起来；同志诸人受他深刻的刺激，也振作起来，向各处奔走求助。后来中国公学成了"革命运动的机关"；教员中的宋耀如、马君武、沈翔云、于右任、彭施涤诸先生都是老革命党，学生也大都是革命党人。民国成立后，孙中山和黄兴亲自为中国公学筹集经费。1915年梁启超担任中国公学董事长，熊希龄、王敬芳等为董事。1917年中国公学因故停办，1919年梁启超等"致力于文化运动"，"很想吸收一批人才，造成一种新势力"，遂于1919年秋将中国公学重行恢复，设有商科及中学，由王敬芳任校长，张东荪任教务长（代理校长）。1921年春，张东荪聘请湖南长沙第一师范执教的舒新城担任中国公学中学部主任。

可就是这所富有光荣传统的学

校，到了1921年已经腐败不堪。学生散漫，"缺课与不告假而出久已习成风气"。① 中学三年级的学生不知道"'德谟克拉西'为何，有人答俄国人著，有人答德国人著，有人答法国人、英国人或社会主义者"。② 教师放浪形骸。"每食必酒，既酒必醉，醉后则议论风生，井田与社会主义老子与柏格森，均可合为一炉，学生钦仰者极多"。③ 见此情景，张东荪与舒新城慨叹道："以为目睹腐败之学校多矣。而未有若此之甚者。"④ 于是邀请了叶圣陶、朱自清、刘延陵、吴有训、常乃德、刘建阳、陈兼善、许敦谷等"八位新教员"，试图对中国公学进行整顿和改革，结果遭到旧派教员的强力反对。旧派教员为了保住饭碗，蛊惑学生闹事。学生受愚后，"捣毁中学部办公室门上之玻璃，携去重要文件，并印发传单，不承认张之代理校长。"⑤ 张东荪针锋相对，"开除为首十二人"，因而激起了更大的风潮。中国公学中学部和商科的三百多名学生一致罢课，发表驱逐张东荪、舒新城和八位新教员的宣言，事情越闹越大。1921年10月25日，胡适专程从北京赶来调解风潮，他在日记中写道：

> 四时，到水榭，赴中国公学同学会。上海中国公学此次风潮，赶去张东荪，内容甚复杂；而旧人把持学校，攻击新人，自是一个重要原因。这班旧人乃想抬出北京的旧同学，拉我出来做招牌，岂非大笑话。
>
> 他们攻击去的新教员，如叶圣陶、朱自清，都是很好的人。这种学校，这种学生，不如解散了妙！⑥

在旧势力的围堵下，部分力主改革的教员碍于"维护公学"、系念"公谊私情"的情面，就妥协了。叶圣陶则愤然辞职，朱自清在谈及这件事的时候说：

> 他（叶圣陶）对于世间妥协的精神是极厌恨的，在这一月中，我看见他发过一次怒；——始终我只看见他发过一次怒——那便是对于风潮的妥协论者的蔑视。⑦

不过也有意外的收获。吴淞港海天相连的远景和波浪拍岸的涛声

① 朱文叔、张东荪《通讯》，《时事新报·学灯》1921年10月24日。

② 舒新城《中国公学风潮问题》，《时事新报·学灯》1921年11月18日。

③ 舒新城《中国公学风潮问题》，《时事新报·学灯》1921年11月18日。

④ 朱文叔、张东荪《通讯》，《时事新报·学灯》1921年10月24日。

⑤ 《中国公学学生一百四十人宣言》，上海《时事新报》1921年10月29日第三张第二版。

⑥ 胡适1921年10月24日日记，《胡适全集》第29卷第487页，安徽教育出版社，2003年。

⑦ 朱自清《我所见的叶圣陶》，《朱自清全集》第1卷第156页，江苏教育出版社，1996年。

叶圣陶等联名发表《中国公学中学部教员宣告这次风潮之因原始末》。

在上海半淞园与中国公学中学部友人合影。

触发了叶圣陶、刘延陵和朱自清的诗兴,也孕育了他们创办新诗刊物的念头。中国公学闹起风潮之后,刚开始双方都采用"强硬的办法",互不妥协,风潮延宕下去,叶圣陶、刘延陵和朱自清就都住到上海,等待校长王敬芳前来调解。他们在上海一住就是"一个月",就创办《诗》月刊形成了共识,并付之行动。1921年10月18日至20日连续三天,上海《时事新报》副刊《学灯》刊登了叶圣陶写的《〈诗〉底出版底预告》,形式很特别,是用一首短诗写成的:

> 旧诗的骸骨已被人扛着向张着口的坟墓去了,
> 产生了三年的新诗还未曾能向人们说话呢。
> 但是有指导人们的潜力的,谁能如这个可爱的婴儿呀?
> 奉着安慰人生的使命的,谁又能如这个婴儿的美丽呀?
> 我们拟造这个名为《诗》的小乐园做他的歌舞养育之场,
> 疼他爱他的人们快尽他们的力来捐些糖食花果呀!①

本刊一月一期。创刊号明年一月一日出版。来稿欢迎,请寄本报《学灯》转新诗社。

这则"预告"同时也是《诗》月刊的"征稿之诗"。1921年11月4日至6日连续三天,《学灯》又刊登了叶圣陶写的《〈诗〉底出版底预告(二)》,明确宣告:《诗》

① 这首诗在《诗》月刊第1卷4号发表时,小有改动。

《诗》月刊封面。

月刊归中华书局发行,"创刊号准备于明年一月一日出版",内容有"一诗,二译诗,三论文,四传记,五诗评,六诗坛消息,七通讯",来函仍由《学灯》转新诗社。《诗》月刊第1卷1—4号均署"编辑兼发行者中国新诗社",自1卷5号起(1922年5月15日出版)改署"文学研究会",封面上也标出了"文学研究会定期刊物之一"的字样,编辑声称:"现因本刊创办人都是文学研究会底会员,故大家协议,将本刊作文学研究会出版物之一。"①由此可见,"中国新诗社"仍然可以看作是新诗运动中出现较早的一个新诗团体。

《诗》月刊1922年1月1日创刊,1923年5月15日停刊,在将近一年半的时间里共出了2卷7期(第1卷5期,第2卷2期),发表的近五百首诗都是自由体诗,长短不一,体式各异,色彩纷呈。

所刊载的诗作中小诗约占总数的一半左右,展示了当年诗坛上小诗创作繁荣的景象。

## 家门口挂上"文学研究会"的牌子

中国风潮结束后,朱自清和刘延陵到杭州浙江省立第一师范任教。11月,浙江师范委托朱自清恳邀叶圣陶去教两个月国文。一师给每位教师安排一间住房,用作宿舍兼作

① 《读者赐览》,《诗》月刊第1卷4号,1922年4月15日。

杭州浙江省立第一师范校门。

叶圣陶、朱自清与晨光社代表四人合影。

1921年岁尽日，叶圣陶与朱自清、许昂若在杭州为俞平伯行将渡洋赴美考察教育饯行并留影。

看书、备课、接待来访者的办公室。叶圣陶到一师后，为了能与朱自清一起海阔天空式的闲聊，就并了家，一间屋作了卧室，另一间作办公室，用叶圣陶的话说是"联床共灯"，学习和休息都在一起。朱自清在《赠圣陶》一首中写道："平生游旧各短长，君谦而光狷者行。我始识君歇浦旁，羡君卓尔盛文章。讷讷向人锋敛铓，亲炙乃窥中所藏。小无町畦大知方，不茹柔亦不吐刚。西湖风冷庸何伤，水色山光足彷徉。归来一室对短床，上下古今与翱翔。"①江南的11月已进入冬季，可他们俩游西湖的兴致不减，西湖的良辰美景怎么也看不够。一师学生汪静之等成立晨光社（诗社），叶圣陶和朱自清一起担任顾问。

时间过得很快，1921年不知不觉的到了"岁尽日"，他们都沉浸在新年的喜悦里。叶圣陶在《记佩弦来沪》中写到：

（1921年）岁尽日晚间，与佩弦同在杭州，起初觉得无聊，后来不知谈到了什么，兴趣好了起来，彼此都不肯休歇，电灯熄了，点起白蜡烛来，离开了憩坐室去到卧室，上床躺着还是谈，两床中间是一张双抽屉的桌子，桌上是两枝白蜡烛。后来佩弦看了看时计，说一首小诗作成了，就念给我听：

除夜的两支摇摇的白烛光里，
我眼睁睁睐着
一九二一轻轻地蹑过去了。②

"一九二一年轻轻地蹑过去了"。1922年2月，叶圣陶应北京大学中文系主任马裕藻的聘请，任北大预科讲师，主讲作文课。4月底，夫人胡墨林生至美，叶圣陶要伴她住产科院候产，就匆匆南归了。南归后，叶圣陶应邀到上海神州女学执教，在北大讲授的课程由王伯祥替代。

1923年1月，叶圣陶到商务印书馆国文部当编辑，与沈雁冰、郑振铎朝夕相处。这年9月，他被好友强拉到福州协和大学讲了一个学期的新文学，临行前把家从苏州搬到上海，住在宝山路顺泰里一弄一

① 《朱自清全集》第5卷第263页，江苏教育出版社，1996年。

② 《叶圣陶集》第5卷第208页。

叶圣陶与朱自清在杭州合影

号，与王伯祥和傅东华同住在一幢房子里。12月，叶圣陶从福州回到上海。从此，文学研究会的日常事务就由叶圣陶负责处理，他家成了文学研究会的会所，大门上钉着"文学研究会"的搪瓷牌子，诸如函件往来，接待来访等事务性的工作，大多由叶圣陶来做。以1926年为例，叶圣陶单独宴请或与郑振铎、沈雁冰等人一起宴请的名家就有何柏丞、傅彦长、朱应鹏、张若谷、陶希圣、徐志摩、方光焘、朱自清、李石岑、徐悲鸿、李金发、高觉敷、孙伏园、郭绍虞、江小鹣、顾颉刚、魏建功、罗家伦、潘家洵、鲁迅、傅斯年、许地山等。叶圣陶广交朋友，看重情谊，朋友们都说"圣陶"这个名字简直就是"微温"、"微甜"的象征。

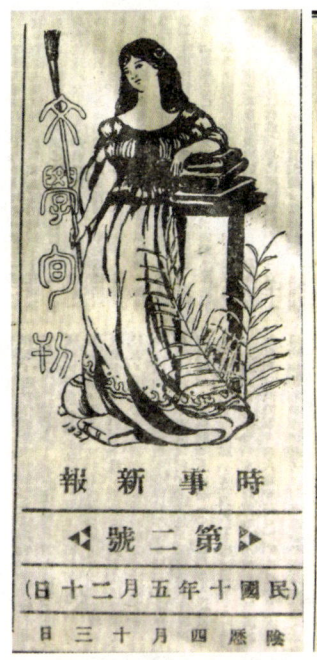

《文学旬刊》刊头之一。

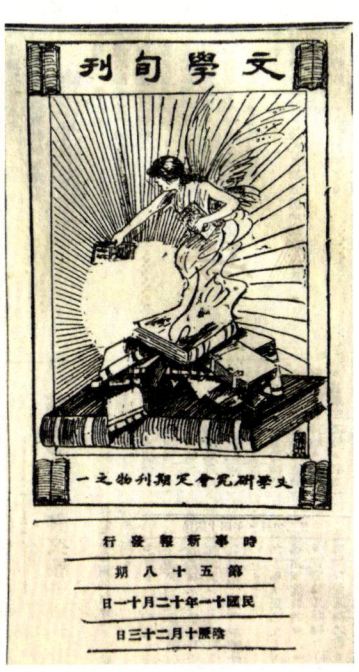

《文学旬刊》刊头之二。

朱自清《冬天》记叙1921年12月14日晚与叶圣陶、伯唐游西湖。叶圣陶即兴吟诗："数星灯火认渔村，淡墨轻描远黛痕。"

## 参与文学研究会会刊的编辑工作

《文学旬刊》是文学研究会的会刊，作为上海《时事新报》的副刊，创刊于1921年5月10日，由郑振铎主编。出满80期，1923年7月30日出第81期起改名为《文学》周刊，仍作为《时事新报》的副刊。1925年5月10日，《文学》周刊自172期起改名《文学周报》，脱离《时事新报》，独立出版，出至第9卷5号（总第380号）停刊，时为1929年12月23日。郑振铎对这份会刊的贡献最大，在相当长的一段时间里，它的"编辑、发稿、往报馆校对、排样，经常由郑振铎担任"。①

其次是叶圣陶。叶圣陶到商务印书馆后，便参与了《文学旬刊》的编辑工作。1923年12月24日，郑振铎在《文学》第102期发表《启事》说：

我因事务太忙！已将关于《文学》一部分的事，移交给叶绍钧君经理。以后关于《文学》的一切来信，

①叶圣陶《略叙"文学研究会"》，《文学评论》1959年第2期。

《文学》刊头（所署"编辑及经理处上海香山路仁馀里二十八号"，即叶圣陶寓所）。

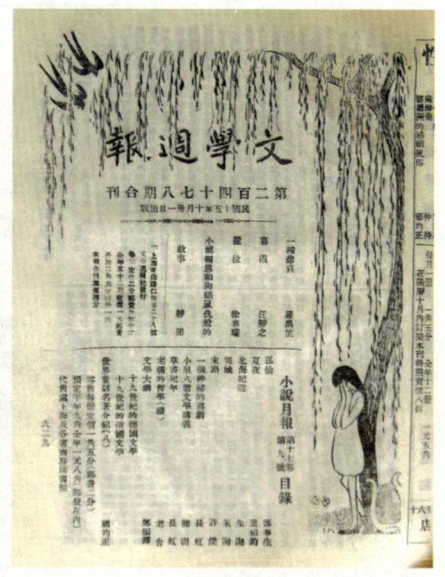

《文学周报》封面（"上海香山路仁馀里二十八号文学周报社编辑"，即叶圣陶寓所）。

① 《文学》第128期，1924年6月30日。

均请改寄"上海宝山路顺泰里一弄一号"为盼！！！

　　1924年7月初，叶圣陶把家搬到香山路仁馀里28号（《文学》自129期：7月7日出版）起，封面上注明"编辑及经理处上海闸北香山路仁馀里二十八号"，还特地发表了更改社址的《启事》，直到1927年5月22日出版的第4卷20号（总第270期），《文学周报》封面上仍标明"上海香山路仁馀里二十八号文学周报社编辑"，叶圣陶家的大门上仍然钉着"文学研究会"的搪瓷牌子。由于仁馀里28号在五卅前后是左派的联络点，1927年四一二政变中走漏了风声，叶圣陶回不去了。所以，自1927年6月12日出版的《文学周报》4卷21号（总第271期）起，封面上改署"上海宝山路宝山里六十号开明书店发

行"。叶圣陶处理《文学旬刊》投稿、函件、问询之类的事务前后大约有四年半之久，至于编辑、印刷以及校对之类的琐碎事也做了很多。

　　1924年春，叶圣陶和胡愈之、谢六逸、郑振铎等人集资，先后印制了6组文学家明信片（每组六张），把世界著名文学家的肖像印在明信片上，以满足文学美术爱好者的需要。叶圣陶在《爱好文艺美术的人们，请购文学家明信片！！！》①中说：

　　凡是嗜读著名文学作品的人，一定要想瞻仰作家的丰采，把文学家的肖像放在案头，挂在壁上，不但可以点缀一间优雅的书室，而且和文艺天才昕夕晤对，更可激发灵感，怡养性情，凡在文艺发达的国家，文学家像片印行发售的很多，只有在我国还无从购得。上海文学研究会为满足爱好文艺的人们的需要起见，特由会员集资，印刷了一种名

1924年初夏，叶圣陶摄于香山路仁馀里28号前楼的卧室。

信片……第一组六张，合为一套，每套售大洋二角，连邮费在内（国外加邮费四分）。……汇兑不通处可以邮票代现。函购处上海宝山路顺泰里一号文学研究会。①

为了印得精美，他们委托上海当时新成立的美化照相凹版公司，用照相凹版两色印，"不但神采逼真，而且轮廓彩色都足引起美感，凡是欣赏艺术的人们，见了一定十分满意"，第一组的六张肖像是印度诗圣泰戈尔、英国诗人拜伦、爱尔兰诗人及戏剧家夏芝、法国诗人及戏剧家佛朗士、德国戏剧家霍卜特曼、俄国小说家陀思妥耶夫斯基。购买者汇款不方便，大多寄邮票来兑换，有时信封受了潮，邮票粘在一起，还得用水泡开。叶圣陶不厌其烦，把明信片寄出去，再把邮票收集起来，留作文学研究会寄稿子或寄信时用。文学研究会印制文学家明信片的工作似乎一直没有间断过，1928年还印了四套，即"俄国文学家"（诗人普希金，小说家果戈里，诗人李门托夫，小说家陀思妥耶夫斯基，戏剧家阿史特洛夫斯基，小说家科洛林科，小说家迦尔洵，小说家柴霍甫，小说家高尔基，诗人蒲宁，小说家科布林，小说家安特列夫）；"德国文学家"（批评家莱森，诗人歌德，戏剧家席勒，小说家霍夫曼，戏剧家克莱斯特，童话家格林，诗人乌兰，诗人海涅，戏剧家海勃尔，小说家施笃谟，戏剧家苏德曼，戏剧家霍甫特曼）；"英国文学家"（散文家拉斯金，诗人梅勒，诗人慕里斯，诗人史文明，诗人哈代，小说家史提文生，戏剧家萧伯纳，戏剧家巴蕾，小说家康拉特，小说家吉百龄，诗人夏芝，戏剧家高尔斯华绥）；"美国文学家"（小说家富兰克林，散文家欧文，诗人勃兰特，散文家爱玛孙，小说家霍桑，诗人朗弗落，诗人华特尔，诗人爱伦坡，诗人罗威尔，诗人惠特曼，散文家泼克曼和批评家史特曼）。

"文学家名信片"广告。

① 《文学》第129期（1924年7月7日）函购处改为"上海闸北香山路仁馀里二十八号文学研究会"。

## 代理主编《小说月报》

1927年5月21日郑振铎赴欧"游学"，把主编《小说月报》的重任托付给他信任的挚友叶圣陶。

四一二大屠杀，使本该4月10日出版的《小说月报》第十八卷第四号脱了期，叶圣陶代编就是从第十八卷第四号开始的。《小说月报》第十八卷第五号封面上"小说月报"四个篆书和"第十八卷第六号"一行楷书，都出自叶圣陶之手。

郑振铎赴欧"游学"搭乘的法国邮轮"阿托士二号"。

叶圣陶画传

① 李白英《借着〈春潮〉给〈从军日记〉著者》，《春潮月刊》第 1 卷 7 期，1929 年 6 月 15 日。

② 方璧《欢迎"太阳"！》，《文学周报》第 298 期，1928 年 1 月 8 日。

③ 《小说月报》第十八卷第六号《最后半页》。

大革命失败后，曾经为革命奔走呼号的作家，或锒铛入狱（如罗黑芷、潘漠华）；或避难海外（如郭沫若、成仿吾）；或暂时隐蔽（如沈雁冰、戴望舒）；或"默默然的叹息"（俞平伯语），回到书斋去做自己的学问；或谋"读书救国"以修炼"薄弱的心志"（谢冰莹语）；或想"游戏人生，糟蹋一生"，① 新文坛"呈现了刹那间的空虚"。② 叶圣陶从抓"创作"入手，凝聚力量，使受四一二冲击而失散的创作队伍尽可能重新组织起来。

与《小说月报》前两任主编沈雁冰和郑振铎不同，沈雁冰和郑振铎很重视翻译和杂论，叶圣陶则注重"创作"，1927 年 7 月 10 日出版的《小说月报》第十八卷第七号是"创作专号"，"没有论文，没有译品"，这在《小说月报》是"前无其例"的。③ 1927 年 8 月下旬，沈雁冰从牯岭回到上海，蛰居在景云里 11 号半。这"十一号半"是叶圣陶帮他租下的。1927 年 5 月叶圣陶从上海西区斜桥天祥里搬到横浜路景云里 11 号。景云里位于租界与华界的交界处，当时还比较僻静。他就帮沈雁冰把隔壁的 11 号半租了下来，两家就成了贴邻。沈雁冰当时遭国民党反动派通缉，潜回上海之后，"足不出户，整整十个月"。叶圣陶几乎每天晚上都过去看他，转送朋友们的信件，传达文艺界的信息，商量《小说月报》的编辑事务。沈雁冰苦闷寂寞，常常给叶圣陶讲大革命中的经历和见闻。叶圣陶感到他所讲的只要写成文字，不正是自己梦寐以求的好稿子吗？于是鼓

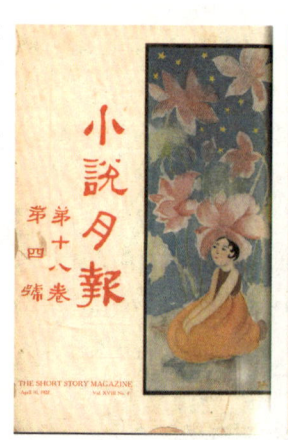

（左）《小说月报》第十八卷第四号封面，刊名由叶圣陶书写。

（中）《小说月报》第十八卷第五号封面，刊名由叶圣陶书写。

（右）《小说月报》第十八卷第六号封面，刊名由叶圣陶书写。

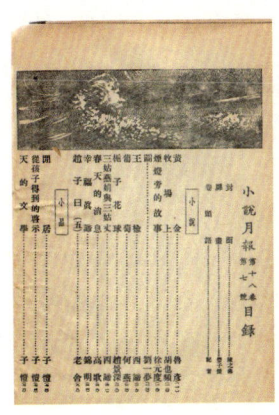
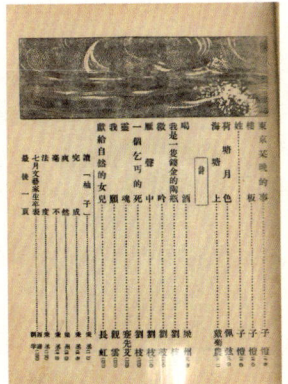
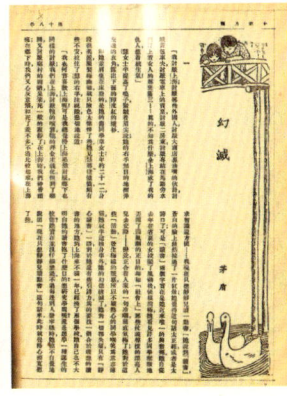

（左）《小说月报》第十八卷第七号"创作专号"目录之一。

（中）《小说月报》第十八卷第七号"创作专号"目录之二。

（右）茅盾的处女作《幻灭》。

励他写下来。沈雁冰也有写小说的愿望，叶圣陶的鼓动促使他把愿望化成现实。他花了两周时间写成《幻灭》的前半部分，随便写个笔名"矛盾"，就拿给叶圣陶看。叶圣陶读了欣喜异常，第二天就急匆匆来找沈雁冰，说"写得好，《小说月报》正缺这样的稿件，就准备登在九月份的杂志上，今天就发稿"。沈雁冰吃惊道："小说还没有写完呢！"叶圣陶却说"不妨事，九月号登一半，十月号再登后一半"；又解释道："九月号再有十天就要出版，等你写完是来不及的。"考虑到沈雁冰的安全，叶圣陶劝他改一改笔名，在"矛"上加个草头，"茅"姓甚多，可以避免国民党方面的注意。

叶圣陶急不可待地为《幻灭》作宣传，在即将付印的《小说月报》第十八卷第八号的《最后一页》中，添了一段文字略述《幻灭》的大旨："下期的创作有茅盾君的中篇小说《幻灭》，主人公是一个神经质的女子，她在现在这不寻常的时代里，要求个安身立命之所，因而留下种种可以感动的痕迹。"这样，《幻灭》就以"茅盾"的笔名发表于《小说月报》9月号的头条位置上，从交稿到出版只有10天。

1927年10月10日出版的《小说月报》第十八卷第十号分量更重了。这一期除了刊登《幻灭》的后半部，还发表了叶圣陶自己写的《夜》，这是抗议四一二大屠杀的第一个短篇；还有王鲁彦的短篇《一个危险的人物》，它反映的是白色恐怖已经遍布了全国城乡。这一期《小说月报》在社会上引起了强烈反响。朱自清读了这三篇小说随即写了书评，欣喜地说这三篇虽然"都不曾触着这时代的中心，它们写的只是侧面；但在我，已觉得是一件值得注意的新开展了"，这三篇都是"以这时代的生活为题材"的小说，"无论它们的工拙如何，可以看出一种新趋势"。①

正是《幻灭》《夜》《一个危险的人物》这些"写大时代的文艺"，给"空虚"而"沉郁"的文坛注入了新的活力，给苦闷彷徨中的青年以抚慰和召唤。于是，在《小说月报》上发表的"以时代生活为题材"

① 白晖（朱自清）《近来的几篇小说》，《清华周刊》第29卷 第2、5、8号，1928年2月17日、3月11日、4月1日。

① 戴望舒《望舒草》，现代书局，1933年8月。

的作品越来越多。就小说而言，茅盾继《幻灭》之后，发表了中篇《动摇》《追求》，以及短篇《自杀》《一个女姓》。叶圣陶继《夜》之后发表了《某城纪事》，揭露封建势力的残渣余孽混进了国民党，与反动派狼狈为奸，绞杀革命。此外，罗黑芷的《烦躁》，抨击了"大革命"中的"左倾幼稚病"；志行的《一个青年》，描写了国民党右派逐步走向反动，终于背叛革命，发动"清党"的全部过程。许多革命青年"写大时代"的文学作品在《小说月报》上发表，这对于时代产生的影响是

（左）《小说月报》第十八卷第十号目录。

（中）《小说月报》第十九卷第十二号目录（沈从文的《雨后》）。

（右）《小说月报》第十九卷第八号目录（沈从文的《柏子》）。

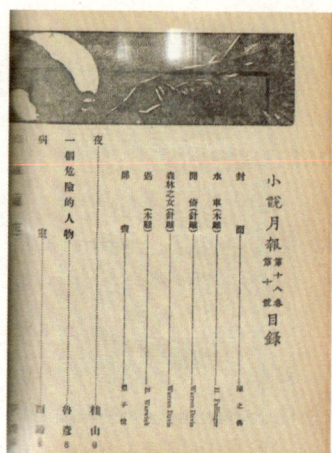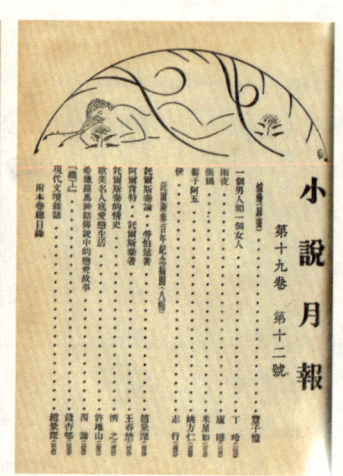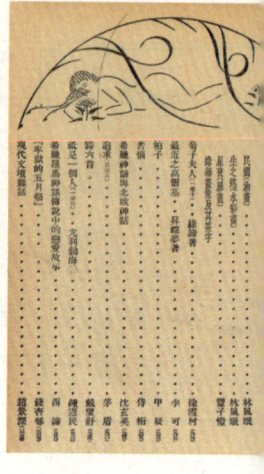

戴望舒在《小说月报》发表的《雨巷》。

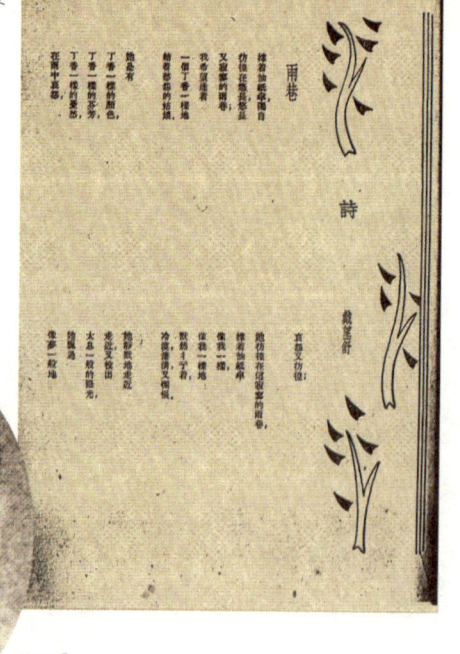

难以估量的，而对于作者本人带来的欣悦和鼓舞却不难想象。

1927年夏天，年仅二十二岁的戴望舒写了诗作《雨巷》，抒发了他在大革命失败后的彷徨和惆怅。这首诗描写的背景是梅雨时节的江南，抒情主人公"我"在一条寂寞而悠长的雨巷独自徘徊，希望逢着一个像他一样"结着愁怨"的"一个丁香一样"的"姑娘"。这种极具象征意义的"彷徨"和"彳亍"，不仅带来了韵律上的抑扬顿挫，也给全诗带来了既轻清而又有点朦胧的气息。杜衡在《〈望舒草〉序》①中说：这首诗"写成后差不多有年，

在圣陶先生代理编辑《小说月报》的时候，望舒才忽然想把它寄出去。圣陶先生一看到这首诗就有信来，称许他替新诗底音节开了一个新的纪元。……然而我们自己几个比较接近的朋友却并不对这首《雨巷》有什么特殊的意见，等到知道圣陶先生特别赏识这一篇之后，似乎才发现了一些以前所未曾发现的好处来。"叶圣陶还让戴望舒把手头的诗作都交给他。这样，《雨巷》在《小说月报》第十九卷第八号发表时，不是一首，而是一个诗组，题为《诗六首》。叶圣陶的赞许使戴望舒赢得了"雨巷诗人"的称号。

叶圣陶钦敬沈从文捕捉事象的特有风韵，赞赏沈从文笔下湘西的动人风情，以及色调繁复的人生景观，在他主编《小说月报》期间发表了沈从文《我的邻》《在私塾》《或人的太太》《柏子》《雨后》《诱拐》《第一次作男人的那个人》等七个短篇。叶圣陶觉得废名的小说与契诃夫的风格相似，就拉来《小五放牛》和《桃园》刊登在《小说月报》上。

叶圣陶以文会友，广交朋友，既热情地恳请鲁迅、郁达夫、俞平伯、朱自清、丰子恺、许地山、周作人等名家为《小说月报》撰稿；又重视不相识的作者的来稿，总像沙里淘金一样地从来稿中选取好的稿件，甚至热心地指导作者进行修改。丁玲的处女作《梦珂》、代表作《莎菲女士的日记》，以及短篇《暑假中》《阿毛姑娘》《一个男人与一个女人》，都是经过叶圣陶指点作了修改后，分五期刊登在《小说月报》的头条。从此，丁玲成了一位引人注目的女作家。丁玲在回忆叶圣陶

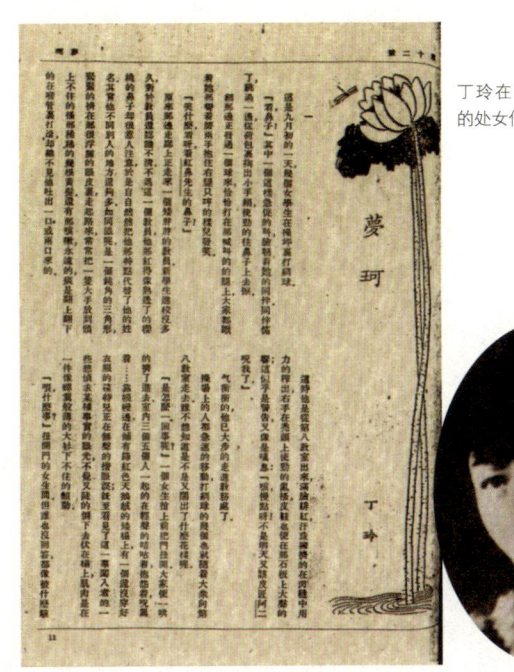

丁玲在《小说月报》发表的处女作《梦珂》。

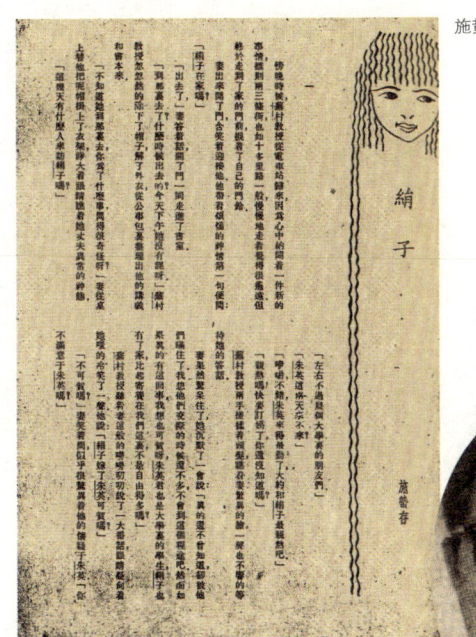

施蛰存的处女作《绢子》。

叶圣陶在《小说月报》发表巴金的第一部长篇小说《灭亡》。

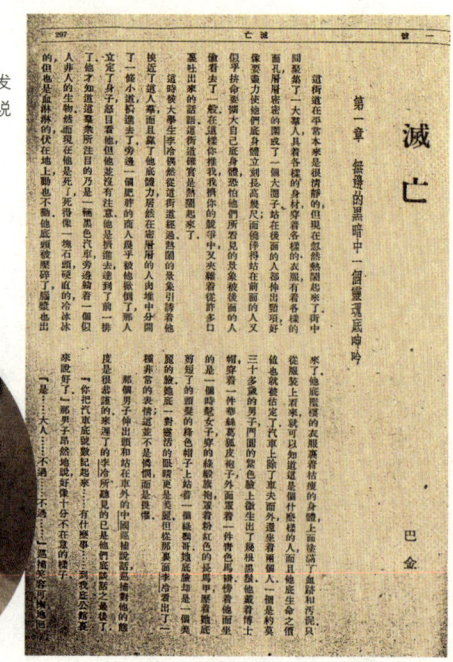

1928年1月10日出版的《小说月报》第十九卷第一号。

巴金在1927年至1928年旅居法国巴黎期间，写了第一部长篇小说《灭亡》。1928年8月，他将书稿寄给当时在开明书店营业部工作的朋友索非，"托他代印几百册"。叶圣陶在索非那里看到这部稿子，就拿去在《小说月报》发表。他在为《灭亡》写的《内容预告》中说："这是一位青年作家的处女作；写一个蕴蓄著伟大精神的少年的活动与灭亡"；"后半部写得尤为紧张"，说巴金"将来当更有受到热烈的评

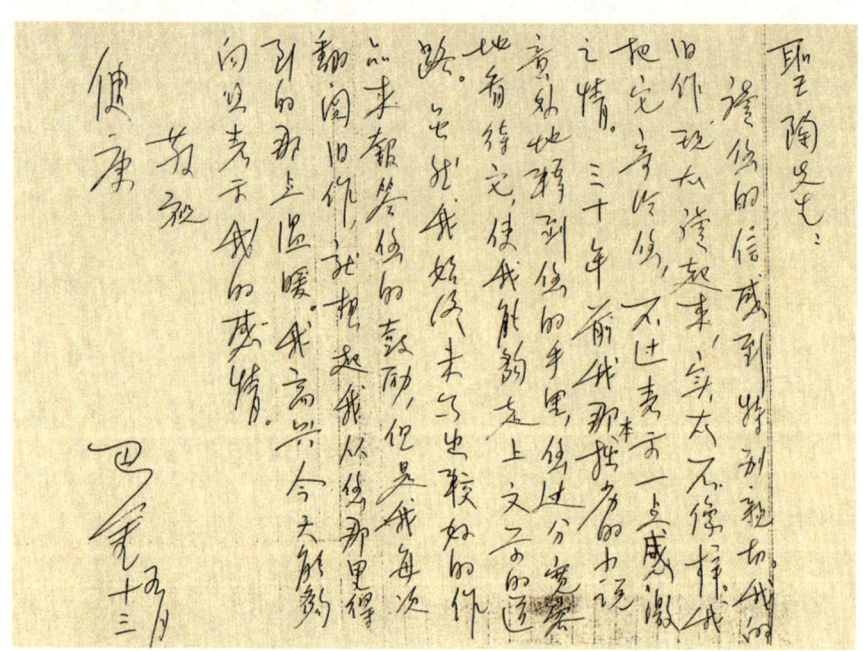

巴金致叶圣陶的信。

① 叶至善《〈六幺令〉书后》，《人民日报·大地》1979年6月6日。

指点她修改自己的小说的往事时说：要不是叶圣陶发表她的小说，"我也许就不走（文学）这条路"。①施蛰存的处女作《绢子》，也发表在

赞的机会。"叶圣陶的慧眼，使巴金和丁玲一样幸运，初出茅庐就一鸣惊人。巴金曾多次很感激地说："倘使叶圣陶不曾发现我的作品，

我可能不会走上文学的道路，做不了作家；也很有可能我早已在贫困中死亡。……编辑的成绩不在于发表名人的作品，而在于发现新的作家，推荐新的作品。我感激叶圣老，因为他给我指出了一条宽广的路，他始终是一位不声不响的向导。"①

　　叶圣陶重视创作，也重视对现代作家和作品的研究。茅盾在回忆录中说：1927年9月中旬写完《幻灭》，正要构思《动摇》，"圣陶却又来约我写评论文章了。他说，《小说月报》缺这方面的稿件，而我正是'此中老手'。他建议我写鲁迅论。我同意了。"但第一篇写出来的却是《王鲁彦论》。茅盾在《王鲁彦论》的开头说："谢谢我的朋友郢（圣陶）先生，替我搜集了最近几年来国内新文坛的收获，已经是很丰富的一堆了"，就在这一堆很丰富的材料中，茅盾"仿佛看见备位作家不同的面貌"，看见各位作家"带着人生苦斗的伤痕的心"，看到他们"努力要创造"点缀"这枯寂灰色的人生"的"新"和"美"；也看到了"我

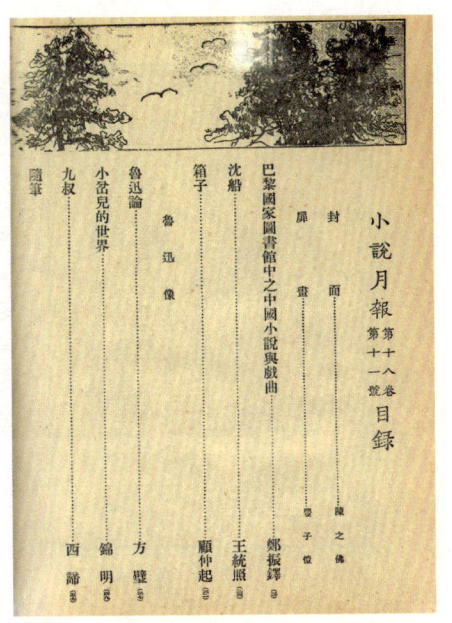

《小说月报》第十八卷第十一号目录（茅盾的《鲁迅论》）。

们中间"的"希望"和滋长着的"蓓蕾"，"不禁踌躇满志地油然起了快感"，怀着"兴奋"的心情挥笔写下一篇篇"评论文章"，在《小说月报》上开我国现代作家研究风气之先。

　　茅盾先写《王鲁彦论》是"避难就易"。因为在当时，评论界对王鲁彦作品的意见比较一致。而对鲁迅的作品，"评论界往往有截然相反的意见，必须深思熟虑，使自己的论点站得住。所以第二篇我才写了《鲁迅论》"。可在1927年11月号的《小说月报》上首先登出来的却仍然是《鲁迅论》。叶圣陶认为鲁迅是新文学的旗帜，研究新文学作家还是用鲁迅"打头炮"比较好，"而且那时鲁迅刚从香港来到上海，也有欢迎他的意思"。他用重磅道林纸印制鲁迅像和签名，也让鲁迅感到非常温馨。

①巴金《致〈十月〉》，《十月》1981年第6期。

《小说月报》在《鲁迅论》前一页刊登的鲁迅照片。

# 7 "第一个十年"的创作成就

## 《隔膜》:"汇刊个人的新体小说的第一部"

叶圣陶的第一本短篇小说集《隔膜》,1922年3月由上海商务印书馆出版,为文学研究会丛书之一,内收1919年2月至1921年4月间创作的《这也是一个人?》(后改名为《一生》)、《"你的见解错了!"》(后改名为《两封信》)、《欢迎》《母》《伊和他》《一个朋友》《低能儿》(后改名为《阿菊》)《萌芽》《恐怖的夜》《苦菜》《隔膜》《阿凤》《绿衣》《小病》《寒晓的琴歌》《疑》《潜隐的爱》《一课》《春游》《不快之感》等共20篇,书前有顾颉刚的序。这是我国现代文学史上第二本短篇小说集。第一本是郁达夫的《沉沦》,1921年10月15日由上海泰东图书局出版,为"创造社丛书第三种",内收短篇小说三篇,即《沉沦》《南迁》《银灰色的死》和一篇译作《迷娘的歌》(葛冷作)。创造社先出丛书,后出刊物。文学研究会先办刊物,后出丛书。短篇集《隔膜》不仅篇目和分量超过《沉沦》,而且所汇集的20篇小说都已于1921年6月在报刊上发表过,所以顾颉刚在《〈隔膜〉序》中说,《隔膜》这本集子"是汇刊个人的新体小说的第一部,是很可纪念的"。也就是说《隔膜》才是我国现代文学史上第一部真正意义上的短篇集。茅盾在《祝圣陶五十寿》一文中说:"五四时期,圣陶是最早发表小说的一人。小说集《隔膜》等数种,实为中国新小说坚固的基石。"①

《隔膜》集的"新",首先新在作者的"问题意识"。鲁迅在《〈中国新文学大系小说二集〉导言》中,谈到叶圣陶、汪敬熙、罗家伦、杨

① 《茅盾全集》第23卷第83页,人民文学出版社,1996年。

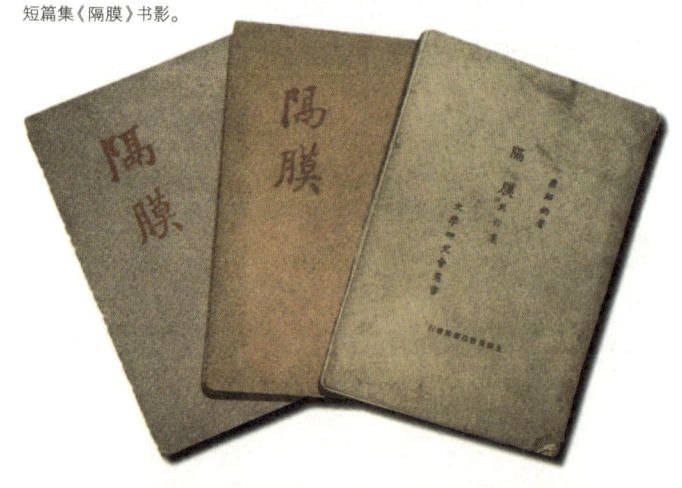

短篇集《隔膜》书影。

振声、俞平伯、欧阳予倩这几位作者在《新潮》上发表的小说时，称赞他们有一种"前进的趋向"，每作一篇，都是"'有所为'而发，是在用改革社会的器械"。所谓"'有所为'而发"，是指每作一篇都不同程度地触及社会生活中的某些问题，堪称"对人生诸问题加以记录研究的文学"，是"问题小说"，也是注重表现人生，指导人生的"人的文学"。诚如茅盾所说的，"小说集《隔膜》大都有点'问题小说'的倾向"[1]，像《这也是一个人？》《"你的见解错了！"》等，题目本身就是一个发人深省的社会问题。

《这也是一个人？》中的"伊"，是我国现代文学史上最早出现的劳动妇女的形象。"伊生在农家，没有享过'呼婢唤女''傅粉施朱'的福气，也没有受过'三从四德''自由平等'的教训，简直是很简单的动物"，"到了十五岁，伊父母便把伊嫁了。因为伊早晚总是别人家的人，多留一年，便多破费一年的穿吃零用，倒不如早早把伊嫁了，免得白掷了自己的心思财力，替人家长财产。伊夫家呢，本来田务忙碌，要雇人帮助，如今把伊娶了，即不能省一个帮佣，也抵得半条耕牛"。娘家的重男轻女和生计窘迫，迫使"伊"过早地结婚，过早地成了夫家廉价的劳动力，过早地担负了生育的责任。她不能忍受丈夫和婆婆欺凌毒打，逃到外面当女佣，可在丈夫死后仍被公公、婆婆和父亲胁迫回来卖给人家，用得来"二十千钱"身价充当丈夫葬殓的费用。

《隔膜》集中，除了写劳动妇女之外，写得最多的是知识女性和小市民，把小市民的内心世界刻画得最细微的当数《一个朋友》。小说写"我"的"一个朋友"，给他刚"高小肄业"的儿子办婚事时乐不可支的情态；再由"朋友"的儿子的婚礼，追忆到十三四年前"朋友"的婚礼，以及婚后庸俗无聊的生活。"朋友"靠了一份家业，整天吃喝玩耍，同一个陌生的女子结婚后，"吃，喝，玩耍都依旧；快意的地方依旧，不如意的地方也依旧"，唯一的"新鲜的境遇"是"卧榻上多了一个人"。妻子唯一的功课便是"对着镜里的伊笑，偷觑着他（丈夫）的得意"，与"女伴商量装饰"和"叉麻雀"，没有一秒钟不"快乐"的。生了儿子，雇个"乳母"哺乳，

《这也是一个人？》

[1] 茅盾：《〈中国新文学大系·小说一集〉导言》。

叶圣陶在《晨报副镌》发表的《文艺谈》。

的材料等陋习，批判了小市民的"传宗接代"、"无愧祖先"，以及"把儿子按在自己的模型里"等庸俗无聊的人生态度，讽刺了"威福，子女，玉帛"这一封建社会最高的人生理想，在轻快幽默的笔调中提出了什么才是人生的目的和意义这一重大的"人生"课题，读来发人深省。

### 被誉为"写生妙手"的《火灾》

1923年11月，叶圣陶的第二本短篇小说集《火灾》由上海商务印书馆出版，为文学研究会丛书之一，这是我国现代文学史上第四本短篇小说集（第三本是鲁迅的《呐喊》，1923年8月由新潮社出版），内收作者1921年6月至1923年1月间创作的《晓行》《悲哀的重载》《先驱者》《脆弱的心》《饭》《义儿》《云翳》《乐园》《地动》《旅路的伴侣》《风潮》《被忘却的》《醉后》《祖母的心》《小蚬的回家》《啼

短篇集《火灾》书影。

长大后"进个学校"由老师管教，夫妇俩"生活上丝毫没有变更"。"他吃、喝、玩耍，依然如故。伊对着镜里的伊笑，偷觑着他得意，谈论装饰，'叉麻雀'，也依然如故。"儿子高小毕业后，才不过十一二岁，他们就迫不及待地用他们结婚时的方式为儿子完婚，把十三四年前的故事又"重新搬演一回"。结尾一段说：

我忽然想起，假如我那位朋友死了，我给他撰《家传》，应当怎样地叙述？有了！简简括括只要一句话："他无意中生了个儿子，还把儿子按在自己的模型里。"

小说通篇采用白描手法，生动逼真，借用"朋友"可笑可悲的表演，揭示了旧中国"娶妻早是福气"，"早得子是福气"，子女只是父母福气

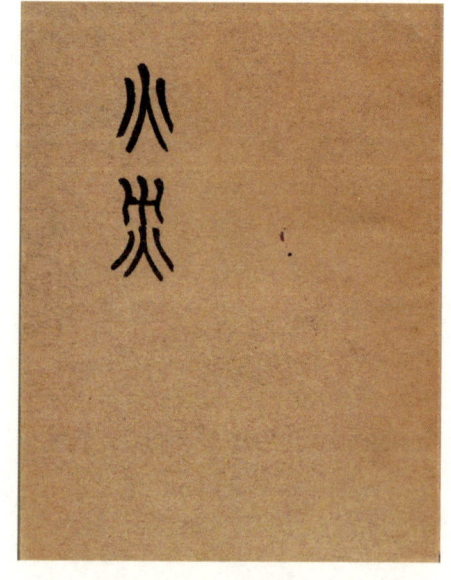

声》《火灾》《小铜匠》《两样》《归宿》等共20篇，书前有顾颉刚的序，卷首有俞平伯的题诗"吾心归来呀！／从人间，归来！"

瞿世英在《小说研究（中篇）》中[①]说：新小说在描写人物方面，"恐怕要以鲁迅和圣陶为最好"，小说中的人物描写得恰如其分，"使他的个性活泼泼地涌现在我们心里"。火在《"火灾"的漫论》[②]中说叶圣陶"真不愧为写生妙手，而不是我们同人中的别一个所能及的"。《火灾》集中的《饭》《义儿》《云翳》《乐园》《旅路的伴侣》《悲哀的重载》《晓行》《祖母的心》《火灾》《两样》《归宿》等短篇都曾受到文坛的赞誉。沈雁冰说"《旅路的伴侣》简直就是杰作"。短篇《火灾》被称为"结构与艺术皆臻上乘"的成功之作。[③]

短篇《火灾》是用第一人称写的纪实小说。1922年7月，诗人"言信君"（即徐玉诺）从苏州乘船到甪直看望叶圣陶，向叶圣陶讲述家乡"民匪"对峙、恶战的惨象。叶圣陶采用"实录"的手法，对言信君的外貌、言行、心态等神秘而古怪的特征，都作了纯客观而又真实的描写。请看"我"在船埠与言信君相会时的场面：

[①] 《小说月报》第13卷8号，1922年8月10日。

[②] 《晨报副刊·文学旬刊》第22号，1924年11月5日。

（左）叶圣陶短篇小说《火灾》。

（右）徐玉诺诗作《火灾》。

[③] 火《"火灾"的漫论》。

呜呜的汽笛声听见了，小汽船的烟囱望见了，我的心里只觉又热又乱。汽船后面拖着一艘"常熟快"，船头上挤挤地站着十几个人。有一个穿白衣裤的，举起了白帽子只是招。虽然还认不大清楚这人的面目，我不禁也举起胳臂只是招手。

船泊了岸，言信君最先离船，紧紧握着我的手。我觉得他的手很冷。他上下唇的胡子长到三四分，脸色干枯而黝黑，大有苍老之气。他的裤子沾了好些的泥，皱纹也不少。

（左）叶圣陶为《小说月报》第十四卷第一号写的"卷头语"；（中）叶圣陶为《小说月报》第十四卷第二号写的"卷头语"。（右）叶圣陶为《小说月报》第十四卷第三号写的"卷头语"。

作者写了言信君的穿着、举止、很特别的胡子和脸色，接着写他的神情。晚饭后，言信君"端相着火，侧首枕在桌上"。"我"以为他"行路劳顿"，劝他"早点休息"，他却说出了令"我"诧异的话来：

"这算什么劳顿！我现在不想休息。"他说着，竖起头来，两手按住散乱的头发。停了一会，他又说，"我现在很兴奋，你不知道我的生活全在这兴奋之中。不仅是我，我们那里的人差不多全是这样。因为要求兴奋，所以欢迎激刺。譬如将饮食来比，我们不想吃饭吃面喝甜汤，却欢迎辣椒、臭蒜、烧酒和鸦片，陈旧了的，力量渐渐薄弱，难以引起强度的兴奋，故而我们更愿意不绝地感受新的激刺。你要了解我们，须首先明白这一点。"

言信君手舞足蹈地讲起家乡的人们杀人放火，野蛮疯狂地"要求兴奋"、"欢迎激刺"、"很高兴守寨"、"欢喜放枪"种种"似乎神话里的事实"，他"端相着火"，每句话似乎都是与"火"联系在一起的："放起火来"、"受了猛烈的火焰"、"燃烧起来"、"蔓延得周遍了"，还说一定将家乡的"火灾"写出来，逐篇寄给"我"看。他的眼睛"放出可怕的光；语音凄悄，含有神秘的意味"。"我"觉得"出乎意料"，"只觉诧异"，"听得有点呆了"，"仿佛坐在一位古怪的预言家的面前"，当此夜深人静，颇有点憮然的感觉。言信君走时也很"神秘"和"古怪"：

言信君住了两天，他要走了，他渴望他的母亲以及家乡的一切。这早晨下着急雨，我们留他待雨止了再走。他说，"雨的河上也新鲜，不如走吧。我们再见很容易，说不定下半年就来。现在我们分别吧。"他辞了我的一家人，悄然便走，一手插在裤袋里，一手拿着白帽子。我没有什么可说，跟在背后送他。……我们到航船埠，衣裳给雨沾湿了，——很奇怪我和我的一家人都不曾想起带雨伞这回事。他催我马上回去，一壁钻入那低矮而黑的舱里。

言信君回到河南来信说，他的"形神已损害得不堪了"，"再不想写什么了"，这个突然的"转变"使"我"怅然。信中还说："道路传言，家乡附近的县城被烧后，在一街道中拖出死尸二千余条。'票子'拉走二千条，少数得归，大半死却。""我"望着来信，"似乎正在那里喷烟吐焰，也不大敢重行细看"。作者处处写言信君的"神秘"和"古怪"，犹如一位"得了照相的神术"①的摄影师，以其高超的技艺，从不同的角度拍摄了人物神采最丰富的瞬间，将"生活的真实"升华为"艺术的真实"。尽管熟识的人一看就认出是徐玉诺，②但又都认为《火灾》不仅仅是徐玉诺的"史料"，③也是"芝兰一般的芬芳"的"创作"。④

### 《稻草人》：彻底改写我国童话界"言必丹麦"的历史

童话，作为一种新颖有趣的文体，堂而皇之地进入我国文学殿堂，还不过百年。就目前所见到的资料，最早使用"童话"这个词的，是晚清的周桂笙。1903年，上海清华书局出版了周桂笙翻译的《新庵谐译》，凡2卷，卷2为童话集，辑译童话及故事共15篇。1909年，商务印书馆创办了我国第一个童话刊物《童话》，由"现代中国童话的祖师"孙毓修主编。这一年，周氏兄弟的《域外小说集》里刊有淮尔特（王尔德）的童话《安乐王子》，这恐怕是王尔德童话最先的中译。1916年，沈雁冰进商务印书馆协助孙毓修编辑《童话》，陆续编写了《大槐国》《狮骡访猪》《书呆子》等27篇童话。

1921年5月，郑振铎进入商务印书馆编译所，承接孙毓修编辑《童话》第三集，并着手筹办我国现代第一本真正称得上童话刊物的《儿童世界》。

中国现代童话在荒野中摸索，从改写和编译起步走向"自创"的道路。孙毓修、周作人、沈雁冰、郑振铎等先驱者功不可没。但由于时代和生活的局限，他们编写的童话大多从我国的传奇、史书、小说以及外国的寓言和童话故事中取材，进行改编；在阐述童话概念和定义时，他们援引和依傍的也都是西方流行的理论和范式，把童话等同于"神话"、"传说"、"寓言"和"民间故事"。五四前后，儿童文学就是搜罗"各种故事"的说法颇为流行。儿童生活"颇有和原始人类相似之处"，教育儿童"不必顾及实用不实用"（胡适语）；"儿童是小野蛮，喜欢荒唐乖谬的故事"（周作人语）

①周仿溪：《叶绍钧君的〈火灾〉》，《小说月报》第十四卷第三号，1923年3月10日。

②徐调孚：《叶绍钧君的〈火灾〉》，《小说月报》第十四卷第三号。

③阿英：《中国新文学大系史料索引集》，上海良友图书印刷公司，1935年。

④赵景深：《读〈火灾〉》，《文学》第111期，1924年3月3日。

童话集《稻草人》书影。

《稻草人》插图之一。

①朱自清：《你我》，商务印书馆，1936年。

②《鲁迅全集》第10卷第437页，人民文学出版社，2005年。

③《胡风评论集》（上）第75页，人民文学出版社，1984年。

④臧克家：《读〈叶圣陶童话选〉》，《人民文学》1958年6月号。

等模糊的理论，客观上为童话创作起着导向的作用。相对说来，重视童话独特的文学品味，重视童话与现实和生活关系，对童话理论揣摩得较为深入的是叶圣陶。

1921年11月15日，叶圣陶写出了第一篇童话《小白船》，接着在16日、17日写了《傻子》和《燕子》，在20日又写了《一粒种子》，不到一个星期写了四篇童话。12月25日到30日的六天里，写了《地球》《芳儿的梦》《新的表》《梧桐子》《大喉咙》等五篇童话。到第二年六月，一共写了23篇，结集为《稻草人》，1923年11月由上海商务印书馆出版。朱自清在《我所见的叶圣陶》①一文中对叶圣陶童话创作的敏捷赞叹不已。鲁迅十分赞赏叶圣陶的探索精神，在《〈表〉译者的话》中说："叶绍钧先生的《稻草人》是给中国的童话开了一条自己创作的路的。"②胡风在《关于儿童文学》一文中说：

五四运动以后不久出现的《稻草人》，不但在叶氏个人，对于当时整个新文学运动也应该是一部有意义的作品。当时从私塾的《三字经》和小学的《论说文范》等被解放出来的一部分儿童，能够看到叶氏底用生动的想象和细腻的描写来解释自然现象甚至劳动生活的作品，不能不说是幸福。③

叶圣陶一连写出了这么多的童话，不仅是数量之多，速度之快引起人们的注意，而更为引人注目的是艺术水准。郑振铎在《〈稻草人〉序》中说："在描写一方面，全集中几乎没一篇不是成功之作"，翻开这本集子，"我们便不知不觉地惊异起来，而且要带着敬意赞颂他的完美而细腻的描写"。

叶圣陶的童话有个发展的过程。刚开始时是写"孩提的梦"，写人们天真的微笑和美好的情感。臧克家赞叹说：这些"真正能吸引住儿童的文艺作品"，也同样的"得到成人的欣赏"，"插眼进去，就有点入迷"。④然而残酷的现实又促使叶圣陶要把"真实"告诉孩子们，于是放弃了"美"和"爱"，从《快乐的人》开始，他的童话风格发生了转变。

童话《快乐的人》描写人世间仅有的一个"快乐的人"的悲剧。这个"快乐的人"周身包围着一层极薄的"幕"，这层"幕""轻到没有重量,薄到没有质地,密到没有空隙,明到没有障蔽"。他在这层幕里过他的生活,觉得"事事快乐"、"时时快乐"、"处处快乐"、"样样快乐"。蚕家姑娘"好几夜没有睡了,疲倦的脸上泛着灰色,眼睛网满了红丝","几乎要病倒了",但为了养蚕,还勉强支撑着不停地采桑。"快乐的人"因为周身包围着一层幕,在他眼里蚕家姑娘过的是非常"悦目"、"叫人心醉"的"太古时候的淳朴的生活",幸福极了。纱厂的工作环境极其混浊,女工们"就仿佛埋在泥沙里、阴沟里"似的,累得喘不过气来;而在"快乐的人"的眼里,纱厂"就是一个快乐的天地"。"恶神"发现"地面上"有一个"快乐的人",就把他的透明无质的幕刺破,"快乐的人"就死了。从此,"地面上"再也没有"快乐的人"了。"快乐的人"这个童话形象的灭绝,其实就是作者的"孩提的梦"的幻灭。郑振铎在《〈稻草人〉序》里说:"及至他写到快乐的人的薄幕的破裂,他的悲哀已造极顶,即他所信的田野的乐园此时已摧毁。最后,他对于人世间的希望便随了稻草人而俱倒。"

《稻草人》是我国现代文学史上富有划时代意义的童话,是一曲"田野的乐园"凄婉的挽歌。江南农村每逢庄稼快要成熟的季节,田野里就会竖起一个个"稻草人",用来吓唬鸟雀,保护成熟的庄稼。"稻草人"本来是没有生命的。作者严格按照现实的逻辑,运用拟人化的手法,将"稻草人"刻画成"一个富有同情心,却又没有力量,没有办法可以改变环境、帮助别人的人",一个"旧中国有良知的知识分子的典型"。作者根据儿童富于幻想、喜好新奇的特点,精心结构。且看童话开篇的一节文字:

田野里白天的风景和情形,有诗人把它写成美妙的诗,有画家把它画成生动的画。到了夜间,诗人喝了酒,有些醉了;画家呢,正在抱着精致的乐器低低地唱;都没有工夫到田野里来。那么,还有谁把田野里夜间的风景和情形告诉人们呢?有,还有,就是稻草人。

作者批评了当时一部分作家疏远农村,不注重观察生活,全凭个人情趣低吟浅唱,以及追求享乐的

《稻草人》插图之二。

倾向。他立意写真，在对稻草人作了生动而客观的介绍后接着写道：

> 田野里夜间的风景和情形，只有稻草人知道得最清楚，也知道得最多。他知道露水怎么样凝在草叶上，露水的味道怎么样香甜；他知道星星怎么样眨眼，月亮怎么样笑；他知道夜间的田野怎么样沉静，花草树木怎么样酣睡；他知道小虫们怎么样你找我、我找你，蝴蝶们怎么样恋爱。总之，夜间的一切他都知道得清清楚楚。

这些富有童趣的描写，把孩子们引向了一个充满新奇而神秘的"童话世界"；而当孩子们饶有兴趣地踏进这个温馨甜美的"童话世界"之后，他们看到的却是一个真实的"现实世界"。童话侧重写了稻草人在一个"满天星斗的夜里"接二连三遇见的几桩惨痛的事儿："肉虫"疯狂地咬嚼稻叶；渔妇撒下生了病的儿子，在河边罾鱼。儿子躺在船舱里不停地咳嗽，嚷着要喝茶，母亲只能给他舀一碗河水喝；被渔妇罾到的鲫鱼在木桶里挣扎，恳求稻草人放了它；有一位女子来河边寻死，因为丈夫把她卖了，她不愿意像"一条牛，一只猪"似的随便卖给人家，可"除了死没有别的出路"。揭开夜幕下的一角，我们看到了20年代初叶的江南农村种种悲惨的景象，看到了旧中国有良心的知识分子的苦恼。

稻草人犹如王尔德笔下的安乐王子，用他特有的目光体察人间的苦难。在塑造这个童话形象时，作者着重展示了稻草人极其丰富的内心世界。稻草人是"农人亲手造的"，与农人的感情息息相通。稻草人的思维方式与儿童认知世界（主要凭借感觉）的特点相契合；稻草人的纯真、稚拙、欣喜、忧愁，无一不贴近儿童的情感。为使农家有个好收成，他"非常尽责任"、"不乱跑"、"不嫌烦"、"不贪玩"、"不吃饭"，"也不睡觉"，总是"直挺挺地"站在田里，轻轻摇动手里的扇子，赶走那些飞来觅食的鸟雀。这块地的主人是位孤苦伶仃的老妇人，死了丈夫，又死了儿子，老妇人把眼睛几乎哭瞎了。给丈夫和儿子治丧又背了一身债，债刚还清，接连两年闹水灾，她辛辛苦苦种的稻子都淹了。夫丧子殇，天灾人祸，给老妇人带来无穷的苦难。今年风调雨顺，丰收在望。稻草人想到老妇人干瘪的脸上很快会绽出"比星星月亮的笑更可爱"的笑容，真替她高兴。不料蛾子飞来产子，这让稻草人感到"无限惊恐"，"心里就像刀割一样"。这时"正当星星结队归去，一切夜景都隐没的时候"，他使劲摇动扇子，可是风力有限，不管怎么赶，小蛾就是不动。他向老妇人报警，可老妇人不懂他的用意。眼见"蛾下的子变成的肉虫到处都是了"，"一大片浓绿的稻"只剩下光秆儿了，老妇人今年的辛苦又只能换来眼泪和叹气，他"禁不住低头哭了"。他同情渔妇和她生病的孩子，"恨不得自己去当柴，给孩子煮茶喝；恨不得自己去做被褥，给孩子一些温暖；又恨不得夺下小肉虫的赃物，给渔妇煮粥吃"，可是他像棵树木似的定在泥土里，半步也移动不了，他哭得更伤心了。听到鲫鱼"恳切的哀求"，他非常心酸。他不但愿意救鲫鱼，并且愿意救渔妇和她的孩子，救"一切受苦受难的"人，可是他是个"柔弱无能"，定在泥土里，不能按照自己的心愿做。鲫鱼不理解他，骂他"没有一点儿人心"；稻草人心酸极了，"一面叹气一面哭"。看到那位女子要"寻死"，稻草人不能跑去救她，急得直摇扇子，想叫醒那个沉睡的渔妇，可是渔妇睡得很实。他默默地祈祷："天哪，快亮吧！农人们快起来吧！鸟儿快飞去报信吧！风快吹散她寻死的念头吧！"可一切都无济于事，"四周还是黑洞洞的"。那女子举起胳膊向河里蹿去，稻草人没听见水声，就昏过去了。稻草人的哀怨和呼唤，反映出20年代我国进步知识分子特有的济世救民的急切心情。遗憾的是，谁也不知道稻草人曾经伤心过，着急过，不知道他被自己的同情心折磨得怎样痛苦。一个美的被损害和毁灭的特定的凄凉情境，与一个富有同情心而不被人们所理解的寂寞的童话形象交织在一起，给孩子们留下了寂寞和悲哀。

## 成功的艺术典型——潘先生

短篇集《线下》是叶圣陶的第三本短篇小说集，内收1923年1月至1924年12月两年间创作的《孤独》《平常的故事》《游泳》《桥上》《校长》《马铃瓜》《一个青年》《春光不是她的了》《金耳环》《潘先生在难中》《外国旗》等共13篇，反映了叶圣陶1923—1924年小说创作的全貌。

取集名为"线下"，是自谦，意为艺术水准在"水平线之下"，其实他已写得越来越圆熟了。其中人物性格刻画得最生动细腻的要数《潘先生在难中》的潘先生。

潘先生是上海郊区一个叫让里的小镇上的小学校长，是一个"体面的大家知道的人物"，"写得一手好颜字"，家有"一妻两儿"，雇了个仆人王妈，生活略有余裕。阶级地位形成了他特有的怕乱、怕官、张皇、敏感、怯弱的性格；而小知识分子固有的尊严和"体面"，又给了他些许的诡谲和傲慢。在军阀混战兵荒马乱的年代，潘先生由于没有资本和靠山，一有风吹草动就惊惶不安，挖空心思地想出自以为最得意的办法保护自己，疲于挣扎，受尽折磨，在夹缝中求生存。

军阀混战的风声传到让里，教育当局尚未做出停课的决定，潘先生便惊慌失措，深感"兵火焚掠"已迫在眉睫，不惜花上一笔"逃难钱"，像老母鸡护着一群小鸡似的，

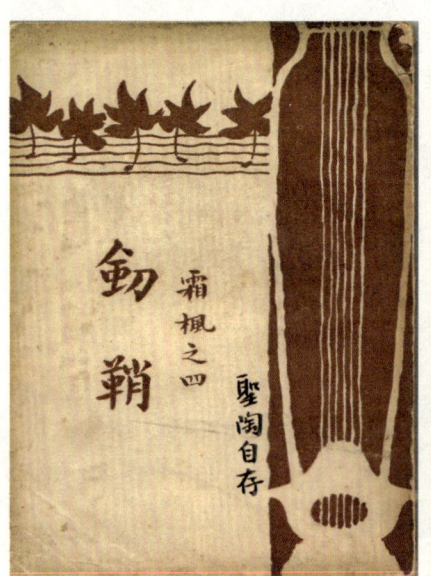

叶圣陶与俞平伯的散文合集《剑鞘》，书名由叶圣陶题写。

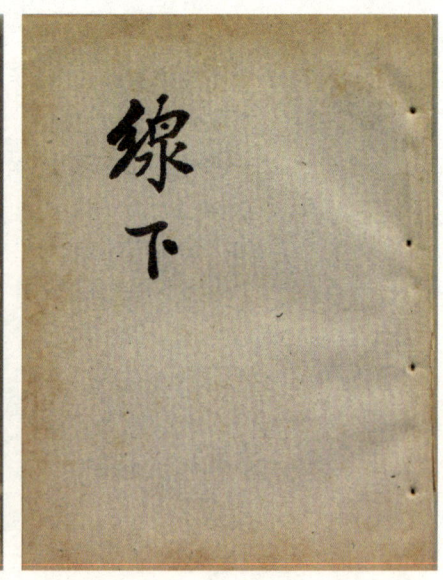

短篇集《线下》。

带着"一妻两儿"和一个"黑漆皮包"，挤上火车，逃到上海的租界里避难，苟全性命于乱世。第二天清早，潘先生从报纸上看到教育局长指令照常开学的消息，又惶恐不安。这个一贯卑躬屈膝，仰承教育局长的鼻息、俯伏在教育当局脚下的潘先生，为了保住维系性命的饭碗，狠心地撇下妻儿，不顾战乱的危险，只身返回让里。正当他得意洋洋筹备开学的时候，战事吃紧，危及让里。潘先生又发狂似的惊慌起来，雇车离开学校，躲进教会的厢房里。幸而战火并未烧到让里，一场虚惊之后，战事宣告结束。最后，小说以潘先生接受教育当局同仁的"一致推举"，为欢迎军阀杜统帅凯旋的彩牌坊上题写颂辞煞尾。这一讽刺性的情节，成为完成潘先生形象塑造的最后一笔。

作者的运思是极其严谨的，并没有用直喻的方式描写潘先生逃难的全过程，只是截取了火车缓缓地驶入上海车站，潘先生一家准备下车，即将结束逃难时的场景，并从这里敷衍开来，揭示潘先生的性格及其成因。"火车没有驶进月台之先"，潘先生就调排周妥，一家子四口人手牵着手，"犹如一条蛇"。下了火车，潘先生牵着他的"蛇阵"，在人流中乱钻乱窜。因手失联，潘先生一时找不到妻儿时，"家破人亡之感立时袭进他的心，禁不住沁出两滴眼泪来"，待到他看见失散的妻儿时，随即"舒畅地吐一口气"，感到"幸福得很"。住进租界价格昂贵、又腥又臭的客店，潘先生惊讶过每天"两元"的房租，诅咒了"刺鼻的油腥味"和"阵阵尿臭"后，随即又"舒舒泰泰"起来，觉得"究竟比吃枪子睡露天好多了"，"迷迷地笑着"，并叫茶房拿来"一斤绍兴（酒），一毛钱熏鱼来"，"乐哉乐哉，陶陶酌一杯"，庆幸全家"从兵祸凶险的地方，来到这绝无其事的境界"。折回让里，潘先生探听到教育局长"照常开学"的口风后，就"一口气奔到自己的学校里"，刻印了"子弟教育犹如布帛菽粟"，"是一天一刻不可废弃的"开学通告，表明他在"炸弹"底下忠于职守的"非常精神"，但又总是甩不脱一个"怕"字。铁路中断的消息使他丧魂失魄，"觉得最亲热的一妻两儿忽地乘风而去，飘得很远，几至于渺茫"。为了增加"新的勇气"，他又急忙赶到"红十字会分会的办事处"缴纳会费，申请入会，把红十字旗和红十字徽章视若"救命的神符"，不仅把一面旗子挂到自家的大门上，把一枚徽章缀在衣襟上，还将多要的另三枚徽章"重重包裹"着，藏在"贴身小衫的一个口袋里"，为"远处在那渺茫难接的上海"的妻儿"加保了一重险"。然而，"闪耀着慈善庄严的光"的旗子和徽章并不能保佑潘先生的身家性命。战事再起，危及让里，衣襟上缀着红十字徽章的潘先生，不得不"发狂"似的"雇车"，逃到"红房子"祈求帝国主义教会的庇护。可他万万没有料到，那个在报上指令照常开学的教育局长早就在那儿坐着了，教育局长比他来得还早。教育局长和潘先生在尴尬之余谈起这场本该痛恨和诅咒的战争，可是为了自身的利益，他们都站在本地军阀的立场上，希望本地军阀能赢。当潘先生听到教育局长的"同伴"宣称本地的军阀如何"善于用兵"，"也许就此反守为攻，势如破竹，直捣那方面的巢穴"时，潘先生反倒附和说："若能这样，战事便收场了，那就好了！"至于"那方面"受苦受害的同胞压根就没有想到。战事结束的时候，他又"当仁不让"地为"凯旋"的杜统帅书写"功高岳牧"、"威镇东南"、"德隆恩溥"的颂词。

战争对这位无辜、怯弱的小人物的捉弄实在是太残酷、太富有戏剧性了。潘先生小心翼翼地想保存自己已有的一切，处处庸人自扰，处处又自我安慰。他一方面像拳击家练习所用的假皮人，悬在空中，任人耍弄；另一方面又处处"钻营"，苟且偷安。他的一言一行、一颦一笑、忧喜危安，以及所有的"眼泪"和"微笑"，都围绕着"生命"和"小皮箱"（钱）运转，一刻不停地在庸俗猥琐的泥潭中打滚，求那"差堪自慰"的满足。对潘先生这类人物的思想和性格特征，茅盾曾作过精辟的概括：

> 他们在虚惊来了时，最先张皇失措，而在略感到安全的时候，他们又是最先哈哈地笑；是一些没有勇气和环境抗争，揉揉肚子就把他的"理想"折扣成零的妥协者。①

①茅盾：《〈中国新文学大系·小说一集〉导言》。

（《潘先生在难中》）把城市小资产阶级的没有社会意识，卑谦的利己主义，Precaution（拘谨、畏葸——引者注），琐屑，临虚惊

①茅盾《王鲁彦论》,《小说月报》第十九卷第一号,1928年1月10日。

而失色,暂苟安而又喜,等等心理,描写得很透澈。这一阶级的人物,在现文坛上是最少被写到的,可是幸而也有代表。①

"幸而也有代表"这句话,高度地评价了作为艺术形象的潘先生在中国现代文学史上的地位。潘先生的"临虚惊而失色,暂苟安而又喜",正是旧中国小资产阶级知识分子命运朝不保夕的写照。像潘先生这样苟且偷生、逆来顺受的庸碌之辈,并非没有是非曲直和品行操守,并非"乐意于这种卑微的生存"。他狠心地把妻儿撇在上海,"带着生离死别的哀感",只身返回让里时,也曾"深深地发恨","恨这人那人调兵遣将,预备作战,恨教育局长主张照常开课"。他写颂词写到"德隆恩溥"的"溥"字时,眼前闪过了"拉夫、开炮、烧房屋、淫妇人、菜色的男女、腐烂的死尸"等一连串目不忍睹的"影片"。所有这些,都形象地说明了潘先生的良知并没有泯灭。无论是揣摩上司的脸色,投其所好;还是为军阀唱颂歌,都是被迫而为的。是无形的而又十分强横的社会势力,剥夺了潘先生的人身自由和是非观,迫使他随波逐流,不敢按照自己的思想和意愿支配自己的言行。在潘先生这个可悲可笑、既令人厌恶又令人同情的弱者身上,我们看到了小资产阶级知识分子"灰色的人生"和卑微的心灵。小说似乎没有一句话是诅咒军阀的,但又处处都在诅咒军阀。作者把对军阀的诅咒,交织在现实生活的场景和艺术形象的描绘中,融化在故事情节和事件中,让读者自己去体味、感受和咀嚼。战时车站的氛围、潘先生的张皇、租界家家客栈都标着"客满"等等,这些场景从各个不同的侧面揭示了军阀混战给人们带来的深重灾难。作者冷隽、客观、细腻的艺术风格,达到了"不着一字,尽得风流"的艺术境地。作者处处都在揶揄和讽刺潘先生,但又给予善意的同情。潘先生时时处在"难中",处处都演悲剧,这是旧中国的小资产阶级知识分子生活的真实写照。

## "城中"的"倒流之势"

叶圣陶的第四本短篇集《城中》,1926年7月由开明书店出版,内收1925年3月至1926年5月间创作的短篇《前途》《演讲》《城中》《双影》《在民间》《晨》《微波》《搭班子》共8个短篇,最值得关注的是作者写了"城中"的"倒流之势"。

《演讲》中的那位"温文尔雅"的"学者",既不敢"讲恋爱",怕落个"时代落伍者'的诨号";也不敢讲"学潮",不敢"讲工",怕招来"赤化"的横祸;讲《从诗经里见到的古代人的宇宙观与人生观》,又担心会重新点燃起行将熄灭的"玄学"之争;讲《杜甫研究》,因为梁任公讲过了,怕别人说他拾人牙慧。最后觉得只有《当前的享受》

这个题目可讲，于是援引古诗文中的材料，作为"我们不要轻轻放过当前的享乐"的例证，宣称"文艺与美酒"是"足以叫人陶醉的东西"，鼓吹"见好书就读书"、"逢好山水就游山水"、"遇好人就同他交朋友"的"刹那主义"。与这位"学者"相呼应，小说还刻画了青年学生不问时世、流于颓放的心态。正是青年学生的这种心态，让"学者"鼓起了勇气，"言辞竟像'大珠小珠落玉盘'似的滚出来"，"差不多不需要天君作一点儿主"。演讲结束时，听众中爆发出"一阵结结实实的掌声"，学生还送上记录稿请"学者"审阅后送报馆发表。作者将"学者"的明哲保身，以及青年学生的颓放视为"知识阶级"的"倒流之势"予以抨击，从中可体味到他对于时代的忧虑。

《演讲》写的是"知识阶级"，《晨》写的则是小市民。初春的一个清晨，裁缝财源的妻子——财源嫂嫂乘丈夫熟睡之机，带着她的全部衣饰越窗而逃，趁早班轮船私奔（上海）。事发后，古镇上男男女女，尊卑长幼，或出自爱看热闹爱"解颐一笑"的德行，或出自喜闻隐私喜听秽闻的心理，纷纷凑集到财源家门前来看"新鲜戏文"。很快就"围成个半圆的圈子"，迟到的只能屈蹲在"圈子"外围，他们都仰着头，"一双双的耳朵似乎自觉竖得特别起"，圈子随着声音收缩汇拢，两眼则残酷地鉴赏财源的苦相。他们挖空心思地发掘财源嫂嫂的隐秘，打趣逗笑，幸灾乐祸。

财源嫂嫂"小圆脸，双眼皮"，爱唱戏文，是镇上一个标致的女子。她被小裁缝财源用170块洋钱讨来以后，整日关在铺子里做针线活。财源的一张皱脸像个"胡桃壳"，丑陋且不说，对妻子还十分苛刻，财源嫂嫂只是他任意役使的机器。妻子离开这位丑陋、专横、吝啬的丈夫，无疑是对买卖婚姻的反叛，是对禁锢的抗争，是对自由的向往。然而，这在水乡古镇就是大逆不道。一位标致的女人顷刻间成了"骨头没有四两重"的"假正经"。乡绅赵大爷大骂"这又是轮船害人"，轮船是破坏旧秩序的祸害，它缩短了古镇与上海的距离，带来了上海的洋货，也带来了"轧姘头"的男人。恪守"从一而终"的老妇人李家娘，对不守"妇道"的财源嫂嫂进行了恶毒的嘲讽，引发了"黄老太"、"大

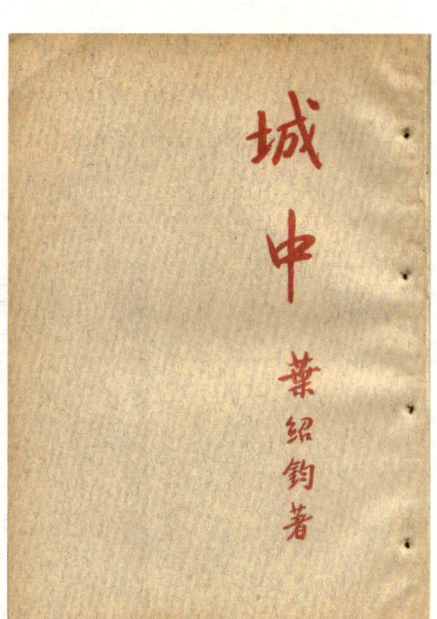

短篇集《城中》书影。

辫子船夫"、"酒糟鼻子的麻脸汉",以及头发修成"盆景菖蒲式"的学生子等众多"鉴赏家"的兴致和"呼应"……透过聚集在财源家门口那个时而"渐渐收缩拢来",时而"松开了些"的"圈子",折射出江南古镇的另一种世态。

## "不厌世"和"不厌足"

《未厌集》是叶圣陶的第五个短篇小说集,1928年12月由上海商务印书馆出版,为文学研究会丛书之一,内收《遗腹子》《夏夜》《苦辛》《一包东西》《抗争》《小病》《小妹妹》《夜》《赤着的脚》《某城纪事》《冥世别》《李太太的头发》和《某镇纪事》13个短篇。1928年初,在"革命文学论争"中有人说叶圣陶是"厌世家",叶圣陶就用"未厌"作书名,突出了他一不厌世、二不厌足的"未厌"精神。

集中的短篇思想性都很鲜明,最为人称道的是《夜》,这是我国现代文学史上第一个揭露四一二大屠杀的短篇。小说中的老母亲年轻时就守寡。她含辛茹苦,把唯一的女儿孙映川抚养大,当上教师,有了温馨的家。女婿(姓张)也是教师,长得很"清秀"。他们志同道合,生了个聪明活泼的"大男",生活得很和美。四一二事件后,有人"幽幽悄悄"地来报告"恶消息",说女儿女婿被反动派枪杀了。"真是突地天坍下来",老母亲骇得"魂都散了","惊吓、悲伤、晕眩、寒冷,种种搅和在一起,使她感觉心头异样空虚,身体也似乎飘飘浮浮的,一点不倚着什么"。她想问个究竟,而来报告的人却说"不必问了"。阿弟也说"不必问了,问没有好处"。老母亲怎么也不敢相信、怎么也不肯相信这个事实,就叫阿弟买通刽子手到刑场上去认尸。小说的开篇就从这里切入,写一个阴森森的深夜,老母亲抱着哭喊着"妈妈呀——妈妈呀"还不满两周岁的外孙,焦急地等待着到刑场认尸的阿弟的归来。痛切的思念使得她茫然无着,异常震栗,生怕别人知道怀中的外孙,因此,一遍一遍地教他说姓孙,而不是姓张。然而,当老母亲听阿弟讲述了刑场上尸体

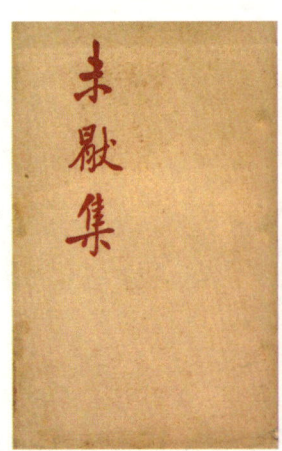
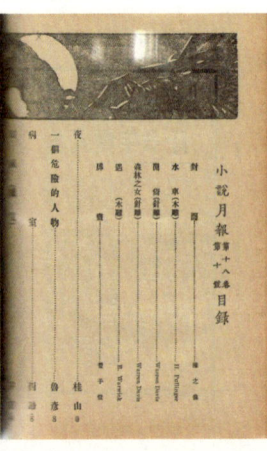
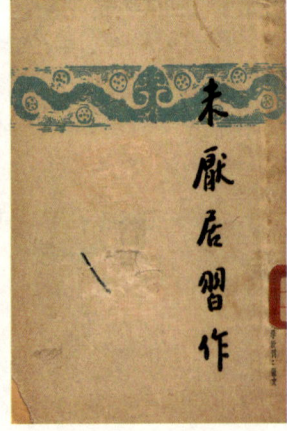

(左)短篇集《未厌集》书影。

(中)短篇《夜》在《小说月报》第十八卷第十号发表。

(右)散文集《未厌居习作》书影。

狼藉的惨象,以及女儿女婿从容赴义的经过,又看到了女儿女婿的遗书时,"泪膜底下的眼珠闪着猛兽似的光芒","一阵忿恨的烈焰在她空虚的心里直冒起来",愤激的情感就像沉默的火山突然爆发一般,她要到街上去喊"我大男姓张",要给女儿女婿报仇,表现出一种因愤怒到了极点而产生的不顾一切的感情冲动;并决定勇敢地再担负一回母亲的责任,为烈士抚育革命后代。

《夜》发表后引起了文艺界的关注。朱自清说《夜》"这真可称得完美的短篇小说"。①作者成功地运用了象征暗示的艺术手法,把对反动派的抨击和对革命者的讴歌,都巧妙地蕴含在阴森森的环境和恐怖的氛围中。作者笔下的"夜"是四一二后黑暗中国的真实写照。革命英烈的光辉形象,主要是通过老母亲、阿弟和刽子手的叙述来刻画的。小说开始时,老母亲和阿弟一样"不懂女儿女婿的心思",不理解他们所从事的事业,只觉得他们"同脸生横肉声带杀气的那些囚徒不是一类人。不是一类人为什么得到同样的结果?"她"老想不通,以致非常苦闷"。老母亲的"想不通",突出了女儿女婿是"像人样儿"的好人。阿弟叙述刑场上令人"昏厥"的"恐惧",突出了革命烈士死得悲壮惨烈。"完了的人也多得很,男的,女的,穿长衫的,披短褂的","十来棵大黑树站在那边,树下一条一条死白的东西就是棺材","种种可怕的尸体,皱着眉咬着牙的,裂了肩穿了胸的,鼻子开花的,腿膀成段的,仿佛就将踢开棺材板一齐撞到他身上来"。刽子手回忆"女儿女婿"临刑前视死如归的神情,"男的很慷慨,几件衣服都送了人",他们到了刑场"满脸气愤,可还是透着和善",使得"我们那个兄弟"不忍心下手,"退缩了好几回,才皱着眉头,砰地一响放出去。哪知道这就差了准儿,中在男的胳膊上。他痛得一阵挣扎。女的好像发了狂,直叫起来。老实说,我心里难受极了,回转头不想再看。又是三响,才算结束了,两个染了满身红"。这些叙述,深刻地揭露了国民党反动派的凶残,也为老母亲的觉醒和奋起提供了契机,使她终于"懂得了向来不懂得的女儿女婿的心思",并且深刻地理解了渗透在遗书里头的"意义",进而迸发出"哀厉而响亮"的战叫。女儿女婿看来都很文静,就义前没有高呼革命口号,但革命信念坚如磐石。他们视死如归,就义前留给母亲的字条是"儿等今死,无所恨,请勿念。恳求善视大男,大男即儿等也"。坚信革命事业后继有人,对革命前途充满了信心。作者匠心独运地将时代的风云浓缩在一个家庭的悲剧中,将时代的愤激与革命的召唤交织在人物形象中,思想和艺术都很完美,为"革命文学"的创作提供了成功的经验。

① 白晖(朱自清):《近来的几篇小说》,《清华周刊》第29卷第2、5、8号,1928年2月17日、3月11日、4月1日。

# 8 在商务印书馆的革命活动

## 中国共产党人的诤友

叶圣陶1923年3月进商务印书馆国文部当编辑，主编供中学生阅读的"学生国学丛书"。国文部中每四张书桌为一组，叶圣陶和沈雁冰（茅盾）对面坐，旁边是丁晓先。沈雁冰和丁晓先是共产党员，编《学生杂志》的杨贤江也是共产党员。

叶圣陶出于对他们的信任和景慕，但凡他们要他参加的活动他大多参加，他在1949年写的《纪念杨贤江先生》一文中说：

> 我跟贤江先生在商务印书馆相识，同在编译所。他编《学生杂志》，可不是主编。他一方面顾到主编人的意旨（在当时也算不得高明的意旨），一方面不肯放松读者的利益，居然使《学生杂志》在学生界起了不小的作用，现在的中年人还记住民国十几年间《学生杂志》给他的影响。这件事看似平常，其实是很不容易的。
>
> ……他那时候已经是个革命者了。……他怎样干革命活动，我不大清楚。只知道到编译所来看他的人很多，会客室里时常可以见着他。青年们对他很有信仰，开什么会往往找他去演说。他曾经邀我加入共产党，有一天，他叫我晚上就去行入党式，我没有答应他。①

"入党式"的"入党誓言"中

① 《叶圣陶集》第5卷第329页，江苏教育出版社，2004年。

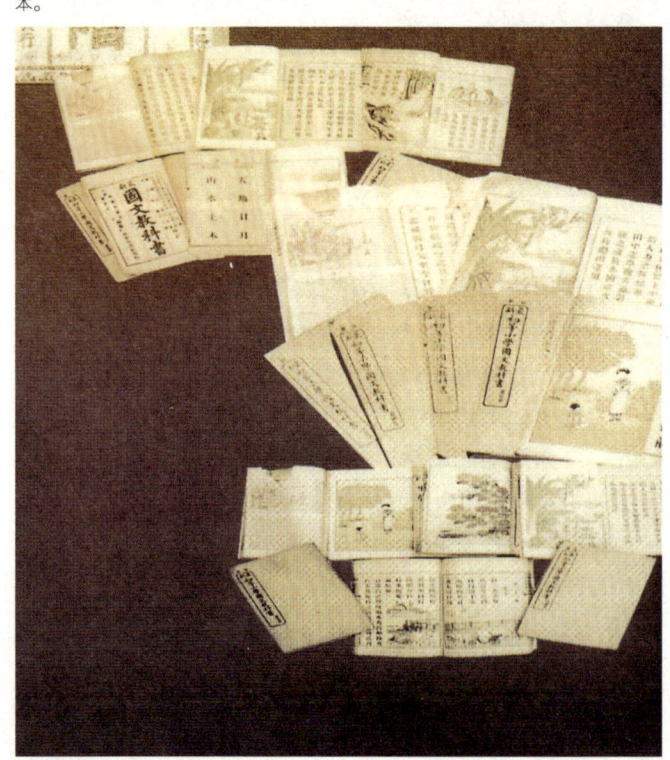

叶圣陶在商务编的部分课本。

有为革命舍弃一切的誓言，叶圣陶觉得很难做到，就"没有答应"。他当年接触到的共产党人还有瞿秋白，在1949年写的《回忆瞿秋白先生》一文中说：

> 认识秋白先生大约在民国十二年间，常在振铎兄的寓所里碰见。谈锋很健，方面很广，常有精辟的见解。我默默地坐在旁边听，领受新知异闻着实不少。他的身子不怎么好，瘦瘦的胳膊，细细的腰身，一望而知是肺病的型式。可是他似乎不甚措意这个。曾经到他顺泰里的寓所去过，看见桌上"拍勒托"跟白兰地的瓶子并排摆着，谈得有劲就斟一杯白兰地。①

此外还有恽代英和侯绍裘等，可以说自中国共产党成立之日始，叶圣陶就是共产党人的诤友。

1923年6月底至7月初，沈雁冰参加了党的第三次代表大会后从广州回到上海，接替恽代英担任上海"交通局"主任，从事革命宣传工作。那时叶圣陶的门上钉着"文学研究会"的牌子，沈雁冰看中了叶府这个公开身份，就托叶圣陶为他收取信件，凡是信封上写着"钟英先生收"的就收捡在一旁，转交给沈雁冰。"钟英"系"中央"的

叶圣陶写的《纪念杨贤江先生》。

叶圣陶写的《回忆瞿秋白先生》。

① 《叶圣陶集》第5卷第324页，江苏教育出版社，2004年。

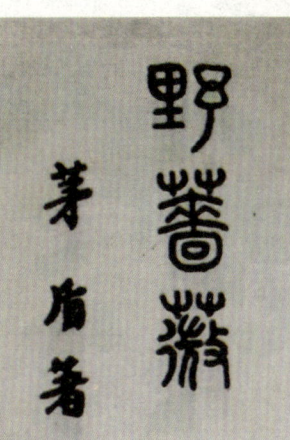

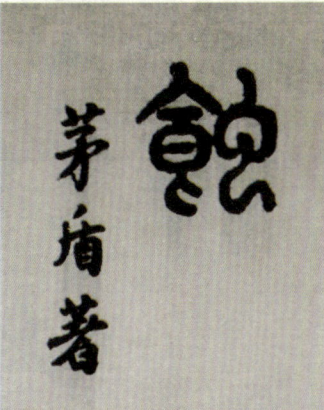

（左）叶圣陶为庐隐《灵海潮汐》题签。

（中）叶圣陶为茅盾的《野蔷薇》题签。

（右）叶圣陶为茅盾的《蚀》题签。

谐音。五卅前后，叶圣陶居住的仁馀里28号成了共产党人与左派的秘密联络点。

### 参与创办《公理日报》

1925年的"五卅惨案"如霹雳一声震响全国，有志之士罔不为反帝爱国奔走呼号。"惨案"发生的第二天一大早，叶圣陶就和王伯祥一起去南京路，想看看惨案情景，出乎他的意外，部分市民竟无动于衷。到了下午，下起滂沱大雨，刮起大风。叶圣陶顶风冒雨，再次来到帝国主义横暴枪杀中国人民的南京路，"想用舌头舔尽所有的血迹？咽入肚里"。马路上积水成潭，同胞的鲜血"已经给仇人的水冲得光光，已给腐心的人们践得光光，更给恶魔的乱箭似的急雨洗得光光"！叶圣陶怀着满腔愤怒，连夜写成了《五月三十一日急雨中》，用雄浑犷放的"愤怒之音"，倾诉了他的愤慨和激情。

6月1日，叶圣陶和沈雁冰、郑振铎、胡愈之等发起成立了上海学术团体对外联合会，发表了《上海学术团体对外联合会宣言》，对反帝斗争提出了六条要求，第一条就是"收回全国英租界"；还有第四条是要"惩办肇事捕头及巡捕，西捕头爱伏孙及其他凶手，一律抵偿生命"。《宣言》号召广大民众要"奋力为之"，"一息无懈"，"使英人对吾人之要求全数照办而后止"。然而，上海各日报，如《申报》《新闻报》《时报》《商报》《新申报》《时事新报》《民国日报》等均拒绝登载这份宣言。他们既无耻又懦弱，"对于如此惨酷的足以使全人类震动的大残杀案，竟不肯说一句应说的话"。为了使"不平而残忍的事"和"公正的舆论"不至于被报界"隐瞒"，叶圣陶和沈雁冰、郑振铎、胡愈之等决定创办《公理日报》，"以发表我们万忍不住的说话，以唤醒多数的在睡梦中的国人"。[①]他们自筹经费，联系印刷厂，组稿编排，编辑部和发行

① 《〈公理日报〉停刊宣言》，《公理日报》1925年6月24日。

《公理日报》的报名出自叶圣陶之手。

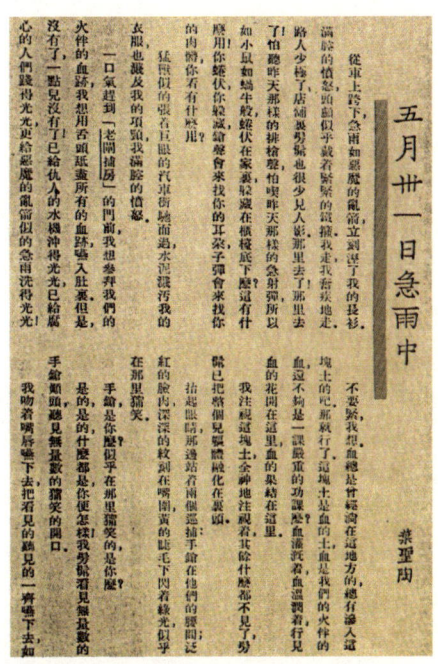

叶圣陶《五月卅一日急雨中》。

所就在宝山路宝兴西里九号郑振铎家里。叶圣陶和郑振铎等通宵奋战。这样,就在五卅惨案的第四天——6月3日清晨,《公理日报》就与上海市民见面了,"在一切同类刊物中是最先出现的"。[1] 报头"公理日报"四个大字就出自叶圣陶之手。印好的报纸,天刚蒙蒙亮就运到郑振铎家里,无数报童涌来买报。该报一共出了22号,叶圣陶以"秉丞"的笔名发表的文章共有10篇(其中号召捐款支援罢工工人的两篇社论,与"左生"一同署名),在文学研究会会员中是发表文章最多的一个。此外,《公理日报》几乎有一半文章没有署名,其中一定也有叶圣陶写的,或者虽非叶圣陶动笔,也包含着叶圣陶的意思,因为有许多意思本来是大家的。所以《公理日报》从一个侧面记录了叶圣陶在五卅运动中的反帝爱国斗争。

《公理日报》以其"中理而宏达"的议论"赢得了数万读者的热烈同情","每日印一万五千至两万份"(《〈公理日报〉停刊宣言》),该报揭露了以全国总商会副会长、上海总商会会长、淞沪市政办虞洽卿(和德)为代表的资产阶级右翼的真面目,号召市民罢工罢市,喊出了"打倒帝国主义"的口号,强烈要求收回租界。

然而以虞洽卿为首的总商会"只知媚事外人",背叛民族利益,秘密策划于6月21日单独开市,并力主请奉军开进租界,维持开市后的秩序。叶圣陶连夜写了题为社论《无耻的总商会!!!》[2] 的社论,向同胞倾诉了他的愤慨:"开市了!明天开市了!总商会议决明天开市了!我闻此,心血已沸,怒火欲焚,我不料中国人里头会有这样无耻的总商会,卖国的总商会;然而中国

[1] 东公:《介绍关于"五卅"事件的定期刊物》,《时事新报·鉴赏周刊》第8期,1925年7月27日。

[2]《公理日报》1925年6月20日。

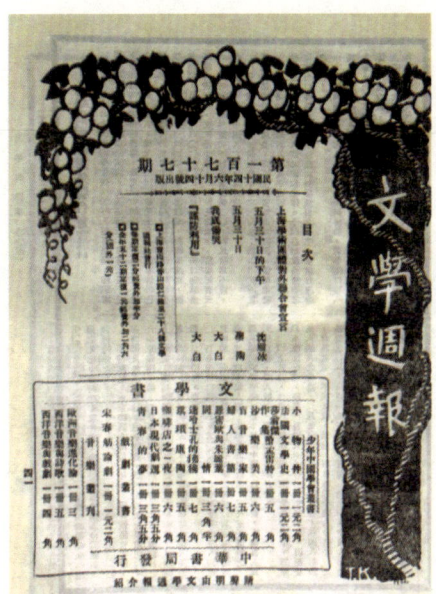

《文学周报》"五卅"专号。当时,《文学周报》"通讯处"就设在叶圣陶寓所上海仁馀里廿八号。

人里头竟有这样无耻的总商会，卖国的总商会！"也正是因为"开市"了，承印《公理日报》的印刷厂不再承印，捐助《公理日报》的商人们也拒绝捐助，上海学术团体对外联合会内部的分歧也白热化起来，《公理日报》被迫停刊了。叶圣陶和郑振铎、沈雁冰、胡愈之等人在《〈公理日报〉停刊宣言》中说：我们"愤怒填胸，欲哭无涕"，"要是能力允许我们继续奋斗的话，我们必牺牲一切，奋斗到底。然而现在竟因种种不能克胜的困难，使我们不得不暂停我们所最欲做的工作！叶圣陶和郑振铎、沈雁冰、胡愈之等文学研究会会员的心情是很沉痛的，他们从中总结出的教训是："'公理'是要实力来帮助的。赤手空拳的高叫着'公理''公理'，是无用的。"并郑重宣告："我们的工作，万不能就此终止，诸君且记住……来日方长，我们的相别是暂时的！同情于我们的请来合作！在最近的将来，如得生力的应援，我们竟将以更勇进的面目与诸君相见。"

## 为"革新苏州"大造舆论

1926年1月20日，叶圣陶和丁晓先、王芝九等人一起，自筹经费，创办了《苏州评论》。

《苏州评论》是16开不定期的小型刊物，"通信处"就设在叶圣陶家中（上海香山路仁馀里28号）。在第一期的中缝刊有《告读者诸君》

① 收入《叶圣陶集》第18卷，题名为《我们的意思——〈苏州评论〉发刊辞》。

《本刊征稿简则》《本刊欢迎索阅》《本刊征求经济上之援助》等启事；第二期的中缝有《本刊特别启事》。《告读者诸君》中说："本刊为十数同志之结合，目的在谋苏州社会之革新。同人预拟之计划，欲先从舆论方面入手，藉以唤起群众组织团体，以与盘据苏州社会之恶势力相奋斗。惟同人之才能有限，思虑难周，所望吾乡有志革新者，不分彼此，咸来合作，或供给材料，或资助经费，或指示方略，或广为传布，以造成一坚强有力革新苏州之大联合，未始非苏州前途一线之生机也，是所切盼！"《本刊欢迎索阅》中说："本刊为发行上之必要，虽在封面刊有定价，但实际并不注意于此项收入。凡爱读本刊者，只消通函本刊通信处，略附邮费，便可照寄。如愿代为推广者，尤所欢迎，请将需要份数开示，略附邮费，即可遵照办理。"《本刊特别启事》中说："这样小小的一个评论，我们本想办成旬刊或周刊，使其能多与读者相见；只为经济能力所限，暂定每月发行一次。以后如同志加多，经济充裕，当将定期缩短。我们想早早实现所期望的，所以此时成了一个不定期刊的情形。"启事言简意赅，突出了《苏州评论》这一社会评论刊物的宗旨。

《苏州评论》第一期刊登的叶圣陶的《我们的意思》，①实际上是《苏州评论》的发刊辞。在发刊辞中说，"认识我们的周围是非常切要的"。不然,"一塌糊涂,什么都不辨","就自欺得可怜,懦怯得可怜"。认识社会现状,认识苏州,"要用我们的眼睛耳朵,去看,去听;要用我们的身体心灵,去经历,去体验;这才会认识它的真实相"。不能听别人唱"三吴文物"、"富庶之区"的老调子,不能"抱成见"、"戴蓝眼镜"。认识苏州"衰老"、"贫穷"、"愁苦"和"危殆"的目的,是要"脚踏实地"地改造苏州,进而阐述了"本土"与"四方"的联系,革新苏州与改造整个社会的辩证关系,并再次谈到创办《苏州评论》的意见:

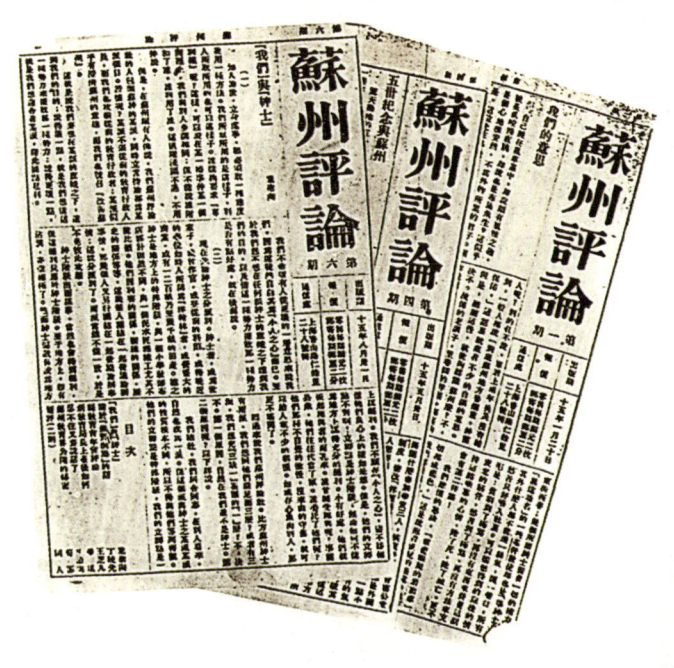

《苏州评论》封面之一。

苏州曾是文明的一块地方,可惜它衰老了,从前的文明跟着它的盛年一同过去。现在有的是古旧的僵化的遗迹,仅足供人怀念而已。……苏州既是这样一块地方,就很容易使我们想起丢开它的念头:丢开了它,可以到旁的青年而壮盛的地方去。但是,这实是腐败的不道德的思想!我们是走了,不能大家都走,一定留下不能走的,难道他们就命该守住这快要灭亡的地方么?譬如吃一样东西,我们尝了一点,发见这是含毒的,就把嘴里的吐去,手里的丢掉,自己走开了。人家不晓得,拾起地上的东西毫无戒心地大嚼起来,结果不是牺牲一条性命,便是沉疴三月:这不是我们的罪恶么?所以尝到了毒物的,最正当的办法是先把这毒物毁灭净尽,再进一步,想法制成无毒有益的东西供大家吃。倘若舍此不图,就是腐败,就是不道德!而丢开苏州的念头,正同随手丢掉毒物的情形相仿佛,这怎么要得!惟其衰老,惟其危殆,我们更不该丢开苏州。给它想法,给它将护,是我们最低限度的责任;使它回春,使它光华,是我们更进一步的努力。如果说切身,苏州是我们游钓之乡,室家所寄,最切身不过的了;如果说近习,苏州是我们童而亲之,梦魂所系,最近习不过的了。颇有一班人以为区区小邑,何足道哉,大丈夫自有澄清天下的志概。我们不甘自弃,未尝没有这样的雄心;但是也不愿意附和着说一声:"区区小邑,何足道哉。"我们觉得不忘情于本土和有志于四方根本上并不冲突,而且正见其脚踏实地;所谓"四方",

① 叶圣陶《致态度各异的同乡们》,《苏州评论》第二期。

《苏州评论》封面之二。

不就是四方人的"本土"么?

不能忘情自然就有许多的话要说,于是我们想到自己办报刊。我们觉得现成有的报刊太可怜了!他们有许多的顾忌,有许多的拘束,为权势,为利益,几乎不能说心头的话,仅能说嘴边的话,那自然也未便刊载我们心头的话。自己办刊报纸就什么障阻也没有,要怎样说就怎样说,心头与笔头如一,我们所想与人家了解如一,直捷爽快。我们办这个《苏州评论》就为着这一点意思。

《我们的意思》深刻地阐明了创办这份刊物的目的,就是要以《苏州评论》为园地,"征求同志和我们合作一起",为革新苏州和改造整个社会大造舆论,唤起民众,"连起手来向前走",与"反动势力"作斗争。

《苏州评论》的创刊"像一块小石投入大海掀起了波圈,写信来交换意见的,一天总有好多起,有劝勉编者的,有指示办法的,有愿永相结合的,有愿担任发行的,有惠寄资料的,有寄文稿的";①而苏州的恶势力则肆意攻击,诬其是"怪物"、"侮谩长上"、"专骂前辈老先生","想当官儿","是拿了什么党的宣传费"在作"宣传"。叶圣陶在《苏州评论》第五期(1926年6月30日)发表《腐烂了玷污了的》和《我们与绅士》予以回击。他说《苏州评论》的"印刷费是你一块钱他两块钱凑集起来的",并没有拿"广州的宣传费"。他说为了革新苏州,"须有许多高尚贞固的分子,须有许多阔大精深的人才",需要"道德、智慧、热诚和不断的努力"。接着,叶圣陶严词抨击"腐烂了"良心的绅士。他说"在这八表同昏的时代",绅士们"自烂良心,自污人格"、"道德沦亡",这只能暴露他们的丑恶,他们"是不知有群的鄙夫"、"是金钱座下的奴隶"。叶圣陶还说:"我们的立脚点是一个市民,一个苏州的市民","是个爱地方的市民,真爱自己的市民"。虽说《苏州评论》只办了6期,但它确实起到激励民众、鼓舞民气,打击"反动势力"的作用,从一个侧面记录了叶圣陶在五卅后的斗争业绩。

## 主编中国济难会会刊

1925年五卅运动期间，叶圣陶和胡墨林一起加入了中国国民党。叶圣陶本没有入党的念头，但经历了五卅的"反帝"斗争，更加深刻地认识到凝聚革命力量的重要。当时，正值第一次国共合作的蜜月期，许多共产党人都以个人身份加入国民党，"入党救国"的口号颇为流行。在沈雁冰、杨贤江等共产党人的劝导下，叶圣陶和胡墨林以他们特有的真诚，抱着要完成孙中山未竟的伟业的宏愿，庄严地走到"三民主义"的旗帜下，成了中国国民党左派队伍中的一名战士，与沈雁冰、杨贤江、侯绍裘等共产党人成了并肩战斗的战友，还分别担任了国民党上海特别市候补执行委员和国民党上海妇女运动委员会委员，站到了中国革命斗争的前列。

1926年1月17日，中国济难会上海市总会正式成立。该会"以救济一切解放运动之被难者，并发展与世界被压迫民众之团结精神为宗旨"，"是中国光明运动的行动机关亦即是光明运动的理论的翻译机关"。叶圣陶受中国济难会上海市总会审查委员萧朴生，①以及中国济难会上海市总会组织委员阮仲一的委托，主编中国济难会会刊《光明》半月刊。②该刊第一期刊登了《光明运动》（愈之）、《光明底创造》（萧朴生）、《乱世求生之两大途径——互助与自救》（杨铨）、《中国"光明"运动的开端》（杨贤江）、《血花底爆裂》（诗，光赤）、《血痕》（俄国阿志巴绥夫的小说，西谛译）、《托尔斯泰的话》（仲云）和《莫遗忘》（圣陶），仅从作者群便可揣测《光明》半月刊的色彩。叶圣陶在《编辑馀言》中说：

这个刊物是公开的，凡是有良心的，为中华民族同时为世界人类之一员的人，都是这个刊物的栽培者和爱护者。我们可以不加入任何党派，我们可以不拘守任何主义。但是我们同为中华民族同时为世界人类之一员，却是坚强如铁石的事实，不容我们否认；而凡是要生活的，必须如航海者守着罗盘似的，抱定一种生活的态度，也不容我们自居例外。那么，一个人，一个具有良心的人，在这时代该抱什么态度呢？具有良心的人的核心是"爱"，是"广

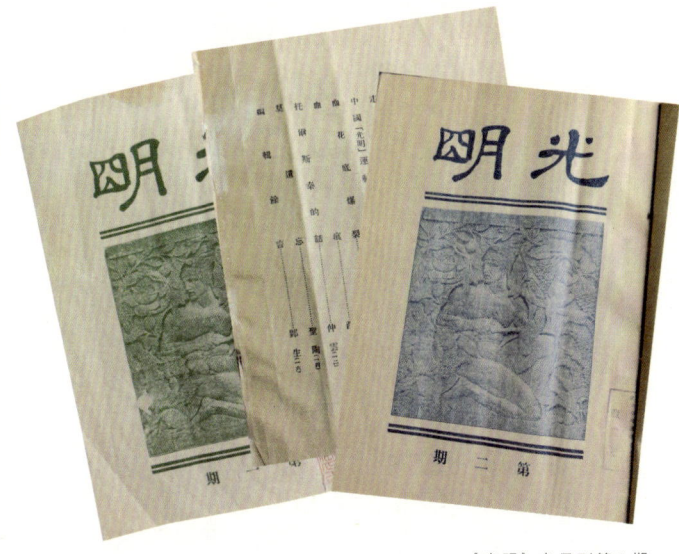

《光明》半月刊第1期，1926年6月5日；《光明》半月刊第1期目录，1926年6月5日；《光明》半月刊第2期，1926年6月20日。

4月5日上海《申报》第14版发表《国民党特别市代表大会记》称：4月4日，在国民党上海特别市代表大会上，丁晓先（39票）、叶绍钧（34票）、丁郁（34票）、冯明权（32票）、范博理（30票）当选为"候补执行委员"。

1月17日上海《申报》报道：上海妇女运动委员会由章国希、胡警红、郁斐如、范博理、管学达、张钟、胡数云、孔德沚、雷孝芹、陈比难、贺敬晖、梅玉珂、徐鸣和、胡墨林、钟复光等十五人组成。

①萧朴生：共产党人，早年留学法国，是邓小平的入团（中国共产主义青年团）介绍人。

②《光明》半月刊第1期，1926年6月5日。

大的爱",这是无待解释的。惟其如此,具有良心的人又有"恨",有"深切的恨"。他恨那些破坏了人间之爱的,他恨那些不自爱又不爱人的。徒然恨又有什么用呢?因而要作种种努力,如杨杏佛先生所说的"互助与自救",用来消释心头之恨。这个恨到什么时候才消释呢?杀尽了那些可恨的东西之后吧!不是的,要到他们变化了,他们也能完成人间之爱,也能自爱而又爱人的时候;换句话说,要到他们恢复了丧失的良心,回归到具有良心的人的队伍里来的时候。这个工作真不轻呵,也许需要祖父子孙不知道多少代的继续努力。具有良心的人呀,还不该赶早团结起来么?见解的不同,派别的互异,那些算得了什么,完全驱散,排除出心灵之外!只想着彼此同是具有良心的人,同怀着"广大的爱",也同怀着"深切的恨",我们是一伙儿,是永远以心相结合的一伙儿啊!这个叫做《光明》的刊物,不啻是我们团结起来的宣言,同时也无妨作为我们团结起来的盟誓。

萧朴生先生说:"人们并不努力创造光明,人们有什么权利咒诅黑暗?"这是意味深长的一句话。我们的同伴呀,抛弃了我们的悲叹颓丧与一切消极,我们开始从杨杏佛先生指出的两条路上努力创造光明吧!

《光明》半月刊现存6期,①

① 《光明》半月刊第6期,1926年9月20日。

虽说延续的时间不算长,但它的确像黑暗中一束闪耀的星光,它所倡导的"互助"说、"自救"论和"爱憎观",都给了渴望"光明"的人们以思想和精神上的鼓舞和震撼。

## "清党委员会"的"确凿证据"

1927年3月11日,叶圣陶接受国民党苏州市党部的委派,与吴致觉、丁晓先、沈炳魁、王伯祥、计硕民、胡墨林等七人组成接管委员会,代表革命政权到苏州接管学校,"收回教育权"。由于丁晓先是上海市临时政府教育局局长,胡墨林又奉命接管上海务本女校(后因病未去),真正到苏州接管学校的只是叶圣陶、王伯祥、吴致觉、计硕民四人。4月1日,叶圣陶一行来到苏州。次日,出席苏州市"反英讨奉市民大会"。4月4日,接管"二中及一师",并组建"接管吴县境内省立中学各委员会"。4月5日,

五卅后胡墨林担任上海妇女运动委员会委员的报道。

1927年8月14日在上海《申报》刊布《上海特别市清党委员会披露中国共产党操纵上海本党干部之真凭实据——在沈雁冰日记簿中检出》。

接管"女师及二农"。4月6日，出席"二中维持会成立会"。4月9日，接收"二女中"。4月11日，"到纯一小学礼堂观开幕式"。

就在叶圣陶一行信心满满接管学校的时候，蒋介石集团发动反革命政变。四一二大屠杀，把已经站立起来的百万工农重新淹没于血泊之中，上海成了"狼虎成群"的世界（当时上海人民咒骂刽子手杨虎、陈群的双关语），中国进入了一个冷酷而沉闷的时代。4月15日，叶圣陶一行宣告接收委员会"解散"。次日，"接收工作全部了结"。4月17日夜冒险回到上海。面对国民党反动派的倒行逆施，叶圣陶把国民党党证撕得粉碎，与国民党从此一刀两断。

因仁馀里28号曾经是共产党人和左派人士的联络点，叶圣陶回不去了，一家人暂时避居在斜桥天祥里。5月，据小报透露，国民党要逮捕胡墨林。不久，国民党上海特别市清党委员会查获了沈雁冰工作中经管的文件和私人信函、日记以及书籍等，"清党委员会"以此作为共产党"破坏革命"的"确实证据"，于1927年8月14日在上海《申报》上予以公布，标题为《上海特别市清党委员会披露中国共产党操纵上海本党干部之真凭实据——在沈雁冰日记簿中检出》，其中就有共产党人在仁馀里28号召开党团改组会议的记录，是由沈雁冰的日记和会议记录拼凑而成的。沈雁冰主持这个会议，中心议题是改组中央党团、整顿区党部，巩固共产党对革命的领导，反击蒋介石继"中山舰事件"后，于1926年5月15日在国民党二届二中全会提出的赤裸裸的反共提案——"整理党务案"。1926年1月，沈雁冰到广州参加了国民党的"二大"，接着被留在广州担任国民党中央宣传部秘书。4月，沈雁冰因工作需要回上海担任中共上海区委委员，负责"民校"工作，6月21日闸北区党团改组会议，这是他"从事整理党部"工作的一个部分。这份"绝密"材料一经披露，叶圣陶随时都有被反动派缉捕的危险。好在有商务印书馆作掩护，叶圣陶逃过了一劫。

1925年秋叶圣陶为来访的朱自清摄。旁边的男孩是至善，女孩是至美。

# 9 开明书店的灵魂

## 白马湖聚会绘愿景

章雪村原来是商务印书馆的编辑，主编《妇女杂志》。1925年，他在《妇女杂志·新性道德问题专号》发表了他写的《新性道德是什么》，以及周建人写的《新性道德的科学标准》，被封建卫道士斥责为鼓吹邪说，商务当局借故将章雪村辞退了。叶圣陶和郑振铎、胡愈之等为章雪村抱不平，鼓励他索性办个书店，创办一份妇女杂志《新女性》，出版"妇女问题丛书"，与商务印书馆对着干，还答应把《文学周报》和"文学周报社丛书"交给他出版，以示支持。在他们的支持下，章雪村于1926年8月1日正式创办了开明书店。叶圣陶帮着出主意，几乎

这帧照片摄于平屋门口，左首为叶圣陶，挨次往右数，为胡愈之、章雪村、贺昌群、周予同，站在周后边的是钱君匋，最右边的是平屋主人夏丏尊。

叶圣陶一行人乘的乌篷船游禹陵、兰亭。照片上，叶圣陶正举筷要夹菜，对面的贺昌群方吃罢，周予同舒坦地斜靠在舱口。

每天都要与章雪村碰面，最值得一说的是1928年白马湖的"新年会"。

1928年新年，浙江上虞白马湖平屋突然热闹起来，平屋主人夏丏尊迎来了一群从上海的客人：叶圣陶、章雪村、周予同、钱君匋和贺昌群。主人高兴极了，还未等客人坐定，就把住在隔壁的胡愈之请了过来。七个人站在大门口拍了张照片留念。

叶圣陶一行冒寒来到白马湖，主要为三件事。一是知道胡愈之去法国的游学，在上海饯行熟人多，有点儿招摇，不如客就主便，悄悄地赶一趟白马湖。二是规划开明书店的愿景。与会同仁大多是自学出身，知道当时学校症结之所在，决定把开明书店当作学校来办，以出版青少年读物和新文学作品为主，以失学青年和在校中学生作为服务的主要对象，让他们有自己爱读的书刊以及能引发思考的新课本。三是决定编辑一种刊物，定名就叫《中学生》。除了帮助"中学生"联系实际学习各门课程，还注重介绍各种新知识，引导他们紧跟时代步伐，茁壮成长。最终议定请夏丏尊出任开明书店的总编辑，兼《中学生》杂志社社长。

事情办完后，上海来的五位客人一起过了曹娥江，雇了条乌篷船去绍兴游览了兰亭和大禹陵两处古迹。当时叶圣陶虽说还在商务印书馆，但"心"早就和开明书店"融合"在一起了。他觉得与开明同人意趣相投，感情融洽，1931年1月辞了商务印书馆，到开明任职。宋云彬说圣陶"那一丝不苟的作风，给开明同人做出了好的榜样"。徐盈说叶圣陶是"开明书店的奠基者"。[1]萧乾说"叶老（圣陶）是开明书店的灵魂"。[2]

[1] 徐盈：《从我应试作文说起》，《我与开明》第92页，中国青年出版社，1985年。

[2] 萧乾：《向叶老致敬》，《我与开明》第91页，中国青年出版社，1985年。

## 主编《中学生》和《新少年》

叶圣陶一到开明书店就担任协理，主编《中学生文艺》和《中学生》杂志。《中学生文艺》创刊于1930年冬天，每年出一册，1934年改为半年刊，1935年起改为季刊，专门刊登青年学生写的"文艺短论"、

《中学生》杂志。

① 王天一：《你所知道自己》，《中学生》1946年8月号。

"小说"、"随笔"、"游记"、"诗歌"、"戏剧"和"读书笔记"，叶圣陶在为该杂志写的介绍辞中说："《中学生文艺》是中学生的好伴侣，是中学生的攻错石，是青年文艺的渊海，是青年心理的镜子。"《中学生》杂志创刊于1930年1月，前12期是由夏丏尊主编，他在《发刊辞》中说：

合数十万年龄悬殊趋向各异的男女青年于舍混的"中学生"一名词之下，而除学校本身以外，未闻有人从旁关心于其近况与前途，一任其彷徨于纷叉的歧路，饥渴于寥廓的荒原，这不可谓非国内的一件怪事和憾事了。

我们是有感于此而奋起的。愿借本志对全国数十万的中学生诸君，有所贡献。本志的使命是：替中学生诸君补校课的不足；供给多方的趣味与知识；指导前途；解答疑问；且作便利的发表机关。

《中学生》杂志自始就像和煦春风，熏沐着"年龄悬殊趋向各异"的读者。自1931年3月号（总第13号）起，改由叶圣陶主编，唯一的一位助手就是他夫人胡墨林。叶圣陶在为《中学生》写的介绍辞中说：《中学生》"充满着进步的、活跃的精神"，是中学生"生活上的密友，课外的知识库"，是"为中学一切利益而努力的刊物"。他"每天看几十封来信"，能准确地"把握住青年人的情绪和需要"，使《中学生》"紧密地渗透在那个时代青年人的生活、知识与思想当中"。① 他在谈到《中学生》的体会时说：我只觉得自己是融和在青年的队伍里；

《中学生文艺》（春季号）《中学生文艺》（夏季号）。

《中学生文艺》（秋季号）《中学生文艺》（冬季号）。

"融和在青年的队伍里是我们的安慰，跟并世的青年心心相通是我们的欢快，所以我们不怕阻碍和困难，宁愿这个事业"。[1]每年，叶圣陶都给《中学生》的读者制作贺年卡，提供购书刊的"优待券"。数以万计的学生家长把《中学生》称为"子弟杂志"，把主编《中学生》的夏丏尊和叶圣陶称为中学生的"保姆"；青年学生把《中学生》称作"课余良伴"，把夏丏尊和叶圣陶推崇为他们最敬佩的师友。叶圣陶则以《中学生》为园地，给"数以万计的中学生"提供精美的精神食粮；又以《中学生》为课堂，指导青年学生"怎样学习，怎样做人，怎样了解时事，怎样认识我们民族的危机和将来努力的途径"，[2]懂得如何去"爱"，如何去"恨"。

1936年1月，为纪念开明书店创业十周年又创办了《新少年》半月刊，面向小学高年级和初中一二年级学生，以童话、小说、散文、诗歌等儿童文学为主体，兼及文艺

[1] 王思澍：《我也是〈中学生〉的老朋友》，《中学生》1946年5月号。

[2] 觉民《我和〈中学生〉》，《中学生》1946年1月号。

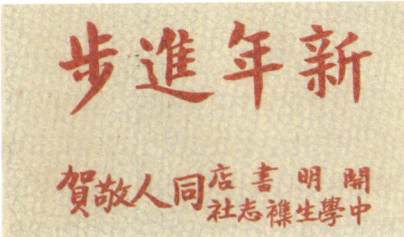

叶圣陶制作的1935年贺年卡。

开明书店店徽。

1935年，叶圣陶（后排右三）与开明书店同仁及家属合影。

《新少年》出版预告。

《中学生》杂志的作者，如胡绳、吴全衡、彭子冈、徐盈等，后来都成了著名学者和作家。

① 霜香《文病枝谈》，《中学生》1947年1月号。

欣赏，以陶冶孩子们的情操，使他们成为"全新"的"少年"。夏丏尊任社长，叶圣陶、金仲华、徐调孚、贾祖璋为编辑。叶圣陶只署名"编辑"，但他是真正意义上的主编，因为夏丏尊是开明书店的总编辑，要审读的书稿太多，顾不上《新少年》。

## 开设"文章病院"讨蒋

《中学生》和《新少年》内容丰富，形式活泼，图文并茂，仅是为文章题名配的千姿百态画图，就让人有美不胜收的欣喜。这里列举《中学生》杂志编辑为曹聚仁《粉笔屑》、徐盈《避》、彬然《西班牙的大变乱及其国际背景》、黄炎培《怎样教我中学时期的儿女》、沈鼎三《酒话》、邹静陶《昙花一现》等六篇文章题名配的图案，便可看出编辑的用心，也难怪《中学生》会吸引那么多的读者。

《中学生》上的文艺如春风如朝阳如酥雨，而社会批评和文明批评则十分犀利。《中学生》1932年2月号开设了"文章病院"专栏，"把看到的病的文章一字一句的来下诊断治疗的工夫"，"把文病指示给初学作文的人，叫他们不要重蹈覆辙"，①首批"收容"诊治的"病患者"是：《第一病患者——辞源续编说例》；《第二号病患者——中国国民党第四届第一次中央执行委员会全体会议宣言》；《第三号病患者——江苏省立中等学校校长劝告全省中等学校学生复课书》。叶圣陶在《〈文章病院〉规约》中说："本院只诊治病患者本身——文章，对于产生文章的作者绝不作任何评价，毫无人身攻击等卑劣意味。"1933年1月号《中学生》（总第31号）收容了第二批"病患者"，即《第四号病患者——今后申报努力的工作》。1933年5月号《中学生》（总第35号）收容的第三批"病患者"是《第五号病患者——初级中学国文教本编辑条例》和《第六号病患者——禁运军火案》。这六位"患者"

中,叶圣陶"诊治"了三位,即《第一号病患者——辞源续编说例》《第二号病患者——中国国民党第四届第一次中央执行委员会全体会议宣言》《第四号病患者——今后申报努力的工作》。给"文章"治病,不能不牵及到"作者"。语言问题终竟还是思想问题。在"诊治"国民党四届一次全会《宣言》时,叶圣陶抓住"病患者"欲盖弥彰、不能自圆其说的段落,寻根刨底,揭开"病"因。1931年12月23日,国民党召开了中央四届一次全会,全会的《宣言》(以下简称《宣言》)在谈到"党"的任务时说:

"一致对外"为本党与全国人民共同之呼声。大会认为尚有急需注意者。国内生产日渐衰落。因生产衰落而社会经济逐渐崩溃。因社会经济逐渐崩溃而失业日多。因失业多而赤匪之焰张……

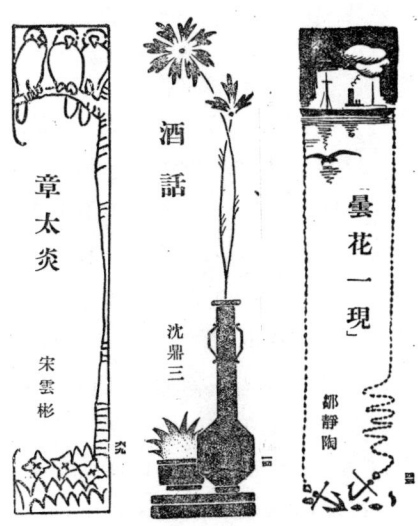

宋云彬《章太炎》题花;沈鼎三《酒话》题花;邹静陶《昙花一现》题花。

这段话显然是国民党反动政府"消极抗战"的辩护词,同时也是"军事围剿"和"文化围剿"的动员令。叶圣陶从写文章的常识讲起,从《宣言》前后不联贯的地方切入,揭露国民党反动派的用意。他在"诊治"时说:

这里"国内生产日渐衰落"一语非常突兀。要说"日渐衰落",前面就不能不说出原因,下文说"逐渐衰落",说"日多",说"更益衰落",前面都说出原因,便是明证。再设一个譬喻:遇见一个朋友,突然对他说道,"我的身体日渐衰弱",朋友必将问道,"为什么呢?"这就因为没有说明身体日渐衰弱的原因。如果说明因为什么什么病,故身体日渐衰弱,朋友就明白了,不会再问了。生产衰落岂是无因的呢?就常识着想,这里大可说我国因帝国主义之侵略与连年不息之内战,而"生产日渐衰落"。……这样,

曹聚仁《粉笔屑》题花;徐盈《避》题花;彬然《西班牙的大变乱及其国际背景》题花。

开明书店的灵魂 093

至少在文字上是过得去了。

这显然是在启发读者深思：既然"帝国主义之侵略与连年不息之内战"是导致"国内生产日渐衰弱"的原因，《宣言》不讲"一致对外"，反倒强调"赤匪之焰张"是"急需注意者"，这么说居心何在？看起来，叶圣陶的确是在"剖析文章本身的毛病"，但锋芒所向却是国民党反动派投降卖国的嘴脸。

30年代的上海，是"围剿"与"反围剿"斗争最激烈的前沿阵地。和所有的进步人士一样，叶圣陶面对的是"流氓、侦探、走狗、刽子手"，敢于向国民党中央全会的《宣言》开刀，是要有胆量的。叶圣陶还在《中学生》1933年5月号"卷头言"《五月》中，指名道姓抨击蒋介石。文章在谈到"国耻"时说：

讲到"国耻"，最近两年来我们所经受的可谓"耻"到极顶。国土失去了四省！同胞被杀戮的不计其数！若与"五三"、"五七"、"五九"、"五卅"那些事件相比较，那些事件将见得轻微不足道。可是反而不见有将定一个日子，题上"国耻"字样的事情。这大概因为可指的日子太多了，除非统而言之曰"国耻年"，不然便没有办法的缘故吧。

最近秦皇岛又失陷了，据报纸记载，"我军安全退出。"这教人啼笑俱非的"安全退出"四个字，与张学良的矢志不抵抗，汤玉麟的存心放弃热河，中央政府的满口"整个计划"、"全盘计划"而终于没有什么计划，具有同等的激刺力。北平的古物是三批四批地搬到南边来了，教育当局命令北平各校把图书、仪器也搬走。大概敌军到什么地方，什么地方的"我军"就"安全退出"；这是真正的"整个计划"！至于古物、图书、仪器、"我军"之外的其他，那是不在"计划"之内的，被宰割，被毁灭，由他们去吧；这是"整个计划"的附则！

4月12日，各报都载着军事委员长蒋介石在南昌对各将领的演说词，中间有这样的话："在匪未剿清之先，绝对不能言抗日，违者即予最严厉处罚。"而行政院长汪精

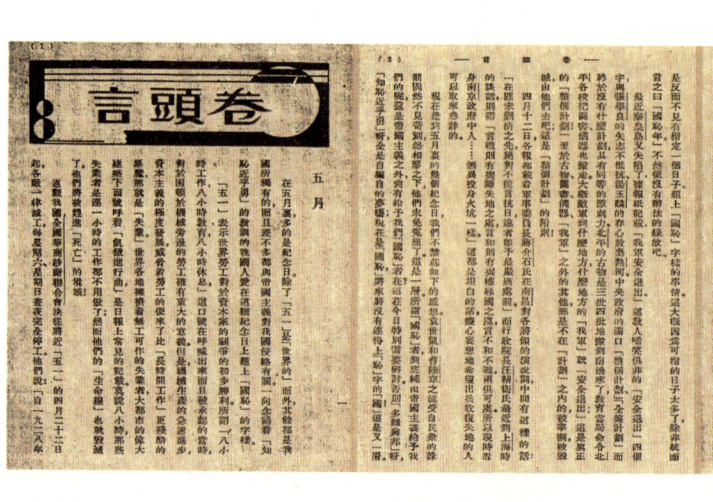

《第二号病患者——中国国民党第四届第一次中央执行委员会全体会议宣言》。

卫氏最近到上海时的谈话，则谓"言战则有丧师失地之虞，言和则有丧权辱国之虞，言不和不战，两俱可虞。所以现时置身南京政府中人……无异投身火坑一样"。这都是坦白的话，痴心妄想地希望出兵收复失地的人可以取来参考的。

现在逢到五月里的几个纪念日，我们不禁起如下的感想。袁世凯和曹、陆、章之流受民众的诛罚固然不见苛刻，然相形之下，他们未免冤屈了。这是一层。所谓"国耻"者，到底纯由帝国主义给予我们的呢，还是帝国主义之外，尚有给予我们"国耻"者在？这在今天特别需要研讨。否则"多难兴邦"呀，"知耻近乎勇"呀，全是自骗自的梦呓；现在是"国耻"，将来将没有连得上"耻"字的国！这是又一层。

"给予我们'国耻'"的是国民党反动派。国民党反动派的罪孽，比卖国贼袁世凯、曹汝林、陆宗舆、章宗祥之流还要深重得多。"现在是'国耻'，将来将没有连得上'耻'字的国"，这其实是在骂蒋介石卖国丧国，倾诉的是作者对于民族前途和命运的忧思。

## 抨击"尊孔读经"

1934年2月19日，国民党政府下令尊孔，规定8月27日为孔诞纪念日。五四新文化运动中，自吴虞提出"打倒孔家店"的口号后就交了倒运的孔老夫子，至此又复吉

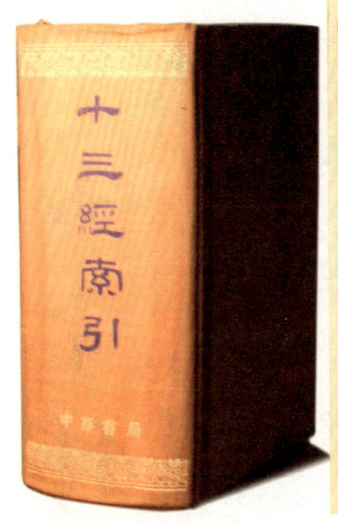

《十三经索引》

《六十种曲》出版预告之一。

星高照，被抬上了祈求国泰民安和世界和平的祭坛。

这年5月，国民党中央政治学校教授汪懋祖在《时代公论》上发表《禁止白话与强令读经》，迎合政府的旨意，鼓吹"复兴文言"，攻击白话文，胡说什么恢复"礼义廉耻忠孝仁爱"必须仰仗"文言运动"之大力，"文言兴，白话亡，国德不被土苴视之，而后国强"。1935年2月，江亢虎等在上海发起以"保存汉字保存文言为目的"的"存文会"，与汪懋祖相唱和，宣传"旧文化"。在他们的鼓噪下，读载道的经世名文，写载道的经世名文，禁授白话，采用文言，成了施教要政。1937年2月，湖南军阀何键在国民党三中全会提出"明令读经"的议案，主张自小学起至中学十二年间，先读《孝经》《孟子》《论语》《大学》《中庸》，"尊孔读经"、"复兴文言"成了医治百孔千疮的中国社会的"特

《六十种曲》出版预告之二。

效的药石"。写文言文，写旧体诗，随意曲解儒家学说，呜呼噫嘻地应声学舌，成了时尚。

面对来势汹汹的复古思潮，叶圣陶意识到"尊孔读经"，就是"要把整个教育系统'读经化'"，其目的就是要给青年"以无形的桎梏"，窒息他们的思想和自觉，使他们驯若羔羊，蠢如鹿豕，"不至于出什么乱子"，从而使统治者的"权势得以稳固，天下得以太平"，[①]于是奋起反击。

与"尊孔读经"相对应的，是全盘否定"经"和"古文"的"虚无主义"。叶圣陶既反对不加分析地把"经"捧为维系国运的"至宝"，也反对把儒家学说和古籍笼统贬斥

为"坟墓"和"骷髅"。他在《"读经"》一文中说："所谓'经'乃是古代的文化史料。在大学生及专门家，如果研究古代的文化，'经'是必要的对象的一部分。研究者对于研究的对象是取客观的态度的，既不奉为神圣，也不'斥为死物'，只还它个本来的面目。"他说，中等学校的学生不"读经"，不"读古文"，但是也还有个了解和享受"固有文化"，接受"文化遗产"的问题。在谈及中学国文教学的时候，叶圣陶强调，国文教材必须要联系现实，使学生借国文的学习养成正确的人生观和世界观，深刻认识现实社会，以及时代和历史的动向；同时，也阐述了让学生了解和享受"固有文化"、接受"文化遗产"的"深远的意义"，真诚地希望教师"从文学史的见地选授历代的名作"，让学生通过认真阅读优秀的文学作品发展阅读能力，增进表达自己思想感情的能力，知道中国文学的源流和演变，并从中领会"先民的伟大高超的精神"，学习"历代的精美的表现方法"，"以产生我们的新血肉"。[②]这些精辟的论述，即便在今天看来，也无懈可击。

也正是出于要了解和享受"固有文化"，接受"文化遗产"的理念，叶圣陶和夫人胡墨林编纂了《十三经索引》，点校了"明代传奇之总结集、汲古阁后之最善本《六十种曲》"，和开明同人筹划出版了《二十五史》和旨在"补各史表的

[①]丙丞（叶圣陶）：《"读经"》，《中学生》1933年9月号。

[②]夏丏尊、叶圣陶：《〈文心〉（三十二）最后一课》，《中学生》1934年6月号。

重要著作总结集"的《二十五史补编》，对学术的研究和发展做出了重大的贡献。他在《〈十三经索引〉自序》中谈到编纂过程的艰辛时说："历一年半而书成。寒夜一灯，指僵若失，夏炎罢扇，汗湿衣衫，顾皆为之弗倦。"这番话说出了他对于我国古代文化执着的爱，及其严谨认真的学术品格。

《二十五史》出版预告。

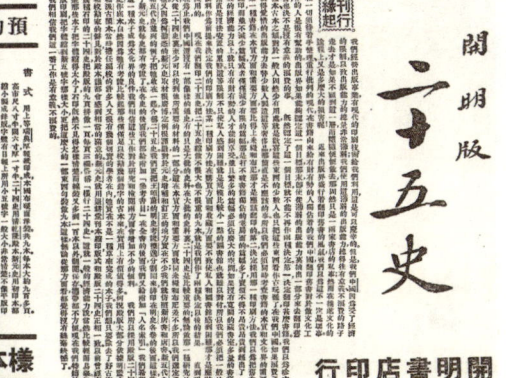

《二十五史补编》出版预告。

## 类乎鲁迅的"生命"

从商务印书馆到开明书店，叶圣陶为我国现代的出版事业做出了重大的贡献。以30年代为例，九一八事变之后，为了使青年认清"世界的大势"、"中国边疆的现势"，以及帝国主义的本质，开明书店前后出版了《中国近世史》（魏野畴著）、《五卅痛史》（陈叔谅编）、《济南惨案史》（李宗武编）、《上海中日战区图》（陈铎校注，葛烺编制）、《满洲事变与各国对华政策》（日本田中丸一作，默之译）、《沪战纪实》（韦息予、王臻郊著）、《最近中日外交史略》（李季谷著）、《最近的日本》（李宗武编）、《帝国主义与文化》（伍尔夫著，宋桂煌译）等专著和译著。叶圣陶说出这些书的目的，就是要"使那些'健忘的人'也知道'有外来的侵略'"，[①]使那些"有血气"的青年，"循诵此篇，跃然奋起"。[②]

[①]《中学生》1933年9月号《编辑后记》。

[②]《〈沪战纪实〉广告辞》，《中学生》1933年4月号。

叶圣陶为茅盾《子夜》题签之一。

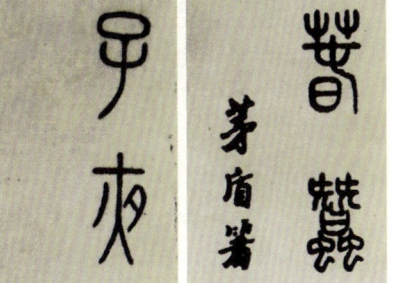

（左）叶圣陶为茅盾《子夜》题签之二。

（右）叶圣陶为茅盾短篇集《春蚕》题签。

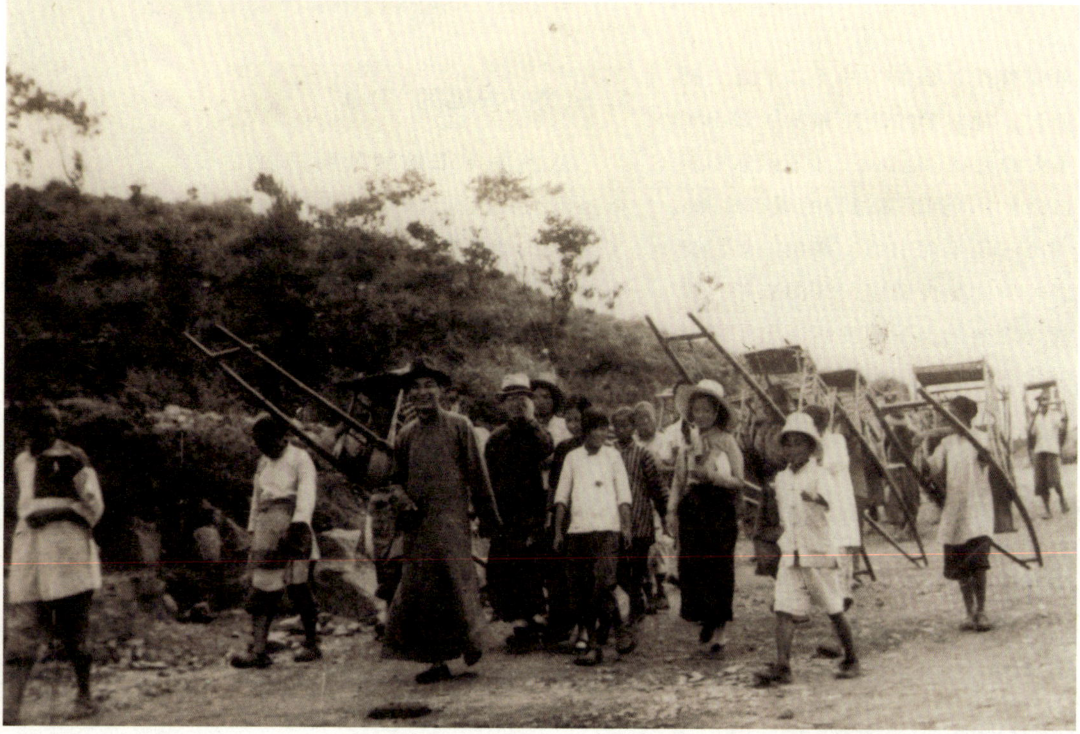

1935年秋，叶圣陶（靠前穿长衫者）与沈从文（后穿深色衣者）、张兆和及张允和（穿黑裙者）同游天平山。

我国现代文学史上一些重要的著作，除了茅盾的《蚀》三部曲、《虹》《子夜》，还有朱自清的《背影》、巴金的“激流三部曲”第一部《家》、王统照的长篇《山雨》、丁玲的第一个短篇集《在黑暗中》、臧克家的处女诗集《烙印》、端木蕻良的《科尔沁旗草原》，都是经叶圣陶之手在开明书店出版的。

开明书店还出版了高尔基、陀思妥耶夫斯基、契诃夫、托尔斯泰、班珂、果戈里、屠格涅夫、伊林、李师尔、王尔德、柯林、安徒生、巴比塞、都德、莫泊桑、左拉、正宗白鸟等外国作家的名著；出版了《苏俄文学理论》（冈泽秀虎著，陈望道译）、《欧洲近代文艺思潮论》（本间久雄著，沈端先泽）、《欧

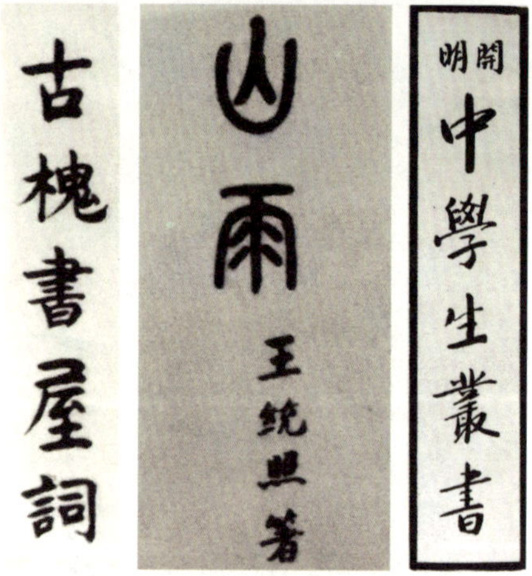

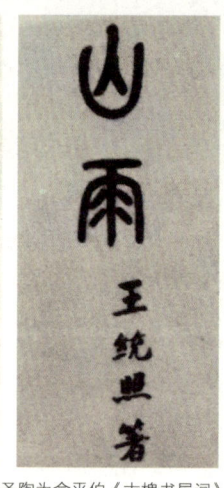

（左）叶圣陶为俞平伯《古槐书屋词》题签。
（中）叶圣陶为王统照长篇《山雨》题签。
（右）叶圣陶为“中学生丛书”题签。

朱自清赴欧途中写给叶圣陶的信。

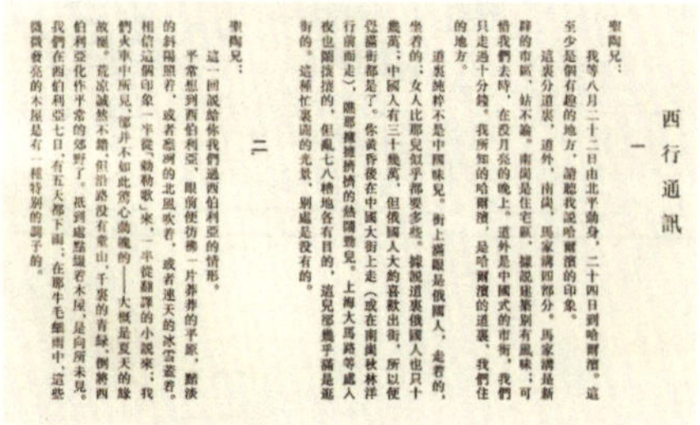

西行通訊

一

聖陶兄：

我等八月二十二日由北平動身，二十四日到哈爾濱。這至少是個有趣的地方，請聽我說哈爾濱的印象。

這裏分道裏，道外，南崗，馬家溝四部分。馬家溝是新闢的市區，姑不論。南崗是住宅區，據說建築別有風味；可惜我們去時，在沒月亮的晚上。道外是中國式的市街，我們只走過十分鐘。我所知的哈爾濱，是哈爾濱的道裏，我們住的地方。

道裏純粹不是中國味兒。街上滿眼是俄國人，走着的，坐着的；女人比那兒似乎都要多些。據說道裏俄國人也只十幾萬，中國人有三十幾萬，但俄國人大約喜歡出街，所以便覺滿街都是了。你黃昏後在中國大街上走（或在南崗秋林洋行前面走），總有那擁擁擠擠的熱鬧勁兒。上海大馬路等處入夜也擠挨挨的，但亂七八糟地各有目的，這兒却幾乎滿是逛街的。這種忙裏閒的光景，別處是沒有的。

二

聖陶兄：

這一回說給你我們過西伯利亞的情形。

平常想到西伯利亞，眼前便彷彿一片莽莽的平原，黯淡的斜陽照着，或者遼闊的北風吹着，或者漫天的冰雪蓋着。相信這個印象一半從「勅勒歌」來，一半從翻譯的小說來；我們火車中所見，卻并不如此驚心動魄的——大概是夏天的緣故罷。荒涼誠然不錯，但沿路沒有童山，千裏的青綠，倒將西伯利亞化作平常的郊野了。祇到處點綴着木屋，是向所未見。我們在西伯利亞七日，有五天都下雨；在那牛毛細雨中，這些微微發亮的木屋是有一種特別的調子的。

洲文学发达史》（莆理契著，沈起予译）、《法国浪漫主义》（曾仲鸣著）、《文学理论》（本间久雄著，章锡琛译）、《世界文学史话》（约翰·玛西著，胡仲持译）、《文艺心理学》（朱光潜著）等。这些著（译）作开拓了读者的视野，促进了文学理论在我国的传播，使新文学得到了滋养。

叶圣陶主编《小说月报》期间约请茅盾撰写作家论，开我国现代作家研究风气之先。30年代，经他的倡议，开明书店出版了《关于鲁迅及其著作》（台静农编）、《茅盾评传》（伏志英编）、《郭沫若评传》（李霖编）、《郁达夫评传》（素雅编）、《张资平评传》（史秉慧编），为我国现代文学研究做了铺路的工作。

鲁迅在《两地书·七一》中说："我的生命，碎割在给人改稿子，看稿子，编书，校字，陪坐这些事情上者，已经很不少"。①从某种意义上说，叶圣陶也是把"生命""碎割在给人改稿子，看稿子，编书，校字"这些事情上的，且心怀喜悦，乐此不疲。

《泪与笑》——叶圣陶作的广告之一。

叶圣陶为俞平伯《读词偶得》题签并宣传。

《烙印》——叶圣陶作的广告之二。

① 《鲁迅全集》第11卷第199页，人民文学出版社，2005年。

《人类史话》——叶圣陶作的广告之三。

## 10 "第二个十年"的创作实绩

### 作为大时代"稗史"的《倪焕之》

《倪焕之》共30章，18万字。1927年11月中旬开始写作，1928年11月15日完稿。以"教育文艺"的名义在1928年的《教育杂志》上连载12期（第20卷1—12号），1929年8月由开明书店出单行本。《倪焕之》是我国现代小说发展史上一座巍峨的里程碑。

《倪焕之》真实地反映了从辛亥革命到第一次国内革命战争时期一部分小资产阶级知识分子的思想历程和精神面貌，写到五四、五卅、

创作《倪焕之》时的叶圣陶。

《倪焕之》书影。

四一二这些重大事件对当时青年知识分子的巨大影响，可作为这一时期的思想史来阅读。主人公倪焕之是个有理想有追求的青年，辛亥革命后，他把救国的"一切的希望悬于教育"，真诚地期待着用自己的"理想教育"来推进社会的变革；他还憧憬着一种建立在共同事业基础上的美满爱情，爱慕和追求一个

"志同道合"的师范毕业生金佩璋。然而,严酷的现实破灭了他的"理想教育",家庭生活也越来越琐碎,尤其是金佩璋有了身孕后,对理想和教育都不再有兴趣,这使倪焕之陷入"有了一个妻子,但失去了一个恋人、一个同志"的寂寞和痛苦中。五四期间,在革命者王乐山的影响下,倪焕之放眼"看社会大众",并投身于社会改造活动。在五卅和大革命高潮期间,他参加了紧张的革命工作。可面对四一二的大屠杀,他苦闷又迷茫,怀着幻灭的哀愁痛苦地死去。

茅盾在著名的长篇论文《读〈倪焕之〉》中,称《倪焕之》是"描写了广阔的世间"的"扛鼎"之作。夏丏尊在序文《关于〈倪焕之〉》中,称之为"全力描写时代"的"划一时代"的作品。柳亚子高度评价了叶圣陶敢于真实记录时代风云的胆识与才华,称《倪焕之》是讴歌革命先驱的"楚骚"和"稗史"。《倪焕之》中的革命者王乐山在四一二中被国民党当局缉拿后捆进麻袋,刺死后沉尸秦淮河。柳亚子认定王乐山就是革命烈士侯绍裘。他在悼念侯绍裘烈士的诗中说:"刎颈侯嬴漫怨哀,已从稗史证丰裁。""稗史"即指《倪焕之》。柳亚子在1931年作《新文坛杂咏》七首,其中写叶圣陶的一首云:"光轮未转骨先糜,一语深悲倪焕之。愁见鬼雄来入梦,楚骚哀怨泣江蓠。"①"楚骚"亦指《倪焕之》。瞿秋白也非常推崇《倪焕之》,

《倪焕之》韩文版

《倪焕之》日文版。

以至1935年6月18日在福建长汀就义前特地留下遗嘱,要杨之华将他的"一些材料"交给叶圣陶"作小说"。②《倪焕之》的声誉经久不衰。新中国建立前曾刊印了13版,新中国建立后又出数种版本,还译成英、法、日、俄、德等多种文字出版,为中国现代文学"走向世界"做出了贡献。

### 童话集《古代英雄的石像》和《鸟言兽语》

叶圣陶的第二本童话集《古代英雄的石像》,1931年6月由开明书店出版。内收叶圣陶1929年9月至1931年4月间创作的九篇童话:《古代英雄的石像》《毛贼》《皇帝的新衣》《书的夜话》《含羞草》《蚕儿和蚂蚁》《慈儿》《熊夫人幼稚园》和《绝了种的人》,并附有丰子恺的插图和《读后感》。

这本童话集诞生于中国文坛最黑暗的年代。鲁迅在1931年四五月

---

①叶圣陶1944年6月28日日记,《叶圣陶集》第20卷第251页。

②叶圣陶:《回忆瞿秋白先生》,上海《新民报晚刊》1949年6月28日。

① 英语：猫先生和玫瑰小姐。

② 海尔密尼亚·至尔·妙伦，德国女作家。

③ 《鲁迅全集》第4卷第292—293页，人民文学出版社，2005年。

④ 《申报》1931年3月5日。

⑤ 《鲁迅全集》第8卷第353页，人民文学出版社，2005年。

间写的《黑暗中国的文艺界的现状》中说：当时文艺界所遭受的是"诬蔑，压迫，囚禁和杀戮"，"于是使书店只好出算术教科书和童话，如 Mr.at 和 Miss Rose①谈天，称赞春天如何可爱之类——因为至尔·妙伦（H.Zur Mtihlen）②所作的童话的译本也已被禁止，所以只好竭力称赞春天。但现在又有一位将军发怒，说动物居然也能说话而且称为 Mr.，有失人类的尊严了"。③鲁迅说的这位"将军"，指的是国民党湖南省主席何键，他在1931年2月给国民党政府教育部的咨文中说："近日课本，每每狗说，猪说，鸭子说，以及猫小姐，狗大哥，牛公公之词，充溢行间，禽兽能作人言，尊称加诸兽类，鄙俚怪诞，莫可言状。尤有一种荒谬之说，如'爸爸，你天天帮人造屋，自己没有屋住'。又如'我的拳头大，臂膀粗'等语，不啻鼓吹共产，引诱暴行，青年性根未能坚定，往往被其蛊惑。此种书籍，若其散布学校，列为课程，是一方面铲除有形之共产，一方面仍制造大多数无形之共产。虽曰铲共，又奚益耶。"④很显然，何键不是关心儿童读物，而是害怕"鸟言兽语"中隐含革命思想。于是印有"鸟言兽语"的儿童读物遭到查禁。鲁迅对于这种荒谬的言论予以抨击，在1931年4月1日写的《〈勇敢的约翰〉校后记》中说："对于童话，近来是连文武官员都有高见了；有的说是猫狗不应该会说话，称作先生，失了人类的体统；有的说是故事不应该讲成王作帝，违背共和的精神。但我以为这似乎是'杞天之虑'，其实倒并没有什么要紧的。孩子的心，和文武官员的不同，它会进化，决不至于永远停留在一点上，到得胡子老长了，还在想骑了巨人到仙人岛去做皇帝。因为他后来就要懂得一点科学了，知道世上并没有所谓巨人和仙人岛。倘还想，那是生来的低能儿，即使终生不读一篇童话，也还是毫无出息的。"⑤另一方面，对于当年出版界"拼命向后转的复古风"，鲁迅也感到痛心，他在苏俄班台莱耶夫的《表》的《译者的话》里说："看现在新印出来的儿童书，依然是司马温公敲水缸，依然是岳武穆王脊梁上刺字；甚而至于'仙人下棋'，'山中方七日，世上已千年'；还有《龙文鞭影》里的故事白话译。这些故事的出世的时候，岂但儿童们的父母还没有

童话集《古代英雄的石像》书影。

童话《蚕儿和蚂蚁》插图。

出世呢,连高祖父母也没有出世,那么,那'公益'和'有味'之处,也就可想而知了。"①叶圣陶也在《儿童年与儿童读物》《儿童读物展览会》②等时论中抨击了出版界"拼命向后转的复古风",并用童话创作的实绩回敬反动军阀的谬论,扭转儿童读物一味地模仿西洋童话,以及改编我国民间传说或历史故事的做法,抵制那些宣扬"王子"、"公主"、"英雄"、"魔怪"、"忠臣"、"孝子"、"贤孙"、守"礼"、讲"恕"的"儿童读物"。可见,童话集《古代英雄的石像》在现代文学史上有着重要的意义。

这本童话集里的《古代英雄的石像》,是继《稻草人》之后,又一篇在我国现代童话史上享有盛誉的童话。

一块大石头,还没有经过艺术家雕刻之前,只是一块石头而已。经过钢凿凿刀子刻,就有了英雄像和小石块的区别。石像代表一位英雄,成了人们崇拜的偶像,小石块则垫在石像底下做台基。同是石头,作了英雄像,因为站得高,就骄傲起来,"你们,垫在我下面的,算得了什么呢!"由于它的骄傲,瞧不起人,小石块们不愿做它的台基了。石像先是动怒,"除了你们,世间就没有石块了吗?"后是惊慌,央求小石块们不要故意为难;"央求"不行,就不服气地争辩。石像总以为他代表的是历史上的"实实在在的英雄",而小石块们并不这么看。经过激烈的争辩和思考,石像不愿意再做"空虚"的偶像,不愿再做高高在上的受人膜拜的"石像",自动地"像游泳的人由高处跳到水里"一样地"倒下来","碎成千块万块";小石块们不愿意再做偶像的"台基",也碎成千块万块,所有的石块集合在一块儿,铺成了实实在在的路,开始另一种平凡而有意义的生活,真正进入一个"咱们真平等!""咱们一点儿不空虚!"

①《鲁迅全集》第 10 卷第 437 页,人民文学出版社,2005 年。

②《儿童年与儿童读物》《儿童读物展览会》,《叶圣陶集》第 12 卷。

《皇帝的新衣》插图。

的境界。

叶圣陶在1956年写的《〈叶圣陶童话选〉后记》里谈到《古代英雄的石像》时说：

我当时认为主要的意思放在这篇东西的末了儿。无论大石块小石块，彼此集合在一块儿，铺成实实在在的路，让人们在上边走，这是石块的最有意义的生活。在铺路以前，大石块被雕成英雄像，小石块垫在底下做台基，都没有多大意义。至于大石块被雕成英雄像就骄傲起来，自以为与众不同，瞧不起人：我这么写，只是揣摩大石块当时的"心理"而已。这原是一种不太容易抵抗的毛病，过去时代犯这种毛病的挺多，当前时代也得好好地锻炼才能不犯。我写小石块看见大石块骄傲以后怎么想，也无非按照它们当时的"心理"。①

作者写的是"石块"，阐述的却是做"人"的极其平凡而又极其

深刻的哲理。

童话集《古代英雄的石像》出版后，叶圣陶又创作了童话《将做些什么》《鸟言兽语》《火车头的经历》，这三篇童话连同1934年6月出版的《开明国语课本》里的《月姑娘的亲事》《最有意义的生活》，以及1924—1925年间创作的《牧羊儿》和《聪明的野牛》辑为一集，取名为《鸟言兽语》，编在《叶圣陶集》第四卷中。叶圣陶在《〈叶圣陶童话选〉英译本自序》里谈到《鸟言兽语》和《火车头的经历》的写作背景时说过："写《鸟言兽语》是在墨沙里尼（墨索里尼）发动侵略阿比西尼亚的时候。写《火车头的经历》是在日本帝国主义侵略我们中国，我们中国人民都要起来抵抗，可是反动的国民党政府却不许人民起来抵抗的时候。"②

阿比西尼亚（即埃塞俄比亚）位于非洲东部，国土肥沃，有金、银、煤、铁、铜、石油等矿藏，又有棉花、糖、咖啡、麦类、谷类及畜业等农牧业，享有"非洲瑞士"之称。意大利对阿垂涎已久，墨索里尼的名言是"宁舍和平而求生活"。1935年10月2日，墨索里尼在维尼齐亚宫阳台向全国发表演说，以阿是"野蛮国家"为由，动员对阿宣战。童话借麻雀和松鼠游历的见闻，对"文明"和"野蛮"的定义作深入的探究，得出这样的结论：大批失业工人高喊"要工作"、"要吃饭"，绝非那些警察所说的"像狗一样乱汪汪，

① 《叶圣陶集》第18卷第322页。

② 《叶圣陶集》第18卷第326页。

童话《鸟言兽语》插图。

乌鸦一样乱聒噪"的"鸟言兽语"，而是最简单、最合乎情理的"人言人语"；"没有快枪、大炮、飞机、坦克"的阿国人民，决不是墨索里尼所诋斥的"野蛮"，他们高举"长矛和破后膛枪"，奋起抗击意国"文明"军队入侵的壮举，誓死保卫祖国的誓言，"才是'人言人语'"。镇压爱国运动的反动派，以及像墨索里尼这样的侵略者，他们的叫嚣才是地地道道的"鸟言兽语"。童话中还描写了墨索里尼演说时的狰狞面目：

"抗战"前的叶圣陶。

忽然军鼓打起来了，军号吹起来了，所有的军士都举手行礼。一个人走上铜像下边的台阶，高高的颧骨，犀牛嘴，两颗突出的圆滚滚的眼珠。他走到铜像跟前站住，转过来，脸对着所有的军士，就开始演说。个个声音都像从肚肠里迸出来的，消散在空中，像一个一个炸开的爆竹。

"咱们的敌人是世界上最野蛮的民族，咱们要用咱们的文明去制服他们！用咱们的快枪，用咱们的重炮，用咱们的飞机，用咱们的坦克，叫他们服服帖帖地跪在咱们脚底下！他们也敢说什么抵抗，说什么保护自己的国土，真是猪的乱哼哼，鸭子的乱叫唤！今天你们出发，要拿出你们文明人的力量来，叫那批野蛮人再也不敢乱哼哼，再也不敢乱叫唤！"①

据说墨索里尼就是这个长相，他当年用的也就是这一类的语言。《火车头的经历》以上海学生要求抗日赴南京请愿，遭到反动政府的阻挠破坏为背景，用"火车头"的口气，歌颂了青年学生纯洁、正义，勇于奋斗、不怕牺牲的大无畏精神，全篇充溢着豪迈的英勇气概，以及必胜的信念。童话开篇是"火车头"的自我介绍，可风趣了：

我出身英国的机器厂，到中国来给中国人服务。我肚子大，工人不断地铲起又黑又亮的煤块给我吃，我就吃，吃，吃，永远也吃不够。煤块在肚子里渐渐消化，就有一股力量散布到我的全身，我只想往前跑，往前跑，一气跑上几千几万里才觉得畅快。我有八个大轮子，这就是我的脚，又强健，又迅速，什么动物的脚都比不上。我的大轮子只要转这么几转，就是世界上最快

① 《叶圣陶集》第4卷第267页。

的马也要落在背后。我有一只大眼睛，到晚上，哪怕星星月亮都没有，也能够看清楚前边的道路。我的嗓子尤其好，只要呜——呜——喊几声，道旁边的大树就震动得直摇晃，连头上的云都会像水波一样荡漾起来。

我的名字叫机关车。但是不知道为什么，人都不喜欢叫我这个名字，也许是嫌太文雅太不亲热吧。他们愿意像叫他们的小弟弟小妹妹那样，叫我的小名——火车头。

我到中国来了几年，一直在京沪路上来回跑：从南京到上海，又从上海到南京。这条路上的一切景物，我闭着眼睛都说得出来。宝盖山的山洞，几个城市的各式各样的塔，产螃蟹著名的阳澄湖，矗起许多烟囱的无锡，那些自然不用说了。甚至什么地方有一丛竹子，竹子背后的草屋里住着怎样的一对种田的老夫妻，什么地方有一座小石桥，石桥旁边有哪几条渔船常来撒网打鱼，我也能报告得一点儿没有错儿。我走得太熟了，你想，每天要来回一趟呢。①

"火车头"是爱国者的化身，他情愿为"学生、农人、老婆婆、游历家"服务，讨厌那些车上舞场寻欢作乐的特权者；他同情请愿的学生，愿意"早一点儿"把他们送到目的地。然而，司机受到"再往前开，非枪毙不可"的威胁，藏起来了；铁轨被当权者拆了，火车头

"急得要命"。当他"带着这样慷慨的学生，还有他们的热烈的无畏的心"前进的时候，他是热情澎湃，所向无敌的；他向那些高唱《开路先锋》抢修铁路的学生致敬："你们能够修路，一切障碍就等于一张枯叶。……你们的路修到哪里，我就带着你们往哪里飞奔！"不难看出，作者在塑造"火车头"的这个童话形象的时候，他心里一定是充满着义愤和激情。《鸟言兽语》和《火车头的经历》，对如何用童话这一文学形式描绘时代风云、描写重大的社会题材，提供了有益的经验。

### 短篇杰作《多收了三五斗》

"第二个十年"，叶圣陶出版的作品还有散文和短篇小说合集《脚步集》，②收散文、随笔十篇《读书》《"双双的脚步"》《与佩弦》《国故研究者》《"怎么能"……》《"心是分不开的"》《两法师》《假如我有一个弟弟》《过去随谈》《做了父亲》，小说两篇《李太太的头发》《某镇纪事》，卷首有《作者自记》。

1935年，叶圣陶出版了散文集《未厌居习作》，③收《自序》《没有秋虫的地方》《藕与莼菜》《看月》《牵牛花》《天井里的种植》《速写》《苏州光复》《说书》《昆曲》《几种赠品》《三种船》《读书》《养蜂》《薪工》《文明利器》《"怎么能……"》《"双双的脚步"》《假如我有一个弟弟》《做了父亲》《中年人》《儿子的订婚》

---

① 《叶圣陶集》第4卷第271—272页。

② 上海新中国书局，1931年。

③ 上海开明书店，1935年。

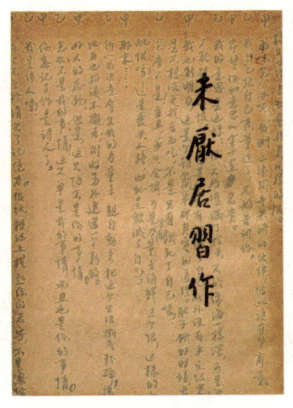
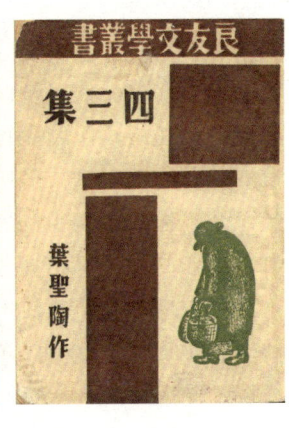

（左）《脚步集》书影。

（中）《未厌居习作》书影。

（右）《四三集》书影。

《过去随谈》《将离》《客语》《回过头来》《捐枪的生活》《随便谈谈我的写小说》《战时琐记》《没有日记》《"心是分别不开的"》《与佩弦》《两法师》《不甘寂寞》《过节》《诗人》《水患》等36篇。1936年，叶圣陶虚龄43岁，8月，上海良友图书印刷公司出版了他的短篇集《四三集》。叶圣陶认为人的年龄应该按"中国算法"计算，"十月怀胎"，在妈妈肚子里已经长了十个月，出生时就一岁了，用年龄为集名就叫《四三集》。集中收《投资》《多收了三五斗》《逃难》《"感同身受"》《得失》《一个小浪花》《丁祭》《一篇宣言》《英文教授》《招魂》《老沈的儿子》《席间》《秋》和《乡里善人》14篇，写于1932—1937年的六年间，篇篇精彩，最有名的当推《多收了三五斗》。

《多收了三五斗》从1932年秋天开始酝酿，到1933年7月1日在《文学》杂志创刊号上发表，历时九个月之久。小说以他曾经生活过的水乡古镇甪直为背景，只写了一个"横断面"——农民粜米这一个片段。因为截取在要紧的所在，读者犹如看一株大树的横断面，仔细检查年轮，也可以知道这株树的生长过程一样，看到整个事件的全貌。江南一年二熟，春季的蚕茧，秋季的稻谷。农民纳租、完税、还债、赎当、娶妇、嫁女，全指望这春秋二熟上。抓住粜米，也就是抓住了生活中的关键时刻。

小说的主人公不是张三，也不是李四，作者刻画的是旧毡帽朋友的群像。在粜米的过程中，他们询价、论价、讨价、还价，粜与不粜米的犹豫，择地而粜的设想，以及粜米时米质好坏的争议，斛子浅满的争辩，给银圆与给钞票的争执，不仅写出了旧毡帽朋友们"今年亏本比去年（去年是水灾，收成不好，亏本）都厉害"的遭遇，而且形象地概括了丰收成灾的社会原因：洋米洋面充斥市场，商人垄断市场操纵粮价，重重捐税加重了对农民的剥削。这些社会原因又是互相纠结在一起的：帝国主义、封建官僚、高利贷者、投机商人，像一重又一重的网罗，把旧毡帽朋友逼得走投无路，只好剜肉补疮，忍痛把稻米贱价卖给万盛米行。随后，作者描写旧毡帽朋友上街购物的场景，借用水乡古镇的一角，把旧毡帽朋友的贫困与民族工商业的凋敝联结在一起；把洋米洋面充斥市场，致使丰收成灾这一严酷的现实，与洋油、洋布、洋皂、洋镜、洋火等种种洋货遍布城镇，把我国的民族工商业排斥殆尽的情景联结在一起，深化了小说的主题。最后，旧毡帽朋友在船头借酒浇愁，意识到"路路断绝"，从而产生了宁愿"吃枪"，也不愿坐以待毙的反抗意识，要效法丰桥农民闹抢米，要寻求新的斗争的道路。

江南水乡历来是我国的富庶之地，素有"天堂"之美称。而"人间天堂"的旧毡帽朋友尚且濒于绝境，那么，挣扎在广大贫苦和偏僻乡村里的农民的命运更是不堪设想了。农业为百业之本。农业之盛衰，不惟整个国家经济盛衰之所系，更与大多数国民生死存亡有关。因农村经济的破产、民生不安、民食之匮乏而导致的暴动、骚乱、闹荒、离开土地流向城市的浪潮，从本质上揭示了社会的黑暗及其必然崩溃的历史趋势。

## 小学语文教材的经典——《开明国语课本》

20世纪30年代初，文坛的"落寞"不仅表现在"质"的方面，"缺少惬意的作品"，也表现在"量"的贫乏。有些作家迎合书商的需要，编撰起销路看好的"教科书"。结果是鱼龙混杂，"教科书"出版情况相当混乱。

在开明书店老板章锡琛的鼓励下，叶圣陶也编写了一部"国语课本"。他在《我和儿童文学》一文中说："在儿童文学方面，我还做过一件比较大的工作。在1932年，我花了整整一年时间，编写了一部《开明小学国语课本》，初小八册，高小四册，一共十二册，四百来篇课文。这四百来篇课文，形式和内容都很庞杂，大约有一半可以说是创作，另一半是有所依据的再创作，总之没有一篇是现成的，是抄来的。给孩子们编写语文课本，当然要着眼于培养他们的阅读能力和写作能力，因而教材必须符合语文训练的规律和程度。但是这还不够。小学生既是儿童，他们的语文课本必得是儿童文学，才能引起他们的兴趣，使他们乐于阅读，从而发展他们多方面的智慧。当时我编写这一部国

《开明国语课本》第一册书影。

《开明国语课本》第五册书影。

语课本，就是这样想的。"①《开明国语课本》配了丰子恺的绘画，图文并茂，成了开明书店的"社传宝书"，仅新中国成立前就印了四十多版。

《开明国语课本》第一个特点是指导思想纯正，不是为了灌输知识，应付考试，而是从社会对于教育的要求出发，讲求科学性，侧重于帮助学生掌握系统的学习方法。在"符合语文训练的规律和程度"的前提下，让学生得到实实在在的"教育"；不仅仅是培养阅读能力和写作能力，还要提高他们的思想素养，陶冶他们的心灵。课文的内容都与"儿童生活"相适应，采用做游戏、讲故事、介绍见闻、探讨辨析等方式，由近及远，由浅入深，循序渐进；思想和信仰全都浸透在课文里，循循善诱，娓娓道来。语言是纯粹的白话，是亲切的"口语风"。

《开明国语课本》第二个特点是从儿童的性情出发，用的是孩子们喜爱的口吻，处处彰显孩子们特有的童心、童贞和童趣。初小课文的主人公大多是天真的孩子，可爱极了，如：

《种痘》（初小第二册）
爸爸种豆，种在地上。
医生种痘，种在臂上。
弟弟对医生说："这是我的臂，不是园地。你种错了没有？"
医生说："大家要种痘，种痘防天花。"

《"现在都洗干净了"》
（初小第二册）
弟弟洗过了脸，说："泥人脸上不很干净，我来洗一洗。"
他用水洗泥人的脸。洗过再看，他说："泥人的脸怎么洗不干净的？"

孩子们读了这么风趣的课文，既增加了知识，又丰富了想象力、培养了思辨的能力和观察的能力。高年级的课文也都用孩子们的视角来写，新颖灵动，富有情趣。高小第一册里《不用文字的书和信》，介绍我国古代"结绳记事"以及世界上其他民族用"贝壳"记事、用"实物"传递信息的方法，融知识于趣味之中。请看其中写"信"的一段文字：

① 《叶圣陶集》第9卷第323—324页。

从前有一个民族送给相邻的民族一封信。这封信一共四样东西：一只死鸟，一只死老鼠，一只死青蛙，还有五支箭。这些东西包含着什么意思呢？就是说："你们能像鸟儿一样在天空中飞，像老鼠一样在地底下藏，像青蛙一样在湖面上跳跃吗？如果不能，休想跟我们打仗。什么时候你们的脚踏上我们的土地，我们就用乱箭来对你们！"

这样天真活泼的话，也只有孩子们才说得出来。

《开明国语课本》第三个特点是对于各种文体兼容博采。叶圣陶在关于国语课本的《答语》中说："我所谓文体，系指记状、叙述、解释、议论等基本体式而言。我们用语言文字表情达意，就离不了这些体式。国语课本怎能不把这些体式都收纳进去？我所谓文体，又指便条、书信、电报、广告、章程、意见书等实用文的体式而言。这些体式都是日常需用，随时随地会接触到的。国语课本怎能不示一些范式？"《开明国语课本》有"文艺性"的课文，也有"实用性"的课文。前者是为了了解"经典"，学会欣赏；后者是为了学会记日记，写信，写报告，写建议，写演讲稿，这是日常生活不可或缺的。

我国适宜儿童吟咏的诗歌尤其少，编入教科书里的儿歌，往往缺少诗意，成人气味太浓。《开明国语课本》里的诗歌，写月亮、菜秧、春风、雪花、采棉、时钟、牧羊、燕子、萤火虫、蜗牛、龟兔、蜘蛛、学校、农人和野兔、菊花、赛跑、市集、池塘、小鸟、彩虹、长江、秋天、蒲公英、青蛙、新年、踢毽子、云彩、瀑布、动物园等，篇篇契合孩子们的兴趣爱好和欣赏习惯，为孩子们喜闻乐见。《小萤虫》（初小第三册）像一幅淡淡的素描，寥寥数笔，就勾画出了夏夜的宁静、

《开明国语课本》课文之一。

《开明国语课本》课文之二。

农家的辛劳以及孩子们天真的遐想：

  小萤虫，点灯笼，
  飞到西，飞到东。
  飞到河边上，小鱼正做梦。
  飞到树林里，小鸟睡得浓。
  飞过张家墙，张家姊姊忙裁缝。
  飞过李家墙，李家哥哥做夜工。
  小萤虫，小萤虫，
  何不飞上天，做颗星儿住天空？

《蜗牛看花》（初小第四册）描绘了一花引来百花开的明媚春色，赞美了蜗牛"爬墙"看花的恒心和毅力：

  墙顶开朵小红花，
  墙下蜗牛去看花。
  这条路程并不短，
  背着壳儿向上爬。

  壳儿虽小好藏身，
  不愁风吹和雨打。
  爬得累了歇一会，
  抬头不动好像傻。

  爬爬歇歇三天半，
  才到墙顶看到花。
  无数花开朵朵红，
  一齐笑脸欢迎它。

小红花起初只有一朵，过了"三天半"，就开遍了墙顶。蜗牛原本只想爬上墙去看一朵花，当它经过艰难的跋涉爬上墙顶时，看到的竟是"无数花开朵朵红"。诗的思想和意境都很美。

  《开明国语课本》出版后，立即轰动了教育界和出版界，报刊连篇累牍发表评论，称誉教科书的"形式和内容俱足称后起之秀，材料活泼隽趣，字里行间，流露天真气氛，颇合儿童脾胃。材料亦多不落窠臼，恰到好处"。教育部在审定的"批语"中说：这套课本"在我国小学教科书中创一新例"。黎锦熙在评语中说："叶先生之文格与丰先生之画品，竟能使儿童化，而表现于此课本中，实小学教育前途之一异彩。"[①] 近年来，在全社会关注中小学语文教育的大背景下，《开明国语课本》由多家出版社重印，又获得了前所未有的好评。行家们都说这是一部能引起年长者对童年记忆的怀旧读物，是对教师提供借鉴的辅导读物，是孩子们开智的读物。

### 中学语文教材的精品——《开明国文讲义》《国文百八课》

  为了使那些无"资格"攀登学府门墙的青年人也能受到学校教育，1932年春，叶圣陶和夏丏尊发起并创办了开明函授学校。按照当时教育部规定的课程，以及社会所需要的各种知识，分别请专家编撰各类讲义，采用发讲义和练习册，以及批改作业的方式，指导函授学员；

---

[①] 商金林：《叶圣陶年谱长编》第1卷第475页，人民教育出版社，2004年。

为了促使学员联络感情，交流知识，还印行名为《学员俱乐部》的杂志，分赠给学员。请看开明函授学校社长及各科讲师名单：

| 社长 | 夏丏尊 | |
|---|---|---|
| 各科讲师 | | |
| 党义 | 邵力子 | 张梓生 |
| 法制 | 陶希圣 | |
| 经济 | 刘叔琴 | |
| 国文 | 夏丏尊 | 叶圣陶 |
| | 宋云彬 | 陈望道 |
| 算学 | 章克标 | 刘薰宇 |
| 英文 | 林语堂 | 林幽 |
| 历史 | 王钟麒 | 宋云彬 |
| | 倪文宙 | |
| 地理 | 息予 | 傅彬然 |
| | 邓启东 | |
| 物理 | 沈乃启 | |
| 化学 | 程祥荣 | |
| 动物、植物 | 缪维水 | 薛德焴 |
| | 薛德熉 | |
| 生理、卫生 | 薛德熉 | |
| 图书、音乐 | 丰子恺 | |

此外，还有课外讲师及顾问：王庆曾、王鞠侯、吴觉农、周予同、周建人、胡愈之、范寿康、茅盾、章锡琛、陈超仑、郑尧拌、顾寿白等十二人。阵容极为强大，大都是教育学术上知名人士及社会上有名的人物。讲师既是编写讲义的人，也是函授的教师，不是用口而是用笔来教授。这在旧中国可以说是一个创举。

叶圣陶三个字是与我国现代教育，尤其是现代语文教育联系在一起的。早在1912年，叶圣陶在苏州言子庙小学执教时就较全面地思考过语文教授。1915年在尚公学校任教时就为商务印书馆编纂过国文教科书，撰写过关于国文教授的论文。1917年在甪直镇吴县第五高等小学执教时，自编国文教材。此后，在吴淞中国公学、杭州第一师范、北京大学和协和大学以及立达学园讲学期间，叶圣陶都曾自编过教材，经过长达近二十年的探索和实践，

（左）《开明国文讲义》第一册。
（中）《开明国文讲义》第二册。
（右）《开明国文讲义》第三册。

进入1930年后，叶圣陶的语文教育思想更趋于系统化、科学化。

编撰完了"小学初级学生"和"小学高级学生"用的《开明国语课本》之后，叶圣陶和夏丏尊、宋云彬、陈望道合编并于1934年出版了《开明国文讲义》，这是为开明函授学校编写的国文教材，全书共3册。第一、二册注重文章的类别和技术方面，第三册注重在文学史的了解方面。每篇选文后附有解题、作者传略与语释。第一、二册每四课设有一篇文话，用谈话式的体裁，述说关于文章的写法、欣赏种种方面的项目，又活泼、又精密。第三册每三课设有一篇文学史话，讲文学的时代和社会背景。文化、文学史话和选文互相照应，相互印证。第一、二册每隔四篇选文还有一篇关于文法、修辞的讲话，这两部分注重理解和使用，竭力避免机械的术语和过细的分析，务使读者修习之后，对于语言、文字的规律具有扼要的概念，并且养成正确的精当的表达习惯。文化、文学史话、文法、修辞讲话的后面都有复习性或测验性质的练习。这套教材的特点是体例新颖，内容丰富，浅明易解，便于自学，注重应用。

1935年，叶圣陶与夏丏尊合编"初中国文课教学自修用"的《国文百八课》（六册，每册十八课，后二册未能出版）。这是一部侧重文章形式的书。在《编辑大意》和《关于〈国文百八课〉》中，提出了很多新的思想。叶圣陶第一次明确提出，国文课是一门科学。他说："在学校教育上，国文科一向和其他科学对列，不被认为一种科学。因此国文科至今还缺乏客观具体的科学性。本书编辑旨趣最重要的一点就是想给国文科以科学性，一扫从来玄妙笼统的观念。"这些话切中了以往语文教学的要害，为语文学科建设指明了方向。《国文百八课》在选文和编排上有很多特点。第一，选材范围尽量放宽，兼顾到各种文体，特别提出应用文入选，应用文应该成为中学国文教学上的一个重要项目。他们认为"洋洋洒洒的富有情趣的材料固然选取，零星的便笺、一条一条的章则、朴实干燥的科学的记述等也选取"。应用文在教材里和其他文章同样处理，这在当时的国文课本中是别具一格的。第二，单元编排，形成完整严密的科学体系。"本书每课为一单元，有一定的目标，内含文话、文选、文法或修辞、习问四项，各项打成一片"；"每课所列课文，以文话

与夏丏尊合编的《国文百八课》。

为中心。"文话讲文章知识,"百八课"指"文章"有108个项目,或者说代表了文章的108个方面。每一课的文选均列古今两篇文章为范例;文法或修辞从文选中取例,并保持自己的系统;习问是对前三项的复习巩固。从纵的方面看,四项都有一定的系统,构成全书完整严密的体系。单元编排的形式,从《开明国语课本》提出并且实行,到这套教材都有进一步的发展。这种形式也成为以后教材编写的特点之一。

1937年6月,叶圣陶与夏丏尊合编的《修正课程标准适用〈初中国文教本〉》(六册)由开明书店出版,这是"供初级中学国文科精读教学"采用的一套教科书。"本书含有精读范文及文章法则两项教材,文章法则又分甲乙两部。甲部提示文法要项,乙部提示文章理法。皆按照范文分别安插,即以范文为例证,全体打成一片。"为了方便学生的自学和老师的教学,范文中的生字难句及故事详加注释。

《开明国语课本》《开明国文讲义》《国文百八课》《初中国文教本》,可以说是这个时期语文教材的范本,为我国现代的语文教材建设打下了良好的基础。尤其是《国文百八课》和《初中国文教本》的编辑思想和编排体例至今仍可借鉴。叶圣陶抱着试验和改革的态度,对教材,尤其是语文教材的建设,"筚路蓝缕,以启山林",做出了重大的贡献。

## 《文心》和《文章例话》

朱自清曾经很感慨地说过:大凡深入浅出的书,配写的人不肯写,以为这将自贬身价;肯写的人又往往写不好,他还缺乏专业知识。弄得青少年因此无书可读,学术著作也显出谫陋和荒芜。鲁迅写《大家降一级试试看》,批评"学术界文艺界作工的人员,大抵都比他的实力凭空跳高一级",希望"大家都降下一级去",[①]这对于青少年读者尤为重要。叶圣陶乐于"降一级",既为青少年读者写文学作品,也为他们写"学术著作"和理论读物。

1933年1月,叶圣陶和夏丏尊合写的读书故事《文心》开始在《中学生》杂志上连载,1934年6月由开明书店出版。《文心》"用小说体裁叙述学习国文的知识和技能",人物贯穿全书,通过师生之情、亲子之爱、朋友之谊及其各种活动,写出了诗歌、小说、戏剧以及各种应用文的阅读、欣赏、写作(创作)等方方面面的知识,正确的,加以肯定;错误的,提出批评;既谈理论,也讲方法。每项知识都用一个相应的场面来衬托,使抽象的国文知识和中学生的生活史,以及社会上的时事交融在一起,生动又形象,比喻得极适切,极醒豁。例如作者在区分叙事文和小说时说:"叙事文好比照相,只须把景物照在上面就完事;小说却是绘画,画面上的一切,全由画家的意识情感支配着的。"

---

[①] 《鲁迅全集》第4卷第561、562页,人民文学出版社,2005年。

在《文心·鉴赏座谈会》中有谈鉴赏的一段文字:

> "鉴赏"二字,粗略地解释起来只是一个"看"字。真的,所谓鉴赏除音乐外,离不掉"看"的动作。看文章,看绘画,看风景,都是"看"。鉴赏的"鉴"字,就是"看"字的同义语。不过同是一个看的动作,有种种不同的程度,和"看"字相似的字,从来有"见"、"视"、"观"三个,这三个字,如果查起字典来,都是"看"的意思,其实程度各各不同。"见"只是见到、看见,并无别的复杂的心理作用可言,"视"就比较复杂了,"视"不但见到、看见,还含有查察的分子,医生看病叫"诊视",调查某地方的情形叫"视察",凡是与"视"字合成的词,差不多都有查察的意义。"观"字更复杂,与"观"字合成的词,意义都不简单,如"观念"、"观感"、"人生观"、"宇宙观"之类,都是难下简括的注解的。同是一个看,有"见""视""观"三个阶段,我们看到别人的一篇文章或是一幅画是"见",这时只知道某人曾作过这么一篇文章或一幅画,其中曾写着甚么而已。对于这一篇文章或一幅画去辨别它的结构、主旨等等是"视",比"见"进了一步了。再进一步,身入其境地用了整个心去和它相对,是"观"。"见"只是感觉器官上的事,"视"是知识思辨上的事,"观"是整个的心理活动。不论看文章或看绘画,要到了"观"的境界,才够得上称鉴赏。"观"是真实的受用,文章或绘画真滋味,要"观"了才能亲切领略,用吃东西来做譬喻,"观"是咀嚼细尝,"见"和"视"只是食物初入口的状态而已。①

① 《叶圣陶集》第13卷第442—443页。

这些论述就近取譬,通俗易懂。因为有着丰富的语文教学经验,说来新颖隽妙,恰到好处。朱自清和陈望道分别作《序》,提举要旨,给《文心》以极高的评价。《文心》可以作为文章做法读,可以作为"文学入门"读,也可以作为一本小说来读。书中写到的青年学生的做人和求学的态度,足为青年的模范,因而被誉为"青年阅读和写作的宝典","为天下之至文"。②

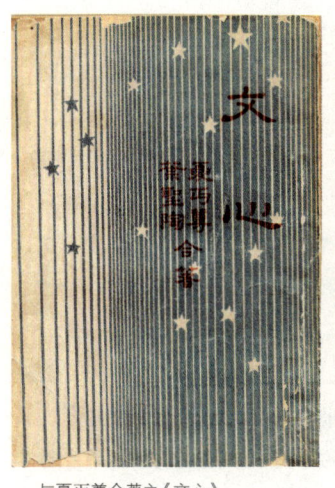

与夏丏尊合著之《文心》。

《文章例话》书影。

② 潘荫培:《从文学革命谈到〈文心〉》,《中学生》1934年11月号。

1936年1月,《新少年》半月刊创刊,为了帮助青少年学生养成良好的阅读习惯和"正当的写作态

"第二个十年"的创作实绩

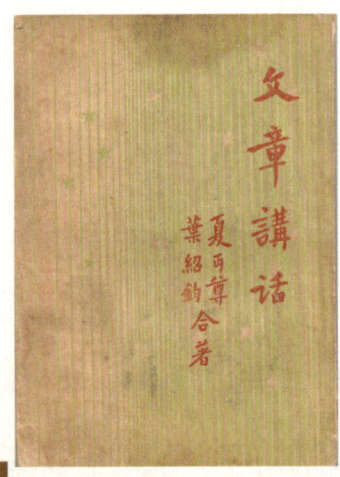
《文章讲话》书影。

《中学生文艺》购书优待券。

度",领悟作文要道,开设了"文章展览"专栏,叶圣陶每期选一篇"切近少年意趣和观感"的"现代文",连同他写的评述一同发表,后汇编成集,取名《文章例话》,篇目有《朱自清的〈背影〉》《夏丏尊的〈整理好了的箱子〉》《茅盾的〈浴池速写〉》《俞庆棠的〈一封公开信〉》《巴金的〈朋友〉》《鲁迅的〈看戏〉》(小说《社戏》开头的部分)、《徐志摩的〈我所知道的康桥〉》《刘延陵的〈水手〉》《周作人的〈小河〉》《丰子恺的〈现代建筑的形式美〉》《苏雪林的〈收获〉》《赵元任的〈科学名词跟科学观念〉》《胡适的〈差不多先生传〉》《夏衍的〈包身工〉》《郭沫若的〈痈〉》《沈从文的〈辰州途中〉》《韬奋的〈分头努力〉》《丁西林的〈压迫〉》《萧乾的〈邓山东〉》《老舍的〈北京的洋车夫〉》(选自《骆驼祥子》第一章)、《蔡元培的〈杜威博士生日演说词〉》《徐盈的〈从荥阳到汜水〉》《胡愈之的〈青年的憧憬〉》和《尤炳圻的〈杨柳风〉序》。

《文章例话》涵盖了议论文、说明文、记叙文(抒情文)、演说词、书信、小说、诗歌、话剧、随笔、旅行记、报告文学、传记、序文等,在引领阅读时,叶圣陶侧重提示这诸多文体各自的鲜明特色,让读者在如何阅读、欣赏以及如何学习写作、如何做人等方面收到实实在在的教益。其强调得最多的还是要学会鉴赏。他说"鉴赏"就是"通过文字去接触作者的所见所感","通过文字的桥梁"去"接触作者的意境"、"接近作者的旨趣","和作者的心情相契合"。因为"文字"是"桥梁","读者必须把握住语言文字的意义和情味","辨出真滋味来"。"辨",不是"被动"的接受,而是"主动"地"研究"、"考察","着眼于艺术"、"从生活方面去体验","驱遣我们的想象",去领会"极关重要"的"言外之意,弦外之音","认识世界,体会人生",体味到作为"骨子"的"高尚的思想、情感、意志",从中"接受美感的经验,得到人生的受用"。他说"鉴赏"是一种愉快的精神活动。他的"鉴赏"都进入了他在《文心·鉴赏座谈会》中所说的"观"的境界。无论是指点文章的好处,还是说明某类文章的做法;是全面的欣赏,还是只谈其中的一个部分,都能虚怀求益,深切领悟,咀嚼出"真滋味"来,读来受益匪浅。

# 烽火漫天走巴蜀

## "不扫妖氛誓不还"

到了30年代,叶圣陶的心与社会和革命事业贴得更紧。1930年9月17日是鲁迅五十生辰,他和茅盾、柔石、冯雪峰以及史沫特莱女士等三十余人一起集资设宴为鲁迅祝寿。1931年1月17日,宋庆龄、蔡元培、杨铨、胡愈之、鲁迅、茅盾等人组织的中国民权保障同盟上海分会正式成立,叶圣陶是该会的会员。同日,左翼作家胡也频被国民党反动派逮捕;1933年5月14日,丁玲和潘梓年被国民党当局拘捕,叶圣陶竭尽全力参与营救。一·二八后,叶圣陶加入上海文化界反帝抗日大联盟,呼吁全民抗日。1935年6月18日,无产阶级革命家瞿秋白在福建长汀被国民党反动派杀害,就义前留下遗嘱,让杨之华将他的"一些材料"交给叶圣陶"作小说"。为了纪念瞿秋白,叶圣陶协助鲁迅和胡愈之等收集瞿秋白遗稿,参与集资排印《海上述林》。1936年10月19日鲁迅逝世。叶圣陶于次日赴万国殡仪馆吊唁。10月22日,参加鲁迅葬仪。11月1日,发表《鲁迅先生的精神》,讴歌鲁迅的"伟大"、"刚强",称颂鲁迅的精神"正在发荣滋长";并在他主编的《中学生》第六十九号刊登纪念文章及葬仪上的照片和绘画。11月15日,又发表诗题为《挽鲁迅先生》,诗云:

木坏山颓万众悲,
感人岂独在文辞。
暖姝凤恨时流态,
刚介真堪后死师。
岩电烂然无不照,

《中学生》杂志悼念鲁迅图片。

鲁迅先生逝世余作挽诗一律今尚能记忆录之

木坏山颓万众悲，感人岂独在文辞。
媸妍恨时流态，刚介真堪后死师。
岩电灿然无不照，遗容穆若见深慈。
相濡以沫沫成海，试听如潮继志词。

挽鲁迅诗。

日寇轰炸上海。

日寇侵略上海。

遗容穆若见深慈。
相濡以沫沫成海，
试听如潮继志词。

诗中的"相濡以沫"，援引的是鲁迅写给他的信中话。作为伟大的文学家、思想家和革命家，鲁迅的"志"向首位的是爱国。叶圣陶也是一位爱国志士。1931年9月18日，日本侵略军夜袭沈阳，开始向我国东北大举进犯，蒋介石事前向东北军下了严禁抵抗的命令，叶圣陶极为愤慨，在与夏丏尊合写的《知与情意》中说：

我们翻开地图来看，辽宁、吉林明明是我国的土地，那里住着百千万我们的同胞。但是，此刻在那里杀人放火的是日本的军队，此刻在那里奔跑示威的是日本的战马和炮车，而此刻在那里呼号啼哭受尽痛苦的是我们的同胞！想到这里，心中的愤恨像火一般燃烧起来了。

日本帝国主义是我们的仇敌，我们要有结实的拳头来对付他！但是，我国政府却去告诉国际联盟，要国际联盟出来说话。国际联盟原来是帝国主义的团体，流氓与流氓是一伙儿，对我们难道会有好处么？

1937年七七事变爆发。叶圣陶参与主编的大型综合性文摘类杂志《月报》，在出版完"华北事变临时增刊"后被迫停刊。8月13日，日本帝国主义发动对上海的大规模进攻。开明书店的编译所、图书馆、印刷厂以及书纸仓库,全部轰毁,损失达全部资产的百分之八十以上。叶圣陶和开明同仁不忍心惨淡经营了十多年的事业就此"拉倒",非竭力挣扎干下去不可,遂和经理章锡琛、范洗人,以及开明书店汉口分店经理章雪舟议定在杭州会齐,取道吴兴、长兴、宣城先到芜湖,然后乘轮船到汉口,准备在汉口筹建编辑部。

不料尚未出发,苏州就频频告急。叶圣陶不得不于9月21日携老母、妻子胡墨林、儿子至善和其未婚妻夏满子(夏丏尊的小女儿),以及至美、至诚离开苏州,举家西迁,历经千辛万苦来到汉口。

12月上旬,从上海运往汉口的美成印刷厂的印刷机械以及开明书店的书籍纸张,在镇江白莲泾附近遭劫。12月12日,南京被围,武汉人心浮动,许多工商业开始撤离武汉,开明书店也只好放弃在汉口建立书业基地的计划。这时,苏州已经失陷。叶圣陶从报上看到家乡有人当了汉奸,成了所谓"维持会"中的傀儡,他跺了跺脚说:"这批人若不消灭净尽,我真耻为苏州人。"

文化人抗日誓言。

《月报》创刊号广告。

夏丏尊和王伯祥写信劝他返回上海,他在12月24日的回信中说:上海犹如"孤岛",决不自投罗网。重庆是"陪都",宁肯"饿死",也要入川,"择一途径,贡其微力","不扫妖氛誓不还"。

### 在重庆安顿了十个月

1938年1月9日,叶圣陶一家到达重庆。

叶圣陶到重庆巴蜀学校教国文、重庆中央国立戏剧学校教写作课,又应陈子展和伍蠡甫邀请到复旦大学教文法、修辞和写作课。那时,复旦大学在北碚,条件极差。从重庆去北碚,乘船溯嘉陵江而上,要走五六个小时。遇江水暴涨出现所谓"沙水"时,浊浪入舱,衣衫尽湿,叶圣陶每两周去一次,一到那里就要上半天的课(五课时),第二天

复旦大学。

① 《叶圣陶集》第24卷第141页。

离渝前与巴蜀学校学生留影。

再上一天课,然后坐船赶回来,疲倦不堪。他在5月8日给上海朋友的信中说:"教了三个月的课,觉得担任太多了吃不消。弟讲课惯用高音,语语使劲,待下课时累得要命,有几天连上五节,待回来看见椅子就坐下,再也不想起来了。"①

叶圣陶"登台作教",是生活所迫,也是图"心有所寄"。刚到重庆,生活艰难。至善和至美念中学,每学期的学费、制服费和膳费就要上百元;至诚念高小,也得花费,日子过得挺紧的,加上旅途劳顿和水土不服,一家人轮流生起病来。先是至诚患痢疾,看了西医看中医,总不见疗效,"四肢骨出,如照片上之难童"。至诚的病还没有好,满子又患了湿症,发烧腹泻。满子的病未愈,胡墨林突然腹痛发烧。叶圣陶自己也病倒了,"两颧高起,双臂骨出"。最严重的是至善得了伤寒,昏迷不醒,差点送了性命,脱险后"全身瘦甚,有如灾民"。生活是那么艰辛,但叶圣陶一刻也没有忘记血肉模糊的战场,没有忘记散落在各地的亲友。他一到重庆就帮助谢冰莹创办重庆《新民报》副刊《血潮》,宣传抗日,又担任《抗战文艺》编委,还和茅盾、宋云彬、楼适夷一起创办了《少年先锋》杂志,鼓励青少年在抗战中尽自己的责任,多做抗战工作。在重庆安顿了10个月后,叶圣陶应陈通伯的邀请,于1938年10月去乐山武汉大学任教。重庆的生活是艰苦的,他在写给朋友的信中说"经年流寓全家瘦",但也为结识许多新朋友感到高兴。

1938年摄于巴蜀学校。左起周勤成(曾涛)、赵孟辄、叶圣陶。

## "落单"来到乐山武汉大学

当年的"乐山甚似苏州",是一个近乎桃花源的地方,恬静而闭塞。没有地方报纸,成都的报纸第二天才能看到,重庆的报纸则要隔五六天才能收到,电灯的光线远不及油灯,街上没有汽车,"除抽壮丁以外,全无战时气氛"。

叶圣陶受聘到武大执教是有背景的。苏雪林回忆说:"文学院长陈通伯先生,立意要把全校基本国文课好好整顿一下。素知叶氏对国文教学极有研究,知他此时也到了大后方的重庆,一时尚未找到适当的职业,遂卑辞厚礼,聘请他来武

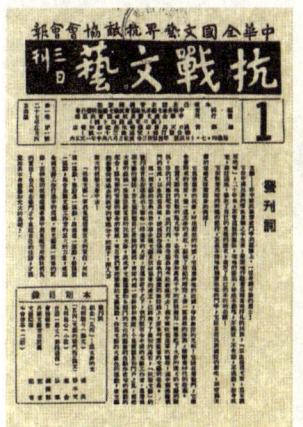

《抗战文艺》发刊词。

在《抗战文艺》上发表的随笔。

武汉大学图书馆。

① 苏雪林：《叶绍钧的作品及其为人》，苏雪林著《文坛旧话》，台北文星书店，1967年。

家人和亲友在至善、满子婚宴上合影，时为1939年6月3日。

变得更艰难，但他坚信"穷寇"必败，对所谓的"与抗战无关论"也恨得咬牙切齿，在"教材"和"教育理念"上，与以中文系主任刘博平为首的"守旧势力"发生了冲突，爆发了所谓的"恒言之役"。

1940年5月，教育部新订各大学生学业竞赛办法：先于校中竞赛，大任教。请他选择教材，订定方针，领导全校基本国文教学工作。那时的国文系主任是刘博平先生，叶氏则俨然成了一个没有名义的国文主任，不过他的权限止于国文罢了。"又说："叶氏做事非常负责，也非常细心，到校后，果然不负陈院长的委托，把他多年国文教学经验一概贡献出来。"①

1939年8月19日，日寇出动27架飞机对乐山进行大轰炸。叶圣陶租住在较场坝的寓所被炸毁，"所有衣物器用书籍悉付一炬"，乐山城内"炸去三分之二"，"死伤甚众"。乐山遇炸后，叶圣陶的生活

日寇轰炸乐山。

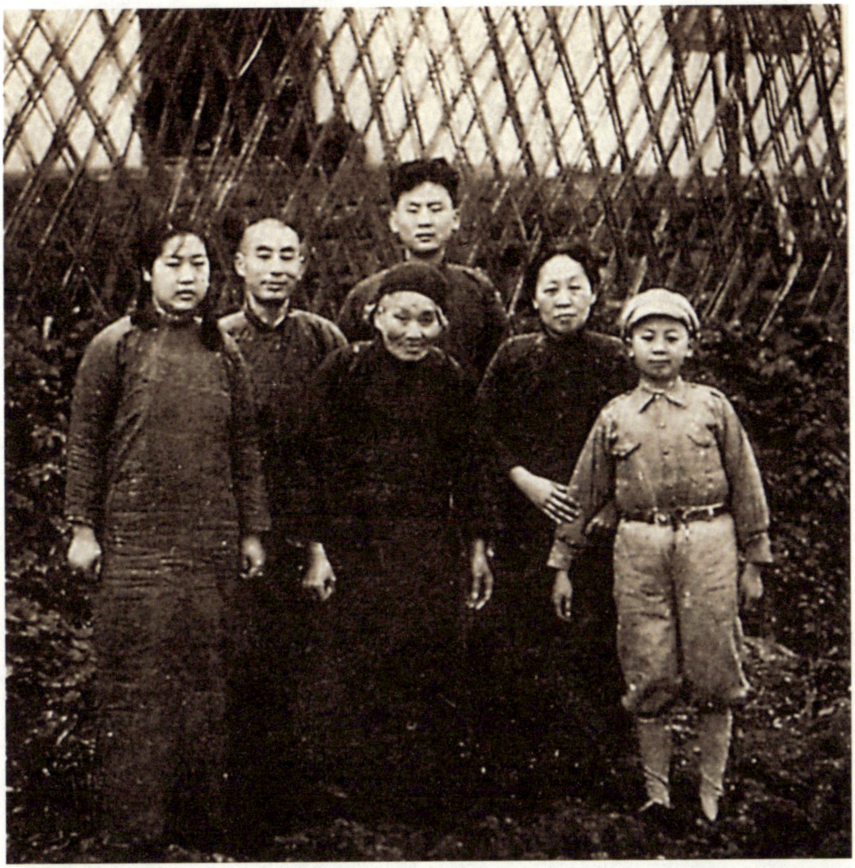

乐山寓炸后居于城外祝公溪畔之野屋。

学生自由参加，选其优者参加统考。武大的考试时间定在5月21—22日，国文试卷由系主任刘博平亲自命题，题目很特别：

至善满子结婚於乐山丙翁自滬
寄诗四绝颇深欣慰余依韵和
之 一九三九年乐山作
艰屯翁敦淹孤岛飘泊我惭尚蜀
居善满姻缘殊一喜遥酬括约肯
徐徐
合侨何年重切磋中原佳气见时
和两翁窥镜朱颜在未欲巖阿披
薜萝
儿贤女好家之富不数豪华金满
赢忠厚宅心翁与我倘酬此愿慰
平生
为道今春四月时未婚小耦上峨
嵋尽匈云气没腰雪避地犹永造
物私

为至善、满子新婚写的唱和诗。

试将下文译为恒言

纯柔纯弱兮必削必薄，纯刚纯强兮必丧必亡。韬义于中，服和于躬，和以义宣，刚以柔通。守而不迁兮变而无穷，交得共宣兮乃获其终，姑佩兹韦兮考古齐同。乱曰：韦之申申，佩于躬兮；正本生和，探厥中兮；哲人交修，乐有终兮；庶寡其过，追古风兮。

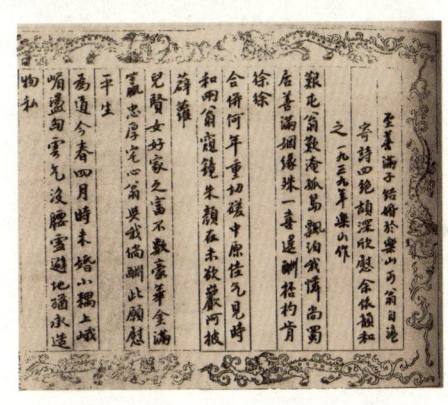

这是柳宗元《佩韦赋》的一部分。当时，抗战已经进入第三个年头，东北、华北、华东、华南已经沦陷了，敌人的刺刀已经搁在我们的脖子上了，却要学生去理解“韦之申申，

在乐山贺老友王伯祥五十诞辰诗。

佩于躬矣；正本生和，探厥中矣"，去追求和平，这与时代和民族的感情水火不容。"恒言"，是白话还是浅近的文言，谁也搞不清楚。叶圣陶和朱东润、高晋生联名给教务处写信，抨击这种莫明其妙的考题，并以"恒言"二字不知所云为理由，拒绝阅卷。一时流言四起。刘博平以有人与他"捣乱"为名，向校长王星拱"请辞"，迫使王星拱责令叶圣陶和朱东润、高晋生向他"道歉"。叶圣陶就用"辞职"来表明他的态度，宁折不弯。

### 侨寓蓉城四载余

离开武大后，叶圣陶应成四川省教育厅长郭有守的邀请，到教育厅任教育科学馆专门委员，从事教学的规划和研究工作，编撰"国文教学丛刊"，并担任《中等教育季刊》和《文史教学》杂志的责任编委，处理日常的编务工作，把家也从乐山搬到了成都，在新西门外罗家碾王家冈，租了农家的茅舍住了下来。

在教育科学馆工作的两年里，叶圣陶到成都附近的崇宁（今郫县西北部及都江堰市、彭州市部分区域）、彭县（今彭州）、灌县（今都江堰市）、郫县等地"调查中学的国文教学情况"，拟定"中小课

与朱自清唱和诗

程标准"和"课外阅读书目",举办"中等学校教师暑期讲习班",主编《四川文物小丛书》和教学参考书。1940年夏天到1941年夏天与朱自清轮着休假,叶圣陶邀请朱自清和他一起学作"国文教学丛刊",《精读指导举隅》《略读指导举隅》和《国文教学》就是他们合作的产物。这一年,他们过从甚密,除了写书,还作诗唱和,常在望江楼和少城公园饮酒啜茗,畅谈时事,论说学术。

1942年8月,开明书店编译所成都办事处成立,叶圣陶辞去教育科学馆的职务,主持编译所成都办事处的工作。主编《中学生》杂志。《中学生》杂志于1937年8月停刊,1939年5月在桂林复刊,为了适应战时的需要改为半月刊,封面上印有"战时半月刊"字样,后来又改为月刊。叶圣陶任社长,文稿大多由宋云彬、贾祖璋、傅彬然等人在桂林集齐,用航空寄给叶圣陶,叶圣陶审定后再寄回桂林排印。成都办事处成立后,《中学生》杂志编辑部迁到成都,叶圣陶在成都把杂志编定后,用航空寄到桂林印刷发行。1944年7月,桂林告危,开明书店在桂林的机构撤退到重庆,《中学生》杂志也迁到重庆出版。《中学生》复刊给广大青年送来了精神食粮,也给开明书店带来了生气。

其次,是出版新文学作品和学术专著。从1942年8月至1945年抗日胜利的三年间,叶圣陶编辑出

与朱自清合著的《精读指导举隅》。

与朱自清合著的《略读指导举隅》。

成都望江楼。

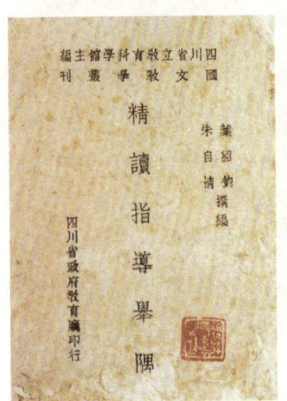

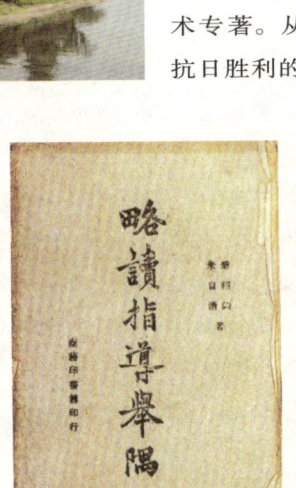

《中学生》1930年在上海创刊,夏丏尊、金仲华、叶圣陶主编,1937年8月因上海沦陷而停刊,1939年5月在桂林复刊,为了适应战时的需要改为半月刊,封面上印有"战时半月刊"字样,后来又改为月刊。1941年11月由月刊改成战时半月刊,仍由叶圣陶主编,编辑有王鲁彦、宋云彬、胡愈之、覃祖璋、唐锡光、丰子恺等。

(左)与朱自清合著的《精读指导举隅》(初版本)。

(中)与朱自清合著的《略读指导举隅》(叶圣陶题签)。

(右)与朱自清合著的《国文教学》。

给茅盾的信之一、之二。

再就是重振文协成都分会。文协成都分会成立于1939年1月中旬，由居住在成都的作家李劼人、陈翔鹤、罗念生，以及抗战后回到成都的川籍作家沙汀、周文、何其芳和由外地移居成都的作家肖军、陈白尘、叶丁易等四十多位作家组成，由于国民党当局的压制，活动一度被迫停顿。1941年11月3日，徐礼辉在《华西日报》发表的《成都文艺界现状》中说："最近成都的文艺界，如深秋一样，显得败坏凋零了"，有人把它比喻为"沙漠"。

1942年3月1日，在文协成都分会会员大会上，叶圣陶、李劼人、陶雄、牧野、陈翔鹤、王余杞、王冰洋当选为第四届理事，并决定复刊文协成都会刊《笔阵》，由叶圣陶和牧野主编。叶圣陶还和理事们一起组织"编辑委员会"，主编"文艺创作丛书"、"文艺翻译丛书"和其他进步书籍。为了援助患了肺病的张天翼，叶圣陶和李劼人等发表《成都文艺界为张天翼氏募集医药费为万迪鹤氏遗属募集赡养金启事》，①发起"援助贫病作家筹募基金运动"，还成立了"文化人协济委员会"，援助湘桂流亡来蓉之文化界人士。

1945年5月29日，叶圣陶为了开明书店的事来到重庆，会见了郭沫若、沈雁冰、陶行知、冯雪峰、巴金等许多朋友。6月24日是沈雁冰50岁生日，叶圣陶就以文协总会的名义写了"邀请朋友参加雁冰

版的书籍有沈从文的《边城》《湘行散记》《湘西》《长河》《月下小景》《从文自传》；冰心的《冰心著作集》（包括《冰心小说集》《冰心散文集》《冰心诗集》《寄小读者》《关于女人》以及译作《先知》（凯罗·纪伯伦著）；朱自清的《背影》《伦敦杂记》《经典常谈》；朱光潜的《给青年的十二封信》《谈美》《文艺心理学》《我与文学及其他》；老舍的《蛤藻集》；朱东润的《中国文学批评史》《张居正大传》《读诗四论》；吴晗的《明太祖》；缪钺《缪钺文论集》；李广田《诗的艺术》；黄炎培的《苞桑集》；马文珍的《北望集》；吴祖光的《少年游》；吕叔湘的《文言虚词》《石榴树》（索洛延著，吕叔湘译）；傅庚生的《中国文学欣赏举隅》；贺昌群的《汉唐文化研究》；叶石甫的《经子选注》；林庚白的《丽白楼自选诗》；薛贻源的《地理与战争》；王了一的《中国语法纲要》等，为文学和学术的发展和繁荣做出了重大贡献。

① 《华西晚报》1943年5月6日。

五十寿辰茶会"的《通启》①刊登在《新华日报》上，全文如下：

今年沈雁冰先生五十岁了。五十岁正在壮年，祝寿的事又是俗套，我们不愿意从俗，为他做什么寿。可是，二十七八年以来，他倡导新文艺，始终没有懈怠过，而且越来越精健。对于他的劳绩，我们永远忘不了。他有所为，有所不为；他经历了好些艰难困苦，只因中有所主，常能适然自得。对于他的操守，我们永远忘不了。现在他五十岁，我们虽说不愿从俗，却真个乐意和他叙一叙，一方面向他表示慰劳的意思，一方面彼此互相共勉，加倍贺茅盾五十诗。

的振作起精神来，一同走以后的路。因此，我们决定六月二十四日下午二时，开个茶会。我们诚恳地请你参加，想必会得到你的许可。

因为工作忙，叶圣陶必须于6月24日返回成都，不能在重庆参加沈雁冰的祝寿茶会，他感到很歉疚，在给沈雁冰的信中说："祝寿之事，弟近觉亦有意义，其意义不在于个人而在于社会。二十四日之会，其给与相识不相识之友朋之振奋，实未可计量也。"可叶圣陶一回到成都，就紧锣密鼓地筹备成都文协为沈雁冰举办的"祝寿"会。《新华日报》刊有如下的报道：6月24日，成都文协召开"茅盾五十寿辰纪念会"，叶圣陶在致辞中说：

"我们要和茅盾一样提着灯笼在黑暗里行走，现在成都、重庆、昆明各地到处有人点着灯笼，光明越聚越多，黑暗终将冲破"，他越讲越激动，"大声呐喊，甚至站到了凳上"。②

其实，在抗战的八年期间，叶圣陶一直以"站到了凳上""大声呐喊"的姿态引领潮流，这里侧重介绍一下所谓的"异党活动"和"拒检运动"。

1945年6月中旬，文协成都分会给青年学生和文艺爱好者举办文艺讲座，由叶圣陶主持，邀请郭有守、姚雪垠、朱自清、许可经、邹荻帆、

①《新华日报》1945年6月21日第2版。

②《新华日报》1945年7月4日"文化短波"。

寿雁冰五十

二十五年交不浅　论才衡操戒心倾力
排世俗媛妹者风享文坛祭酒名待旦
何时嗟子夜驻春有顾惜清明託旧
易老岂难致五十方如初日明

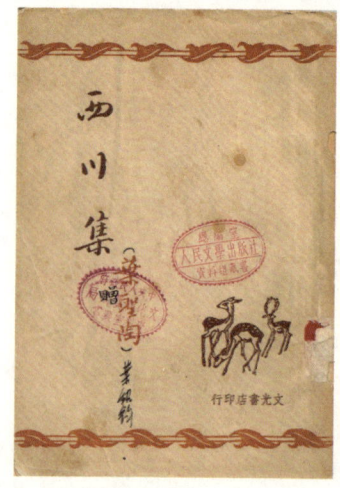

（左）叶圣陶入川后的诗文合集《西川集》。

（右）叶圣陶与朱自清等谈创作经验的合集《文艺写作经验谈》。

① 详见《言论自由的大旗——成都十七文化团体致重庆杂志界的一封公开信》，《天风周报》第17期，1945年9月18日。

庞薰琹、陈白尘、戴镏龄、吴组缃、丰子恺、吴作人、李劼人、沈体兰等人演讲。这次文艺讲座前后将近一个月，一共讲了16场，涉及的领域也相当广，叶圣陶付出的心血最多，整个文艺讲座大都是由他主持的，讲到第九讲，就被国民党内部通报为"异党活动"。但叶圣陶没有退却，讲座仍按原计划进行。

抗战期间，国民党当局打着抗战的幌子，以加强"审查"为名，扼杀进步舆论，查禁进步书刊，文化出版界多次呼吁，要求取消审查制度，均告无效，好不容易熬到抗战胜利，文化出版界奋起抵制，联合拒检，与当局进行针锋相对的抗争。1945年9月7日，重庆《东方杂志》《新中华》月刊、《民宪》半月刊、《宪政》月刊、《民主世界》《国讯》半月刊、《中学生》杂志、《现代妇女》杂志联合发表声明，抨击国民党政府的"送审制度"，拒绝送审。叶圣陶则代表成都十七个文化新闻团体起草《致重庆杂志

界的一封公开信》，①在述说了"审查制度""严重地糟踏了中国人民的言论自由，损害了中国文化新闻界的尊严和信誉"后，郑重指出：

言论自由必须是完整的，决不能是残缺不全或仅为一党一派所享有的特权。……从今天起（9月8日），我们和你们一样，将是言论自由的报纸，将是言论自由的通讯社，将是言论自由的杂志。我们将和你们以及全国要求言论自由的报纸、通讯社和杂志团结起来，共同举起言论自由的大旗，宣告检查制度的死亡！宣告一切压迫言论自由的法令与制度的死亡！对于这个必须死亡的制度的任何挣扎，我们都将以联

叶圣陶的《我们永不要图书杂志审查制度》。

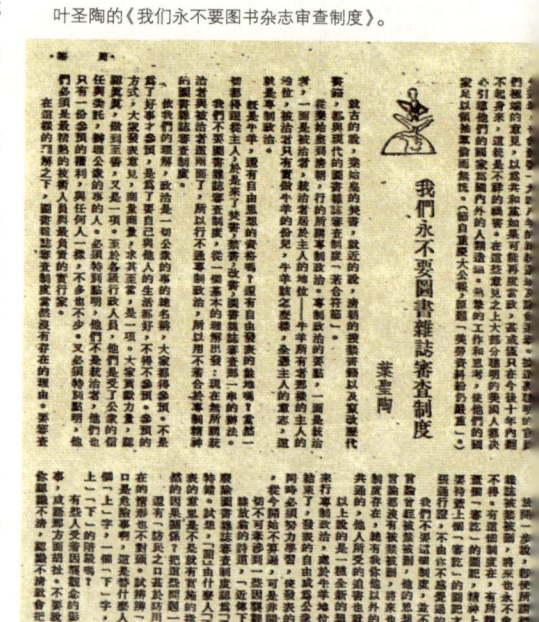

合一致的力量予以无情的反抗。必使该死亡的及早死亡，该到来的真正言论自由的新时代才会及早到来。让我们握手，让我们向着民主中国的光明前途勇敢迈进！

这封"公开信"的发表，敲响了成都"检查制度死亡的钟声"。9月9日，叶圣陶又写了《我们永不要图书杂志审查制度》，郑重指出："我们不要这个制度，并不因为我的言论曾经被禁被删，你的思想言论曾经被禁被删，他的思想言论曾经被禁被删。即使我的你的他的思想言论都没有被禁被删，将来也永不会被禁被删，我们还是不要这个制度。制度存在，总有我你他以外的人受着精神上的迫害，我们与他人精神上是共通的，他人受到迫害也就是我们受到迫害。"①国民党政府迫于压力，不得不撤销对新闻和图书杂志的审查。轰轰烈烈的"拒检运动"大获全胜。叶圣陶被誉为"手举言论自由大旗走在前头"的"勇者"和"战士"。后来张西洛在回忆文章中说，叶圣陶所主持的开明书店和《中学生》杂志"拒不送审，照常发稿、出版、发行。由于叶老威望甚高，我们成都的几家进步报刊有了叶老的大无畏的榜样，也拒绝送审。就这样，我们在叶老的领导下，取得了争取出版自由斗争的胜利"。②叶圣陶坚持真理、不畏强暴，在文协成都分会的会史上写下了光辉的一页，被誉为"拒检斗士"。

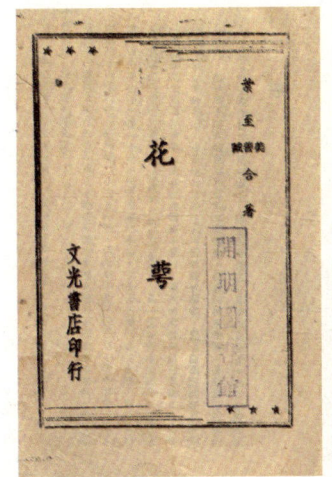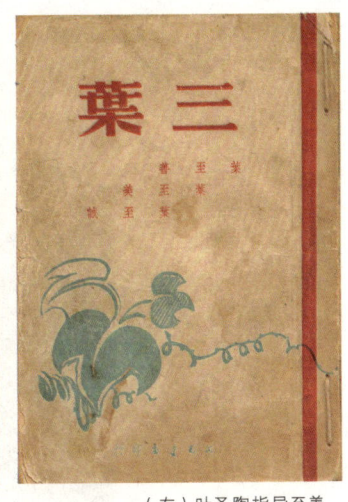

（左）叶圣陶指导至善、至美、至诚写的散文集《花萼》。

（右）叶圣陶指导至善、至美、至诚写的散文集《三叶》。

### "年五十而知四十九年非"

1943年10月28日是叶圣陶50岁（虚岁）生日，他秘而不宣。成都文艺界的朋友知道后说他"乡居避寿"，"种桃不吃桃"，一定要为他"补行庆寿"，敬祝他"永远愉快，永远健康，永远跟青年在一起"。庆寿活动由陈白尘和陶雄筹备，参加者每位交份金150元，美其名曰"我们自己掏腰包"，向圣陶先生"敬一杯"。《华西晚报》于11月2、4、5、7、10、13日连续六天刊登《中华全国文艺界抗敌协会蓉分会暨成都文艺界为补祝圣陶叶绍钧先生五十大庆启事》，"敬希文艺界友好踊跃参加"，"一面是对文坛老将致敬，另一面引起许多文艺青年对清苦崇高的工作认真努力"。③成都报刊发表了洪钟的《并替新文学祝寿》、李束丝的《祝叶圣陶先生五秩大寿》、杨槐的《管自己的生活——为圣陶先生五十寿庆写》、刘百闵的《寿叶

①《叶圣陶集》第6卷第169页。

②张西洛：《哲人已萎 典范永存——沉痛悼念叶圣陶先生》，《人民政协报》1988年3月15日。

③《文艺简报》，《大公报》1944年2月13日。

成都新西门外乡间"合家欢",摄于1942年10月11日,时老太太已77岁,抱着才8个月的曾孙三午坐在竹椅上。圣陶夫妇站在右侧,长子至善夫妇站在左侧。

圣陶五十》、方令孺的《祝战士不老》、顾颉刚的《记三十年前与圣陶交谊》、茅盾的《祝圣陶五十寿》等寿庆的诗文,赞扬叶圣陶是青年的导师和文艺界的榜样,茅盾在《祝圣陶五十寿》[①]中说:

圣陶对于中国新文学的光辉的贡献,海内早有公论,决不因我的赞美而加重。我们二十多年的交谊,使我从圣陶的"为人"与其作品看到了最重要的一点,即两者的统一与调和。作品乃人格之表现:这句话于圣陶而益信。凡是认识他的朋友们都不能不感到,和圣陶相对,虽然他无一语,可是令人消释鄙俗之心,读他的作品亦然。你要从他作品之中找寻惊人之事,那不一定有;然而即在初无惊人处有他那种净化升华人之的品性的力量。才华焕发,规模阔大,有胜于圣陶的,但圣陶的朴素谨严的作风,及其敦厚诚挚的情感,自有不可及处。我们所以由衷的爱慕圣陶,而圣陶的作品对于青年的教育意义之重大,唯有从这一点才得到了最真切的说明。

人生五十,也还是壮年;文学界二十多年的老战士,在这民族解放战争的大时代,动心忍性,其积养之丰之厚,将必回荡而凝结,放射异彩,我们今天为圣陶五十岁

[①] 《华西晚报·每周文艺》第1号,1944年12月5日。

的纪念而庆祝,我更预祝不久的将来,再为圣陶的光辉的新作而共尽一杯!

中华民族的独立解放万岁!
中国新文学万岁!
叶圣陶万岁!

"寿庆"于11月15日在南门外竟成园礼堂举行,参与祝贺的有谢冰莹、陈白尘、陈翔鹤、刘开渠、程丽娜等约七十人。寿堂上点了寿烛,上了寿糕、寿盒和长生果。成都文协分会送纪念簿一本,上题各家之祝词。"寿庆"由车瘦舟司仪,主席陶雄致祝词,陈白尘宣读文协总会贺电,后由车瘦舟、陈痦、白堤、跃冬、陈白尘致贺词,陶雄和洪钟朗诵祝寿诗,王冰洋报告叶圣陶文学创作的历程。接着,叶圣陶致答词。随后是奏乐,吃寿面,每桌轮流向寿星敬酒。宴后,由程丽娜唱京戏致贺并摄影纪念。

叶圣陶的"简短谢词",就是收在《西川集》里的《答复朋友们》。"谢词"由衷地感谢朋友们的厚爱,也表明了要"好好地走""余下的小半截路"的决心(叶圣陶认为人很难活到一百岁。过了五十,道路就走了大半截),这"不是寻常致谢的话"。值得注意的是叶圣陶在这里强调的是"要深入生活的底里",不再在"浮面的部分立脚"。他把"深入"作为生活应当具备的首要条件,把"深入"视为人生观的根基,"年五十而知四十九年非",这个"非"就是"平庸";而"平庸"的原因,就是"没有深入生活的底里",这番话在当时应该说是有所指的。

与参加祝寿的全体成员合影,叶圣陶夫妇站在前排。

# 12

# 1946—1949年在上海

## 胜利日的"沉重之感"

1945年8月10日，日本宣布投降。叶圣陶在日记中写道：（夜九时许），"外传日本投降，已于今晚发出广播，既而报馆发号外，各街燃放爆竹，呼声盈路，亦有打锣鼓游行者。余自问心绪，殊无多兴奋，日本虽败，而我国非即胜利。庶政皆不上轨道，从政者无求治之诚心，百端待理，而无求以应之，去长治久安，民生康乐，为期固甚远也。所可欣慰者，日本飞扬跋扈，欺我太甚，而终见其崩灭耳。"[①] 次日日记中说："思念已往，瞻望未来，忧思正多"，"胜利"了，但国家民族付出的代价太沉重了，我们的"胜利"是"惨胜"。

和许许多多逃难的同胞一样，叶圣陶离开祖宗坟茔所在之乡已经8年了。而今，当朝思暮想的"胜利"到来的时候，他非但没有"青春结

[①]《叶圣陶集》第20卷第432页。

1945年10月19日，在鲁迅逝世九周年纪念会上摄。自左起：叶圣陶、冯雪峰、老舍、周恩来、冯玉祥、郭沫若、邵力子、柳亚子、胡风。

叶圣陶为"现象图"题诗,"愿君更画半边儿,笔端佳气如初霁"——希望丁聪描绘解放区的艳阳天。

郭沫若、潘梓年之宴,听周恩来谈近日时事。叶圣陶对"务私为己,恃强称霸"的国民党反动政权深恶痛绝,急切地希望我国的社会制度有一个重大的变革,并把国家和民族的前途和命运真诚地寄托在中国共产党身上。

## 接替老舍主持文协的日常工作

叶圣陶"东归"乘的是木船。他说"飞机、轮船、汽车都没有我们的份,心头又急于东归,只好放大胆子乘木船,冒一冒翻船和遭劫的危险",一家三代七个人都挤在一条木船上(上有八十岁的老母,下有两岁的长孙三午)。1937年1月6日,叶圣陶从宜昌乘民主轮入川,1946年1月11日才出"川境","居川"共八年零五天。"东归"路上,木船经过"礁石与岸平行"的"铁门槛"、"水势至急"的兴隆滩、"中矗巨石"的崆岭峡等许多急流险滩,经历了木船漏水、损舵、折棹、撞船、触礁、搁浅以及驾长逃逸等种种磨难和意外。1946年1月14日到宜昌后,木船附拖轮前进,1月27日到达汉口后改乘"风

伴好还乡"的欣悦,反而显得感伤和茫然,对国家的前途和命运充满忧思。

1945年9月26日,叶圣陶举家迁渝,住在中兴路螃蟹井三号,做"东归"(回上海)的准备工作,12月28日启程。从抗战胜利之日到"东归"的4个月里,叶圣陶比以往任何时候都更热切地关心时事,与中国共产党的联系则越来越密切。10月16日,应周恩来副主席的邀请,赴曾家岩中共办事处参加晚宴。10月19日出席鲁迅逝世九周年纪念会。10月21日,听周恩来谈延安文协近况。10月28日11时,赴

丁聪绘国统区"现象图"。

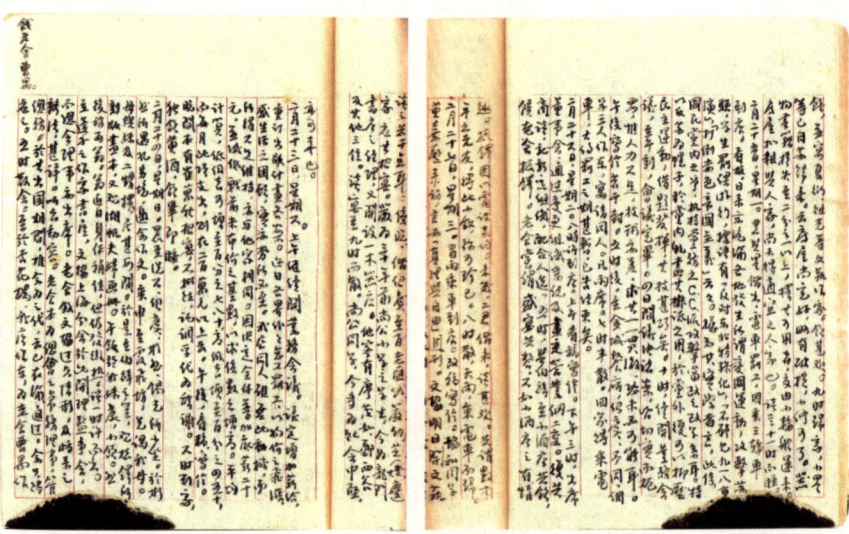

叶圣陶2月24日日记之一、之二。

"茂"号小汽船,途经九江、安庆、芜湖、南京、镇江,于2月9日抵达上海。

自2月24日始,叶圣陶担任中华全国文协常务理事兼总务部主任,接替老舍主持文协的日常工作。是日日记:

（午后）至蓬子之作家书屋,文协上海分会于此开理监事会,而总会理事亦出席。老舍叙文协过去情形,及将来之办法,甚详。听者动容。老舍本为总会之常务理事,管总务。于其出国期间,推余为之代,云已在渝通过。余只得应之。五时散会。至于杏花楼,我店作东,为老舍、曹禺作饯,并宴夏衍、祖光等文艺作家。饮甚欢。

"我店"即开明书店。叶圣陶和开明书店同人广交朋友,广结良缘。

## "试听如潮继志词"

1936年10月19日,鲁迅逝世,叶圣陶写过一首《挽鲁迅先生》,其诗的最后两句是"相濡以沫沫成海,试听如潮继志词"。国民党反动当局迫害进步作家,"星陨山颓万众悲"。"纪念"和"宣誓"就成了文艺界、文协常务理事兼总务部主任叶圣陶的一项极其重要的工

夏丏尊像。

作。

著名作家、翻译家、教育家夏丏尊在上海沦陷期间坚贞自守，矢志不为日伪做事。1943年被日军宪兵司令部逮捕，敌伪审讯他时要他讲日语，他断然拒绝，说"我是中国人，只讲中国话"，表现了"一个中国人"宁折不弯的爱国情操。后虽由日本友人内山完造营救获释，但健康更形恶化，抗战胜利后病情加剧，于1946年4月23日逝世，还不到六十岁。弥留之际他对亲家叶圣陶说："胜利！到底啥人胜利——无从说起！"这话道出了一位民主文化战线上的老战士对于践踏抗战胜利果实的国民党反动派的愤慨，对于创伤未复的祖国的系念。叶圣陶把夏丏尊临终的凄苦和悲愤公告于众，激励"昨日的青年，今日的青年，以至明日的青年，永远铭记夏先生这位最纯洁最诚挚的导师的话，实践他的遗志，使胜利最终归于老百姓"。

1946年7月12日，李公朴被刺身亡。7月15日，闻一多被刺身亡。叶圣陶多次主持文协会员大会，讨论对于"李、闻被杀事件"之对策。发宣言和呼吁书，声讨国民党反动派的罪恶，还募捐慰问李、闻家属。10月6日，上海各界在静安寺公祭李公朴、闻一多。叶圣陶敬献的挽联是："生命何足重，妻子何足恋，刀锯何足畏，所争者真民主；富贵不能淫，贫贱不能移，威武不能屈，此之谓大丈夫。"又代表文协总会诵读他写的祭文：

呜呼二公，人间所亲，大盗所恨。

倡导民主，宣扬和平，乃以身殉。

凡我后死，不遑伤感，唯知振奋。

精诚赴之，锲而不舍，挫而不钝。

必有一朝，人乐安康，群求精进。

迄于彼时，告慰二公，灵其无闷。①

他在《诗话》②中说：闻一多

开明书店为纪念夏丏尊建造的"怀夏楼"，楼名由叶圣陶篆书。

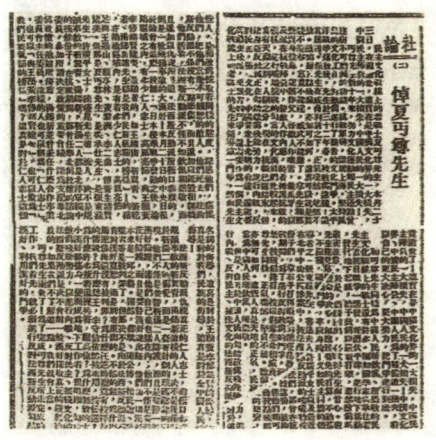
《新华日报》社论《悼夏丏尊先生》。

①《文汇报》1946年10月26日，收入《叶圣陶集》第8卷，改题名为《祭李闻二公》。

②《叶圣陶集》第6卷第224页。

李、闻追悼大会之一、之二。

以身殉国,把他在新诗《一句话》里写到的"咱们的中国!"这人人心中想说而没有说出的"一句话","爆"出来了,而且,"不止是一个霹雳,是漫天漫空的雷阵"。"爆发的火山"是"扑灭"不了的!①在《多说没有用,只说几句》②中说:"'人生自古谁无死',今天,为争取民主与和平而呼号的人士,也没有一个怕死的。"向国民党反动派郑重宣告:新兴的民主力量,决不为被反动派的屠杀所震慑;呼吁

① 香港《华商报·热风》,1946年8月19日,收入《叶圣陶集》第6卷。

② 《民主》第40期,1946年7月20日,收入《叶圣陶集》第6卷。

《多说没有用,只说几句》

大家"要用行动"来反对国民党反动派的暴行。

1946年10月19日,中华全国文艺界协会在辣斐戏院隆重举行鲁迅

文协举行鲁迅逝世十周年纪念大会,周恩来到会演说。

## "相濡以沫"

去年在重庆,参加鲁迅先生纪念会,我提起了他爱用的一句话"相濡以沫"。今年在上海,参加他的逝世十周年纪念会,我仍旧提起了这句话。

大概是我的话没有说清楚,或者根本没有把意思表达出来。第二天看报纸的记载,与我所说的不大相符。因此再在这里说一说,辞句和顺序未必与说话当时全同,大旨却不相违异。

"相濡以沫"这句话出于《庄子》,鲁迅先生常爱引用它,只是断章取义,与这句话的上下文不大有关系。单就这句话说,是一个悲壮动人的场面。一群鱼失了水,干得要死,大家吐出口沫来,彼此互相沾润,藉此延长大家的生命。试想,吐出自己仅有的东西来,不但沾润自己,还要互相沾润,那"生的意志"的强固和"群的联系"的强固,不是够得上悲壮两个字的考语吗?

鲁迅先生引用这句话,为的是他所处的环境正是一片干地,没有一滴水。他又见和他同在的人所处的是相同的环境,于是自然而然记起这句话。说它是口号,不如说它是信念。他奉行他的信念,在一片干地上,所吐的口沫非常之多。二十册的《鲁迅全集》是他的口沫,新近出版的《鲁迅全集补……

叶圣陶演讲稿,题为《"相濡以沫"》。

逝世十周年纪念大会,主席团由邵力子、郭沫若、茅盾、沈钧儒、马叙伦、叶圣陶、翦伯赞组成。叶圣陶在会上作了题为《"相濡以沫"》①的演讲。他说鲁迅爱用的一句话"相濡以沫",突出的是"'生的意志'的强固和'群的联系'的强固";"鲁迅先生影响所以伟大,就在于他奉行那'相濡以沫'的信念";鲁迅"所吐的口沫非常之多","他那明辨是非的态度,坚决奋斗的精神,待人接物的诚恳与认真,全是他的口沫";"相濡以沫沫成海","人与人要是'相濡以沫'","走鲁迅先生的道路","学习鲁迅先生的精神",中国社会就会有光明的前景。当时,抗战胜利已经一年了,中国社会显露过的一线光明已经被国民党反动派吞噬净尽。叶圣陶在这个时候讲"相濡以沫",呼唤"民族之魂",激励人们更加紧密地团结起来,向国民党反动派抗争。

### 要跟反动派"考较个明白"

1946年6月23日,上海53个人民团体,为了反对内乱,争取和平,欢送马叙伦、蒉延芳等十位代表晋京,向蒋介石和周恩来、马歇尔请愿。五万多群众在北站集会,会后举行示威游行,历时六七小时以上。叶圣陶代表文协到车站送行。次日,马叙伦一行在南京挨打,国民党报纸造谣说马等"自称人民代表"。叶圣陶对国民党反动派卑鄙

① 《叶圣陶集》第6卷。

1946年与郭沫若、茅盾合影。

叶圣陶与许广平、周建人等到上海火车站欢送"人民代表"晋京请愿。

叶圣陶致柯灵的信。

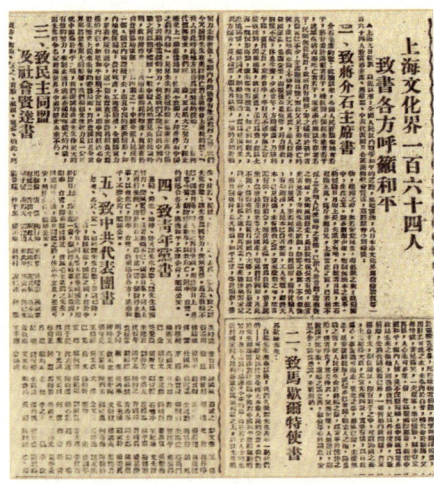

1946年12月，上海文化界等146人致函蒋介石、马歇尔等，呼吁和平。

民代表，致使他们到达下关时被所谓"苏北难民"殴打。另一封署名"本市一巡官"，要求免费发给夏季制服。反动当局指斥《文汇报》"捏造警察名义，离间上下感情，淆惑社会视听"，破坏"公共秩序"，勒令《文汇报》自7月18日起停刊一星期。叶圣陶知道了《文汇报》被罚的"罪名"后，当即给《文汇报》同人写信，希望他们不会"颓丧"，敢于在与"借端生事"的当局的斗争中"精进不懈"，迫使当局不敢"肆无忌惮"、"为非作歹"。还特地给《读者的话》主编柯灵写了一封信：

柯灵兄：《文汇》停刊期满之日，弟以为宜出一特刊，至少两版，专载读者投函，表明读者需要此报纸，与此报纸有片刻不能相离之情感。亦使反动家知所警惧，报纸后面原有如此大力为之支持。急速发动，尚来得及，不知贵刊有此意与否？文字宜短不宜长，人数愈多愈佳。作者不必拉知名之人，尤不宜专请习见于各种刊物之作家，最好各界均有，署名之上，标明其职业地位。文字内容宜抒实感，宜就最具体之方面言之，不作空洞之呼号。动员途径，似可通过人民团体联合会及各业之联谊会。弟想只要贵刊透露此意，各界必乐于效命。弟之店同人均爱《文汇》，必可有七八篇呈上。如何，乞与贵刊同人详酌之。专此，即颂大安。

弟叶绍钧顿首 七月十九夜

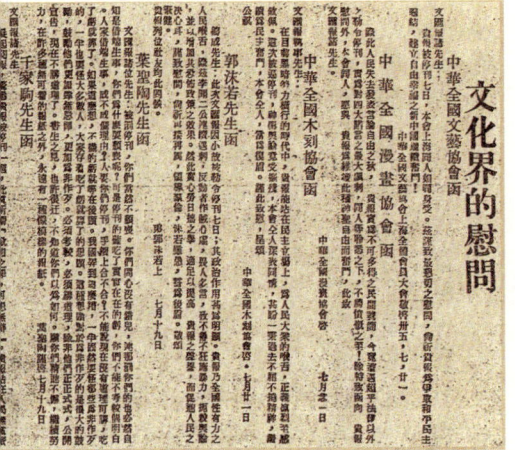

叶圣陶致《文汇报》同人的信。

无耻的行径极为愤慨，当即写了《我就是推选他们的一个》一文，与开明同人一道署名，送请《文汇报》《大公报》发表，声明人民确曾推选马先生等，"我就是推选他们的一个"①。

同年7月12日，《文汇报》"读者的话"专栏刊登了两封警察的来信。一封署名"一群警察"，他们批评南京警察没有负起责任，保护肩负政治使命的上海晋京请愿的人

①《我就是推选他们的一个——我们抗议！》，《文汇报》《大公报》1946年6月26日。

## 弘扬"开明风"

1946年适逢开明书店成立二十周年，10月10日在金联食堂举行纪念会，茅盾、马寅初、吴觉农等到会祝贺。"开明人"朴质、笃实，孜孜不倦地从事于学术研究，以教育家的态度来办书店，脚踏实地，迅赴事机，勤奋从公，"一句不苟，一字不偷"，相濡以沫，既能共患难，也能共安乐，形成了一种特有的品

开明书店二十周年纪念会特刊之一、之二。

① 《收获》1979年第5期，收入《叶圣陶集》第24卷。

今日《联合晚报》载有《周报》应予停刊之讯，如何应付，念甚。又及。①

叶圣陶不仅对《文汇报》被迫停刊表示了愤慨，还为《文汇报》同人——特别是柯灵出主意，鼓动他们要跟反动派"考较个明白"。他的这个建议，体现了对敌斗争的胆识和策略。

叶圣陶撰写的《开明书店二十周年纪念碑辞》。

1946年开明书店同人参观联华影院时合影（前右坐者为叶圣陶）。

1948年7月为纪念《中学生》杂志出版200期而出版的《中学生手册》。

格,即人们常说的"开明人"与"开明风"。为了爱护开明,弘扬"开明风",也为了爱护中国出版界,激励"开明人"紧握着手追随时代的步伐,叶圣陶对"开明人"与"开明风"都做了恰如其分的总结,他在1946年5月21日为开明同人组织"明社"撰写的"社歌"中说:

> 开明风,开明风,
> 好处在稳重,所惜太从容;
> 处常绰有余,应变有时穷。
> 我们要互助,合作,加强阵容,
> 敏捷,活泼,增进事功。
> 开明风,开明风,
> 我们要创造新的开明风。①

"社歌"点出"开明人"长处是笃实、稳重;缺点似乎散漫、迂缓。补救之道在"互助合作","敏捷活泼",以形成一种新的风气。在《开明书店二十周年纪念碑辞》中说:

> 书林张一军,及今二十岁。欣兹初度辰,镂金联同辈。开明夙有风,思不出其位。朴实而无华,求进弗欲锐。惟愿文教敷,遑顾心力瘁。此风永发扬,厥绩宜炳蔚。以是交勉焉,各致功一篑。堂堂开明人,俯仰两无愧。②

"惟愿文教敷,遑顾心力瘁。"这是对过去的总结,也是对未来的承诺;是对同仁的褒奖,也是对同仁鞭策。叶圣陶还为开明书店拟了一副对联,贴在开明书店的大门上:"开来而继往,明道不计功",激励开明同仁"但问耕耘,莫问收获",注重社会效益,做有远见、讲成效、讲贡献的出版家。

## 主编《国文月刊》《中国作家》和"现代作家文丛"

叶圣陶身体力行,除主编《中学生》杂志外,还和朱自清、吕叔湘、李广田一起合编了《开明新编高级

① 《叶圣陶集》第8卷第115页。

② 《叶圣陶集》第17卷第294页。

(左)叶圣陶和朱自清、吕叔湘、李广田合编的《开明新编高级国文读本》。

(右)叶圣陶和朱自清、吕叔湘合编的《开明文言读本》。

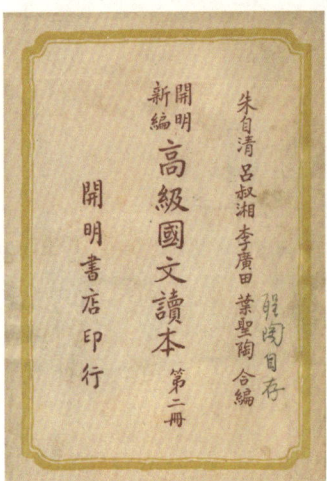

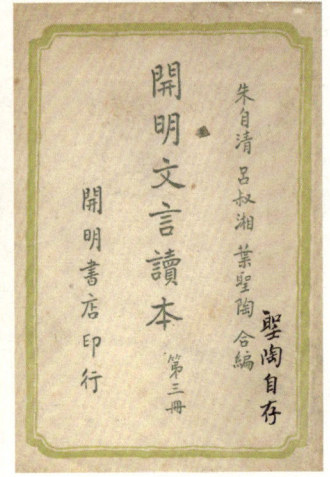

叶圣陶和郭绍虞一起主编的《国文月刊》。

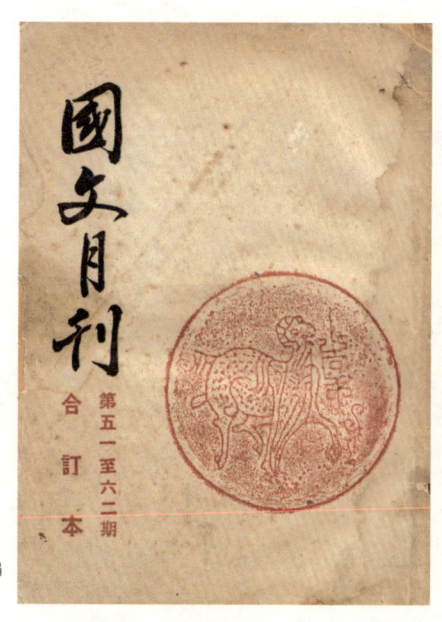

春明书店与文协合作出版"现代作家文丛"。

国文读本》（共六册，1948年8月起由开明书店陆续出版），和朱自清、吕叔湘一起合编了《开明文言读本》（共三册，1948年8月起由开明书店陆续出版）。此外，叶圣陶和郭绍虞一起主编《国文月刊》，

与文协同仁一起主编《中国作家》，用纯洁优美的文学和崭新的文化知识吸引读者。为了维护作家的权益，打击猖獗一时的"盗版盗印"，叶圣陶和文协秘书梅林一起代表文协，与上海春明书店打了一场"版权"官司。春明书店盗印了一套现代作家选集，叶圣陶请律师与其交涉，迫使春明书店承认侵权，答应和解，交出纸版，并赔偿每一作者100万元。为了帮助春明书店消除负面的影响，叶圣陶建议他们与文协合作出版"现代作家文丛"，春明书店当然很乐意。"文丛"由文协编选，第一辑共12集，为《鲁迅文集》《茅盾文集》《郭沫若文集》《郁达夫文集》《叶圣陶文集》《巴金文集》《老舍文集》《丁玲文集》《张天翼文集》《雪峰文集》《胡风文集》和《梅林文集》。书前有叶圣陶以"中

与文协同仁一起主编《中国作家》。

华全国文艺协会"名义写的《关于刊行现代作家文丛》。《序言》中说：

> 关于本文丛的编选和刊行，其主要原因，不外为了街坊间盗印作家的著作过多，损害了作家的版权，影响了作家的版税。其次，那些盗印书又大抵非常不负责任，不得作家同意，随意窃编，随意阉割；而封面的庸俗，印刷的恶劣，尤其余事。但偏偏以"代表作""杰作选"欺骗读者。为消除这一唯利是图的恶劣文风，为保障作家权益，以及为使读者不再受欺骗，本会乃于本年夏季代表作家向各盗印书商交涉，同时代表作家版权，在春明书店刊行了这一套文丛。
>
> ……
>
> 作家与出版家是站在一条线上的友伴，他们的使命与目的是共同的，应该亲密地合作。因此，《现代作家文丛》的刊行，算是本会作家与春明书店正式合作的开始。

作为文协总会总务部主任，叶圣陶对文协的工作真可谓尽心竭力。50年代初，由茅盾、胡愈之、叶圣陶、丁玲等组成的"中央人民政府文化部新文学选集编辑委员会"，选编的开明版"新文学选集"就是以春明版《现代作家文丛》为基础的。

### 《抗战八年木刻选集》《闻一多全集》和《苏联见闻录》的出版

1946—1948年有三部影响较大的书《抗战八年木刻选集》《闻一多全集》和《苏联见闻录》均经叶圣陶之手，由开明书店出版。

《抗战八年木刻选集》是中华全国木刻协会为"纪念木刻导师鲁迅先生逝世十周年"选编的"木刻选集"，汇集了野夫、陈烟桥、夏风、李桦、王琦、刃锋、古元、罗清桢、李少言、沙清泉等75位木刻家抗战八年的木刻100幅。编者精挑细选，规定得极严，"每个作家的作品最多不超过两幅"，以确保作为我国"新文化的一部分"的木刻的"伟大的

（左一）《抗战八年木刻选集》封面·北方姑娘（庄言作）。

（左二）《抗战八年木刻选集》内封面·灾童（杨讷维作）。

（右二）《抗战八年木刻选集》作品之一"仇"（华山作）。

（右一）《抗战八年木刻选集》作品之二《年节劳军》（王流秋作）。

叶圣陶题朱育莲藏《抗战八年木刻选集》。

叶圣陶拟的《闻一多全集》发售预约。

开明版《闻一多全集》。

囚禁作家。"然而这些打击与阻挠并没有使木刻夭折",经过血和泪的培植,木刻艺术有了与其他文化门类并驾齐驱的发展。抗战的八年间,正是我国木刻的成长期。在中华全国木刻界抗敌协会的推动之下,木刻成了抗战宣传的利器,"木刻出版物的散布真是异常广泛,几乎每个重要城市,只要是木刻作者所到的地方,当地的报纸杂志上就有木刻的作品出现。据中国木刻研究会的估计,战时全国出版的木刻刊物约在四千种以上"((《中国新兴木刻的发生与成长》),"选集"把散见于各种刊物上的优秀的木刻汇集起来,作为建设新中国新文化的基石和支柱,意义极为深远。

抗战八年里,中国分成了三个天下:一个是敌占区,一个是国统区,一个是共产党领导下的各个边区,包括各个敌后根据地。在这本木刻选集中,敌占区一片凄惨景象,敌人烧杀掳掠,人民颠沛流离;国统区贫穷,饥荒,劳役,抓丁的画幅触目惊心;共产党领导的边区完全是一片兴旺的景象。生产,学习,练兵,歼敌,政府和人民心心相印,军队和老百姓亲如一家人,处处给人以新的欢欣。请看叶圣陶为《抗战八年木刻选集》写的广告:

　　是八年来木刻的精华
　　是抗战中艺苑的奇花
　　重磅米黄色道林纸单面精印
　　（内有彩色图数幅）

性格"。

"选集"扉页上印有红色的中英文字:"谨以此书纪念／木刻导师鲁迅先生／逝世十周年。"1929年,鲁迅印行了《近代木刻选集》(1)和《近代木刻选集》(2)两本木刻集,把西洋的木刻介绍过来,在我国播下了木刻的种子。1930年夏天,鲁迅在上海开办了木刻讲习班,催生出木刻的萌芽。可反动当局竟把木刻"认做'危险'的玩艺儿",丧心病狂地封闭展会,没收作品,硬面精装一厚册；封面四色烫印，精雅美观。

我国木刻艺术，从倡导到如今，时间不满二十年，成绩已经相当可观了，近似于传统而不承袭传统，受着外来的影响而不为影响所拘束，土生土长，趋于创造。这本选集就是证明。

这本选集包含七十五位作家，一百幅作品。这些作品是从陈列在抗战八年木刻展览会的几千幅作品中精选出来的。木刻作家把对于敌人的憎恨，对于受苦难者的同感，对于大众生活的经验，对于自由中国的期望，在这里表露无遗。我国人民以生命写了抗战的历史。而这本选集就是那历史的缩影。

前有叶圣陶先生序及协会所撰《中国新兴木刻的发生与成长》，后附七十五位作家简叙。（均附英译）①

把"对于自由中国的期望""表露无遗"，这就彰显出了这本"透露着新中国的新文化光辉"的《抗战八年木刻选集》，在那个"反内战，争民主"年代的现实意义。

叶圣陶为《闻一多全集》做的"技术性的工作"尤其多——"仔细校雠"、写"金甲文字"等琐碎的工作。他在为《闻一多全集》写的《重印后记》中说："闻一多先生被反动派看作死敌，他当然是咱们的英雄；反动派消灭了他的肉体，咱们就得拥护他的精神的永生——包括他的道德和文章。给他编集子当然应该编全集，不编全集就感到不满足，不够劲，不够给敌人一种威慑力量，不足以向全世界控诉反动派竟杀害了这样一位正义的有成就的学者。"②再请看叶圣陶为《闻一多全集》写的广告词：

### 《闻一多全集》
朱自清 郭沫若 吴晗
叶圣陶编

闻一多先生为民主运动贡献了生命，他是一个斗士。但是他又是一个诗人和学者。他说他始终没有忘记除了我们的今天外，还有那二千年前的昨天，这角落外还有整个世界。他又说："我的历史课甚至伸到历史以前，所以我又在研究以原始社会为对象的文化人类学。"

他的贡献真个太多了。创作《死水》，研究唐诗以至《诗经》《楚辞》，一直追求到神话，又批评新诗；更动手将《九歌》编成现代的歌舞，象征着我们青年农民的严肃的工作。

① 《国文月刊》第47期，1946年9月20日。

② 《叶圣陶集》第7卷第240—241页。

茅盾的《苏联见闻录》。

1947年8月，与开明同人到冠生园农场消夏（右起为叶圣陶、范洗人、王伯祥、丁晓先）。

他将古代与现在打成一片，成为一部"诗的史"，或一部"史的诗"。

这部全集由朱自清先生负责编辑。附有先生之年谱与事略及郭沫若、朱自清两先生的序，末附朱自清先生的编后记。①

① 《中学生》1948年9月号，9月1日。

② 《叶圣陶集》第18卷第347页。

1946年12月5日茅盾应邀赴苏联访问，1947年4月25日回到上海。《苏联见闻录》由日记和记述见闻的一组文章组成，这是作者应《时代日报》要求，边游边写，边寄回国发表。茅盾记叙的苏联，今天虽以不复存在，可在当年正是茅盾及其同辈人孜孜以求的。叶圣陶1947年12月19日日记中记有："校雁冰之《苏联见闻录》剪存稿，此书即付排矣。"《苏联见闻录》在《时代日报》上连载时叶圣陶就从报纸上"剪存"起来，留作出书的时候用，可见他对这部书有多关注。《苏联见闻录》1948年8月由开明书店出版。叶圣陶写的广告词中说：

茅盾先生于前年冬季游苏联，去年夏季回国。在旅行期间，他每天写日记，用他那致密的文笔，把所见所闻所思所感记载下来。对于特别需要详记的材料，如访问某一位作家，参观某一个博物馆，观赏某一出戏剧，他又另写专篇，好似电影中的特写镜头。旅行日记与三十多篇专论合在一块儿，就成这部包括他全部的游苏观感的《苏联见闻录》。②

# 13 绕道香港进入解放区

## 来自"远方"的召唤

叶圣陶1948年11月2日日记记："杜守素来，谈近事，致远方之意。谢之。"同年，12月19日日记记："（吴）觉农来，为远方致意，余再度谢之。觉农致意，盖转达劝余北游之消息。"

因为叶圣陶已经完全站到了国民党反动当局的对立面。1946年7月1日出版的《文艺复兴》第1卷6期，刊登了杜丹乡的一组诗，总标题为"愤怒的抒情诗"，叶圣陶最喜欢其中的《宣言》，诗云：

你有鞭子，
我有意志！
刺刀是你的，
理想是我的！

我爱你所恨的，
你恨我所爱的；
咱们中间永远存在着，
一段天大的距离。

你有手枪的恐怖，
你有枷锁的威胁，
你有策略，命令……
监狱，陷阱……

但是，你
以及你的主人和你的
徒子徒孙们哪，
却没有人民！

叶圣陶说："在如今时候，读这样的诗最配胃口"；"在如今时候，除了'愤怒的抒情诗'还有什么诗可以写的？"于是，他也写了他"愤怒的抒情诗"：

你爱好听的名儿，
我把一切好听的名儿让给你，
咱们站在两边儿，
水火之势不自今日始。

你喜欢自居革命，
好，我就自居反革命；
可是，你骨子里若是反革命，
我就反反革命。

> 叶圣陶日记中的"远方"是对中国共产党的尊称。中国共产党"劝"叶圣陶离开上海去解放区，固然是为了共同创造一个即将诞生的新中国，但也是在替叶圣陶的安全考虑，反动派随时有可能对叶圣陶下毒手。

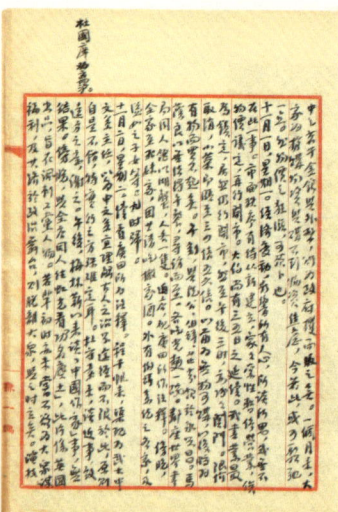
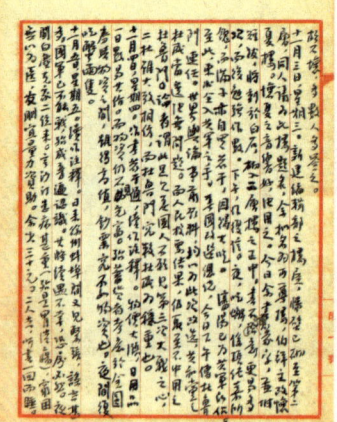
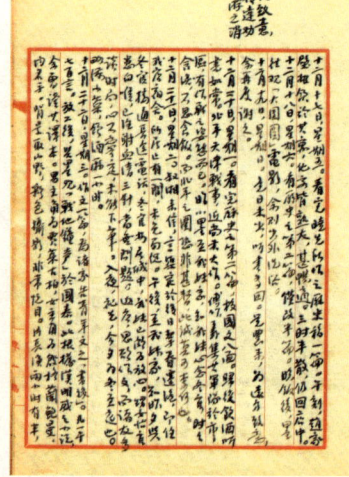

叶圣陶1948年11月2日日记。

叶圣陶1948年12月19日日记。

你喜欢自居正动，
好，我就自居反动；
可是，你骨子里若是反动，
我就反反动。

你，爱好听的名儿的人呀，
朝你说旁的话全是多余的，
只有一句话：
"不与同中国！"①

## 在香港候船"北上"

1949年1月7日，叶圣陶和胡墨林悄悄地从华盛码头乘永生轮，经台湾基隆，于1月11日抵达香港，住德邻公寓，与陈叔通"比屋而居"。香港工委和文委的负责人夏衍、邵荃麟、宋云彬、杜国庠、李正文等代表"北方"热情欢迎他。叶圣陶在1月11日日记中写道："云彬来夜谈，告以种种情形。"②次日日记中说：夏衍来，"谓昨日又接北方来电，询余到否，一切尚待商谈，缓数日再决"。③叶圣陶当时激动而喜悦的心情是难以形容的。他曾把接受中国共产党的召唤，秘密离开上海，一直到赴北京西郊机场欢迎毛主席进入北京的这段日记，取名"北上日记"，在1981年7月号的《人民文学》上发表，《〈北上日记〉小引》中说：

一九四八年十一月初，辽沈战役结束，就有许多民主人士和文化界人士陆续进入解放区，真像"涓泉归海"似的。香港成为当时的中转站，遇到的熟人有一百位左右，大多是受中国共产党的邀请，在那里等待进入解放区，参加政治协商会议的。

抗战期间叶圣陶"落了单"，不在"文化人"迁徙的"潮流之中"。而当中国社会即将发生重大变革时，他和许多进步人士走到了一起，"涓

①香港《华商报·热风》，1946年8月19日，收入《叶圣陶集》第6卷。

②《叶圣陶集》第22卷第6页。

③《叶圣陶集》第22卷第6页。

泉归海"似的奔赴解放区。到香港后，他最想念的是滞留在上海的好友郑振铎，1月12日写给上海朋友徐调孚、王伯祥等老友的信中说：

诸公均鉴：

在台寄一书，想先达览。昨日下午登岸，暂寓旅舍。已晤云少爷，略谈大概，其详须俟夏公方知。此行甚安适，无风无浪，长乐有兴，亦可出此途，乞容翁转告之。在台游三小时，吃一餐饭，市中甚脏，恐以前不若是也。大西瓜大橘子皆甘，啖之称快。刻须外出，匆匆上书。余俟续闻。

即颂

台安

弟郢顿首
一月十二日上午十时①

叶圣陶和郑振铎在香港。

2月9日日记中说："据荃麟言，铎兄将于明日登轮来港，打销初意之说非确。余闻之欣然。"② 2月15日日记中说："国民党方面分崩离析，而皆无求和之诚意，各地咸作备战姿态。今日报载上海白色恐怖复炽，又有开名单准备捕人之消息，相识者且有被捕者。铎兄迟迟其行，迄未见到，深为悬念。"③ 2月16日日记中说"今日接洗公电，言铎兄已动身，19日可到。"④ 2月19日日记：

与彬然过海，至太古码头，振铎所乘之盛京轮已到埠。士敏上轮寻访，未几即见振铎偕其女出。彼此相见甚愉悦。于是同返九龙酒店（时，叶圣陶已从德邻公寓搬到九龙酒店），振铎赁得一房间，在我室之右。徐伯昕邀午餐，以振铎为福建人，特觅一闽菜馆。饭后，陪振铎访家宝、以群、翰笙，皆未遇。返寓入睡一小时。

夜七时，应商务徐应昶、李孤帆之招，餐于大华。座有马季明、

叶圣陶致徐调孚、王伯祥等老友的信，催郑振铎"北上"。

信中的"云少爷"即宋云彬，"夏公"即夏衍，"长乐"指郑振铎，"容翁"是王伯祥。在叶圣陶的催促下，郑振铎有了"远游之意"。

①《叶圣陶集》第24卷第252页。

②《叶圣陶集》第22卷第20页。

③《叶圣陶集》第22卷第22页。

④《叶圣陶集》第22卷第23页。

绕道香港进入解放区

叶圣陶和胡墨林在香港。

徐伯昕等。九时散。访夏衍于报馆，谈半时许而归。①

从这些零星的书信和日记中，我们看叶圣陶与郑振铎亲如兄弟的情谊，看到叶圣陶"爱友如命"的美德，以及迫切期盼郑振铎和他一起投身于建设新中国伟大事业中的激情。

## "最欣同气与同舟"

1949年2月28日，叶圣陶从香港乘船动身去解放区，一同北上的共27人，"民主人士有柳亚子、陈叔通、马寅初、俞寰澄、张絅伯诸位老前辈，文化界人士有郑振铎、宋云彬、傅彬然、曹禺诸位老朋友，还有新相识的好多位，大多数都年过半百，可是兴奋的心情却还像青年。因为大家看得很清楚，中国即将出现一个崭新的局面，并且认为，这一回航海绝非寻常的旅行，而是去参与一项极其伟大的工作"。②当时，国民党军舰还控制着海域，所以叶圣陶一行全部化装潜行。叶圣

① 《叶圣陶集》第22卷第24页。

② 叶圣陶《〈北上日记〉小引》。

陶2月27日日记记：

饭后，余入睡一时许。醒来而王芸生、徐铸成、赵超构、刘尊棋四人来会。四君亦此次同行者。诸人除余与彬然外，皆穿西服。而此行大部须冒充船员身分，须改换中式短服。此时皆改装，相视而笑。云彬冒充庶务，独不改。余之身分，则被派为管舱员。女客则以搭客身分登轮。

三时许，墨与郑、邓二小姐先由李君导引登轮。我辈则以夜九时许往。先行者五人方下电船，而巡警二人即来查问。余与芸生、铸成、振铎四人望见，疑有疏漏，即避不前进。既而巡警徐徐行去，我四人始下电船。询知系侦察所携物件，恐为走私。而所以启其疑，殆由于不伦不类之短服也。

电船驶向轮船，行一刻许而达。登轮，墨已住定八号房，两人上下床，颇为安适。唯今夕墨须与曹禺对调。余管舱员，自不能与女客同舱，而曹禺之职亦为管舱，亦不能与女客邓小姐同舱也。

十一时许，末一批朋友登轮。此次所有载客，皆往同一目的地，平日皆熟友，除以上所记连余十二人外，一一记之。年较老者六人：陈叔通、马寅初、包达三、张絅伯、柳亚子夫妇。又有张志让、沈体兰两位。吴全衡携其二子。外有包达三之女儿。外有小姐三位，皆往出席全国妇女大会者。总计男女老幼

廿七人。历次载运北上之人，以此次为最多。

余夜眠甚酣。①

党组织为这批民主人士"北上"作了精心安排，对可能遇到的盘问均预先作了关照，"设想之周，防备之密，至可佩服"。叶圣陶在2月28日日记：

上午船不见开行。据人言此轮挂葡萄牙旗，而葡领事留难，尚未签证。

李君又来，一一告以应对之说辞，搭客宜如何说，船员如何说，恐海关人员查问。又令勿登甲板，以此是货轮，甲板上貌似旅客者众，恐致启疑。然至十一时五十分，轮竟开行，海关人员竟未来。如何交涉，抑或纳贿致之，未可知矣。

此行大可纪念，而开行须五六日，亦云长途。全系熟人，如乘专轮，尤为不易得。

开行历一点钟，传言已出于香港水警巡查之区域，可以不必戒备。于是登楼而观之，餐厅颇宽畅，其上层为吸烟室与燕坐间。午餐晚餐四菜一汤，尚可口。余等皆饮洋酒少许，恐所携不多，不够消费。

略有风浪，墨午饭后不舒，略呕吐，晚饭即未进食。诸君谋每夕开晚会，亦庄亦谐，讨论与娱乐相兼，以消此旅中光阴。②……

3月1日晚饭后，举行第一次晚会。包达老谈蒋介石琐事。曹禺唱《李陵碑》《打渔杀家》，邓小组唱《贵妃醉酒》，张季龙唱青衣，徐铸成唱老生，全衡与郑小姐唱民歌。叶圣陶说一个谜语让大家猜，"谜面为我们一批人乘此轮赶路，谜底为《庄子》篇名一"。宋云彬猜中为《知北游》，要叶圣陶写一首诗作奖品，"并请柳亚老和之"。叶圣陶于是日深夜写了《自香港北上呈同舟诸公》，诗云：

南运经时又北游，
最欣同气与同舟。
翻身民众开新史，

①《叶圣陶集》第22卷第26—27页。

②《叶圣陶集》第22卷第27—28页。

叶圣陶、胡墨林与"北上"人士合影。

叶圣陶：《自香港北上呈同舟诸公》。

亚老和作不久即成，兹录之：

> 栖息经年快壮游，
> 敢言李郭附同舟。
> 万夫联臂成新国，
> 一士哦诗见远谋。
> 渊默能持君自圣，
> 光明在望我冥求。
> 卅年匡齐惭无补，
> 镜里头颅只自羞。

陈叔老亦有和作，此老七十有四，兴复不浅。诗云：

> 奔赴新邦未是游，
> 涉川惭说用为舟。
> 纵横扫荡妖氛靖，
> 黾勉艰难国是谋。
> 总冀众生能解放，
> 岂容小己各营求。
> 青年有责今方始，
> 如我终蒙落后羞。

张季龙之和作继之而成，并录之：

> 开浪长风此壮游，
> 八方贤俊喜同舟。
> 经纶首作三年计，
> 衣食须为万众谋。
> 学运文潮黉沼起，
> 奇才异技野田求。
> 衔泥聚土成丘陆，
> 回顾平生不自羞。

> 立国规模俟共谋。
> 篑土为山宁肯后，
> 涓泉归海复何求。
> 不贤识小原其分，
> 言志奚须故自羞。①

诗中说他离沪南行，至香港北上，已五十余天了，最可欣庆的是"同舟"都是同声相应、同气相求的朋友。为了催促新中国的诞生，他像背一筐土去堆山似的，怎肯落在别人后头呢？像小溪一样流归大海，真是再高兴没有了。只因自己没有才能，今后怎样去"参与一项极其伟大的工作"，"应该怎样去做，自己能不能胜任"，还是"相当模糊的"。他不怕难为情，把自己的志向告诉"同舟诸公"，于是争先唱和。第二天的日记：

> 余诗传观于众，颇承谬赞。柳

① 《叶圣陶集》第22卷第28页。

（第三句谓恢复经济应首作三年计划，末句后改作"群力擎天漫自羞"。）

3月4日日记：

午饭后睡一时许。起来时云彬示以和韵诗，录之：

蒙叟寓言知北游，
纵无风雨亦同舟。
大军应作渡江计，
国是岂容筑室谋。
好向人民勤学习，
更将真理细追求。
此行合有新收获，
顽钝如余只自羞。

柳亚子诗中"渊默能持君自圣，光明在望我冥求"，是称赞叶圣陶的，说他一定能胜任建设新中国这"一项极其伟大的工作"。这些为"我们的中国"奔走奋斗了三十多年、年过半百的老前辈在船上饮酒赋诗，还一遍一遍地高唱《义勇军进行曲》寄托兴奋的心情，其"年轻"和"兴奋"的心情，不难想象。他们以主人翁的责任感，为中国革命和新中国的文化事业献计献策，如"经纶首作三年计，衣食须为万众谋"；"大军应作渡江计，国是岂容筑室谋"，等等。还召开了两次题为"文化及一般社会如何推进新民主义之实现"的座谈会，就文化的"普及"和"提高"、"新闻事业"和"戏剧电影"如何为"现实"服务等课题进行研讨。面对即将开始的崭新的生活，他们在欣喜激动的同时，互相勉励，要为民众的翻身解放有所奉献，有所作为。

叶圣陶一行在从香港"北上"的船上合影。

## 从烟台到北平

3月5日午后船抵烟台,傍码头已是下午5点,军队及市政府领导到码头欢迎。叶圣陶在当天的日记中说:

> 码头上已有军队及市府人员迎候,盖先接电报通知。诸人分乘汽车入市区,至一大屋。晤徐市长及贾参谋长。闻一大可喜消息,国民党之军舰重庆号,于上月下旬,有兵员二十二人起义,劫持六百人,将军舰自上海开来烟台。此二十二人自书遗嘱,共誓必死,而竟成功,此于海军影响甚大。徐贾二君态度极自然,无官僚风,初入解放区,即觉印象甚佳。

叶圣陶的生活从此揭开了新的一页。徐市长及贾参谋长"二君态度极自然,无官僚风",这就是烟台解放区留给叶圣陶最初的印象。叶圣陶一行在烟台停留了两周,解放区的天是艳阳天。3月8在莱阳参加当地的"'三八'妇女大会",叶圣陶应邀致辞,"略述蒋管区妇女近况"。当晚有欢迎会,叶圣陶在日记中记有:

> 夜间,在田野间举行欢迎会。阔地作舞台。我等居于台前,铺褥坐地,前设炕几,陈烟茶瓜子之类。其外围则士兵与村民,不详其数,约计之殆将五百人,而寂静无哗。欢迎会仅郭老(郭子化)略说数语,无他噜苏。演剧凡四出,皆歌舞兼之,多采用旧形式。演员皆部队及政工

叶圣陶在李家庄"'三八'妇女大会"上致辞。

人员，有男有女。一日《拥护毛主席八项条件》，为花鼓戏之形式，而从集体演唱出之。二曰《交易公平》。三曰《积极生产》，皆叙解放军之优良传统，据云俱有事实根据。四曰《开荒》，则延安之旧作，亦系事实。亚老感动甚深，自己要求当众致词。余亦以为如此之戏，与实生活打成一片，有教育价值而不乏娱乐价值，实为别辟途径者。而场中蓝天为幕，星月交辉，群坐其中，而有如在戏场之感，此从来未有之经验也。且风势已杀，并不甚寒，尤为舒适。①

3月10日到青州市（益都），叶圣陶在日记中说："听吴仲超君谈收藏保管文物之情形，头头是道，至为心折。诬共党者往往谓不要旧文化，安知其胜于笃旧文人多多耶。"②3月11日，叶圣陶在华东党政军驻地孟家村出席欢迎会，3月14日凌晨到济南，次日清晨到德州，次日夜到沧州。在沧州车站见到杨之华和邓颖超。日记中说："之华已二十余年不见，渐渐老矣。略谈其历年经历。"③3月18日"晨五时许到天津"。是日日记记：

北平方面有三人来迎，只记其一为连贯。车停天津一时有余，遂开行。此一段为双轨，行驶颇速，十时许到北平。候于车站者数十人，中有北平市长叶剑英。此外大半为熟友，所谓民主人士，不能一一记

其名。唯愈之已十余年不见，且曾有海外东坡之谣传，乍见之际，欢自心发。

叶圣陶在1945年4月3日日记中说："得彬然来信，皆言店中事。末言有人传言，愈之避居于荷属东印度，已以病死。此说深冀其未确，愈之才，友朋中不可多得也。怅然不欢。"④就决定在他主编的《中学生》杂志上出一期纪念胡愈之专辑，茅盾、傅彬然、宋云彬、柏寒、胡子婴等都写了纪念文章。叶圣陶的文章题为《胡愈之先生的长处》，⑤盛赞胡愈之的自学精神、组织能力、

（上图）1950年初，叶圣陶与胡愈之（右一）、郑振铎（左二）合影。

（下图）叶圣陶与胡愈之（左一）合影。

①《叶圣陶集》第22卷第35—36页。

②《叶圣陶集》第22卷第36页。

③《叶圣陶集》第22卷第44页。

④《叶圣陶集》第20卷第383—384页。

⑤《中学生》复刊第89期，1945年7月1日。

"唯愈之已十余年不见，且曾有海外东坡之谣传，乍见之际，欢自心发。"愈之即胡愈之。1937年暑期前在上海一别，就再也没有见过面。1940年11月，在周恩来的安排下胡愈之到新加坡担任《南洋商报》的主编。1942年1月，日军占领了马来亚首府吉隆坡后，胡愈之流亡到苏门答腊。1945年3月，胡愈之在苏门答腊东南的马达山区避难期间，国内有过他已病逝的误传。消息最初是由泰国传到重庆的，称"胡愈之已在1944年9月上旬病逝于南洋某地"。还说"十有八九可靠"。这消息由重庆传到桂林、成都和上海后，国内的朋友无不伤痛失色。

博爱思想、友爱情谊。文章最后说：万一"死讯误传。如果我们有那么个幸运"，得与胡愈之重行晤面，这个特辑便是所谓"'一死一生，乃见交情'的凭证，也颇有意义"。

胡愈之"病故之说"，果然纯属"海外东坡"。隔了十一年有半，忽然在北平车站相逢。叶圣陶看到这位经历过"一生一死"的老朋友，走在"百川归海"这一大潮的前头，提前来到北平于前门车站来迎接他，心里真有说不出来的惊喜！

## 出任教科书编审委员会主任

叶圣陶到北平后，就参加了全国文艺界协会的筹备工作，为七常务委员之一，又担任出席世界和平大会文艺界的代表和全国学术工作者协会理事。3月25日，中共中央迁至北平。叶圣陶到西郊机场欢迎毛泽东主席和周恩来副主席。自3月29日始，叶圣陶着手筹备教科书的"编审机构"。自4月8日始，正式担任华北人民政府教科书编审委员会主任。

作为华北人民政府教育部教科书编审委员会的主任，叶圣陶不仅管教科书，也得参与规划和设计新中国教育的体制和蓝图，讨论像"接管上海教育"这样的大事，真可谓日理万机。中小学教科书中，小学的算术、自然，中学的数、理、化课本稍加修改就可以延用，历史、地理、常识课本改编的难度也不算太大，再说也可以逐年修饰，关键是语文（国文）和政治课本，必须除旧出新，重新编撰，用叶圣陶的话说是：不能让新中国的儿童再读

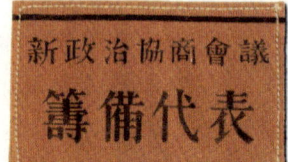 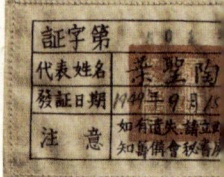

叶圣陶出席新政协筹备会议的出席证。

叶圣陶在北平与茅盾、艾青、胡风等文艺界同人合影。

1949年9月全国政协第一届全体会议教育组合影（一排左起：汤用彤、江恒源、成仿吾、林砺儒、俞庆棠、竺可桢。二排左起：叶圣陶、叶企孙、戴伯韬、柳湜、张如心、钱俊瑞、晁哲甫。三排左起：江隆基、杨石先、陈鹤琴、葛志成）。

"青天白日满地红！"而革命进程则如风卷残云，一日千里。4月16日，周恩来郑重宣告：如果南京政府不接受共产党的"八项和平条件"，人民解放军就于4月20日横渡长江。短短的几句话，简直是震耳欲聋的春雷。叶圣陶4月21日日记中说：

> 傍晚街上喊《号外》，系载毛朱之命令，令将士奋勇渡江，并言敌方有愿接受二十四条款者，即可与签订协定云云。
> ……
> 夜间，周恩来开招待会，墨往参加。深夜归来，述其所闻。系和谈破裂经过，并言渡江有把握，十天内可见分晓。又谓防空袭于万一，六国饭店、北京饭店之诸人须谋分散。日来一部分朋友即往东北参观，一部分朋友则即日南下。其留平者，将分别迁居。据此，六国饭店一个月馀之生活即将结束矣。

国民党政府拒绝接受国内和平协定。4月21日，毛泽东主席和朱德总司令向人民解放军发布向全国进军的命令，百万大军横渡长江。想到一个梦寐以求的新中国即将诞生，叶圣陶怎么也按捺不住内心的欣喜。他在教科书编审委员会会议上提出了一个口号："解放军打到哪里，教科书送到哪里！"激励教科书编审委员会同人忘我地工作。新中国在亿万人民的欢呼声中成立

叶圣陶和茅盾在政协筹备会议上。

叶圣陶画传

1949年7月,叶圣陶和胡墨林在北平会见友人。

了,教科书编审委员会编写的《初小国语课本》《高小国语课本》《初级中学国文课本》《高中国文课本》《大学国文(现代文之部)》及各种课本,也由新华书店和华北联合出版社相继出版。新中国大、中、小学教科书与新中国同时诞生!"解放军打到哪里,教科书送到哪里"的豪言壮语,化作累累硕果,镶嵌在新中国教育史的扉页上。

教科书编审委员会同人庆祝中华人民共和国诞生。

# 在出版总署五年

## 担任出版总署副署长兼编审局局长

1949年10月20日，叶圣陶被任命为出版总署副署长兼编审局副局长（后来兼任局长）。胡愈之为署长，周建人亦任副署长。1950年11月13日，教育部与出版总署成立教科书编审委员会，叶圣陶任教科书编审委员会主任。同年12月1日，人民教育出版社成立，叶圣陶任社长兼总编辑。1954年9月，出版总署撤销，并入文化部。10月30日，叶圣陶任教育部副部长，仍兼人民教育出版社社长和总编辑。1966年8月2日，叶圣陶被免去教育部副部长职务。周恩来总理特地

> 不用说出版工作多么重要，干出版工作的谁不知道。以往的出版工作有些儿成绩，然而是散漫的，没有什么计画的。这一回全国出版工作会议开个头，讨论分工、合作、专业化种种问题，这才使出版工作有了整体性的计画性。在这样的基础上，出版工作的成绩一定会超过以往多少倍。
>
> 一九五零年九月 叶圣陶

叶圣陶为第一届全国出版工作会议题词。

出版总署署长胡愈之（左），副署长叶圣陶（中）、周建人。

50年代的荣宝斋。

①商金林：《叶圣陶年谱长编》第4卷第8页，人民教育出版社，2005年。

关照：叶圣陶如何安排，由国务院"直属口"管理。①从新中国成立到"文革"初期的十七年间，叶圣陶把全部精力贡献给了新中国的出版事业和教育事业。

新中国成立之初，出版业处于分散状态，没有联合和统一，编辑出版方面不可避免地发生无计划、重复浪费、版本混乱、质量不高等现象；私营的出版业力量相当强大；人民渴望了解一切新事物，需要学习，而出版业无论编辑力量、印刷力量、发行力量来说都不能适应。面对上述问题，叶圣陶和出版署的同仁，遵照党的"保护人民的出版权利，禁止反人民的出版物的出版发行"，"在出版方面贯彻人民民主专政"，以及"统筹兼顾、分工合作"的方针，首先抓了出版工作的专业化，以原来在解放区的新华书店和国统区的一些进步书局为基础，在全国范围内组织新型的社会主义出版事业，逐步建立各种专业出版社，如人民文学出版社、人民出版社、人民教育出版社、人民美术出版社、科学出版社、财政金融出版社、民族出版社、青年出版社、工人出版社、农业出版社、通俗读物出版社等，到1954年国家出版总署撤销时，中央一级专业出版社已达三十多家。

出版工作的专业化，这是出版业的一场大革命。这一改革进一步促进了国营书刊的发展，全国出版业开始沿着有领导、有组织、有计划的机制运行。叶圣陶办事最讲认真，事必躬亲。在出版总署的五年，大到出版总署五年规划、字体的规范化、铅字的统一、铜模的铸造、标点符号的使用、印刷和装帧技术的改进；小到各出版社的分工、人员的配备、出书的范围、纸张的利用、设计的版式，他都参与规划和拟定。

叶圣陶为新中国出版事业做了一系列开创性的工作。一是在创建一批专业出版社作为出版业主干的同时，叶圣陶和出版总署同仁一起，对私营企业进行整顿和改造。当时私营出版业占全国出版业的四分之

叶圣陶1950年10月19日日记。

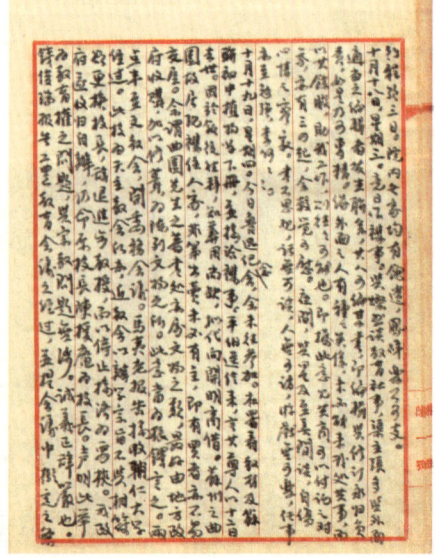

（左）叶圣陶1950年10月19日日记。

（中）叶圣陶1950年3月21日日记。

（右）叶圣陶1950年3月14日日记。

叶圣陶以他和胡愈之的名义写给赵景深的信。

### 致赵景深

〔一九五〇年三月〕

景深吾兄大鉴：

接本月六日大札，敬悉一一。关于《新知识辞典》，已由弟函复小峰先生，兄必将寓目，不复赘陈。此事所以如此处置，固在恐其贻误读者。辞典之用，在释疑解惑，视一般书尤关重要，翻检而得谬解，流弊滋深。况其订正在解放之后，而谬误依然，混淆听闻，更为可虑。此间曾加研究，摘录其未妥之条目，据主其事者谓举例而已，未能悉备。今以研究稿一份附呈，至希察览。弟等以为与其零星补缀，招徕率尔从事之讥，不如重行编撰，收认真出版之实。苟逐条加以审订，合正续编而为一书，果能确切精当，读者明识，必将誉之不遑，争相购置。如是则北新之名噪，而实亦复不菲。唯其为数十年之友，故敢以忠恳之言奉闻，倘荷采纳，岂非私幸而已乎。

《新知识辞典自纠》《人民日报》发表读者批评后，各方均极注意，北新能毁版重排，乃使全国读者了解北对于出版工作认真不苟，足为出版界之表率。谁不欲誉，知兄必将首肯矣。敬此上复，顺颂

著安。

弟胡愈之 叶圣陶 一九五〇年三月十五日

叶圣陶1950年3月14日日记。

三。对私营出版业进行改造，使其纳入人民出版事业的轨道，为新中国的建设服务，意义十分重大。尤其是像商务印书馆、中华书局、开明书店等大型出版社，在国内各地设有许多分店，都有一个有一定规模的编辑部，集中了许多人才，和著作界有着长期的紧密联系，可新中国成立后私营出版社处境艰难。对私营出版业进行卓有成效的社会主义改造，使一批濒临倒闭的书店和经营书画艺术品和文房四宝的"老字号"获得了新生，创造并积累了难以计数的精神和物质财富。

二是在对私营出版业进行整顿和改造的同时，取缔了一批有政治倾向性错误的书籍。出版总署取缔的第一本书，是赵景深主编、由北新书局出版的《新知识辞典》。这个决定，是叶圣陶1950年3月10日在出版总署

叶圣陶1950年10月19日日记："荣宝斋为诗笺裱背铺，其出品甚精，《北平笺谱》中以其店之成绩为多。近以营业不振，亏累不少，欲将歇业。我署乃投资一亿元，作为公私合营，始可维持。今日为重行开张之期，特设宴请客。余到时已开宴，愈之、振铎、建功诸位先在，即共饮。"

叶圣陶1950年3月21日日记："上午为汇报，谈开明公私合营事。先谈对于公私合营之一般原则，以为合营非限于国家投入资本，凡与以任务，公私合作，皆属之。故方式有多种，可因对象而施。如开明者，编辑方面可与我编审局配合，发行方面可与新华书店配合，有其他事，总署可参加讨论，助之解决。此即合营之义也。拟于二三日后，与达君试谈一次，再定如何答复开明之请求。"

赵景深主编的《新知识辞典》有政治错误，决定取缔。叶圣陶1950年3月14日日记："余与愈之劝其勿事零星补缀，致贻草率从事之讥，宁可重行编撰，确收认真出版之实。函发自私人，景深殆不认为打官话也。"

叶圣陶草拟的有关出版工作的规定和指示。

①《叶圣陶集》第22卷第97页。

的集会上宣布的："此书有违人民民主，故令其收回销毁"，同时也给"出版家及读者以一种刺激，并望出版家认真编撰也"，②态度极其严正。正是这种严肃认真的态度，确保了新中国的出版事业沿着为社会服务、为人民服务的轨道健康地发展。

　　三是建立和健全了出版工作的法令、法规。出版总署成立后，先后制定和颁布了《关于国营书刊出版、印刷、发行企业专业化与调整公私关系的决定》《关于改进和发展出版事业的指示》（以政务院名义下达）《出版物的计量单位与计算方法的规定》《关于征集图书、期刊样本暂行办法》《关于图书杂志版本记录的规定》等。1951年5月11日，出版总署发布《关于编印发行1952年历书的指示》，要求人民出版社与各地方人民出版社合力编印新历书，向农民介绍政治常识，以及生产与卫生方面的科学知识。1952年7月1日，出版总署发布了《关于查禁书刊问题的指示》，针对个别"查禁的人员"滥用查禁手段的做法，严格规定了"查禁"的范围，规定："今后各地出版行政机关查禁书刊，必须事前得到本署批准，绝对不允许先斩后奏。"1954年4月19日，出版总署做出了《应该组织重印一些有价值有内容的近代学术著译、文化知识读物的决定》，明确指出："出版工作也与其他文化工作一样，我们不能割断历史，应该继承历史上所有优秀的、有价值的东西，使之为现代中国的读者服务，并使之发扬光大。"上面列举的这些法令、法规和指示，都是叶圣陶主持或参与拟定的。此外，建立中央书库和版本图书馆，创刊《进步青年》《新华月报》等一批有影响的重要刊物，在《人民日报》开辟《图书评论》双周刊（1950年4月5日创刊）等举措，也都是叶圣陶参与筹划的。出版总署为我国出版事业开创了崭新的局面，也为出版事业的长远发展打下了坚实的基础。从开国到1954年出版总署存在的这一历史阶段，中国出版界起了战略性的本质变化。这是以胡愈之、叶圣陶、周建人为代表的一批精通出版事务又特别能战斗的出版家，在中国共产党领导下创造的一辉煌的业绩。

## 为语言的纯洁和健康而示范

叶圣陶十分关注语言问题。"北上"之后,因为肩负着编纂教科书的重任,叶圣陶对"语言文字"就更关注了。建国初期,语言文字比较混乱,叶圣陶奉命编集文字改革的资料,供毛主席等中央领导人参阅。1951年2月,党中央发布《关于纠正电报、报告、指示、决定等文字缺点的指示》,这个指示的中心思想就是为祖国语言的纯洁和健康而斗争。

为了宣传党的语言政策,促使汉语规范化,叶圣陶和胡乔木一起于1951年3月4日会见语言学家吕叔湘,请他在《人民日报》刊载文章,谈文法,供干部学习。1951年6月6日,《人民日报》接受叶圣陶和胡乔木的建议,发表了题为《正确地使用祖国的语言,为语言的纯洁和健康而斗争》的社论,并从同日起连载吕叔湘、朱德熙的《语法修辞讲话》。《语法修辞讲话》连载结束后,叶圣陶把《语法修辞讲话》分为六分册,由开明书店出版,又写了《从〈语法修辞讲话〉谈起》一文,对《语法修辞讲话》作了中肯的评析,并且提出了对语法的建设性意见:语法体系不一,术语分歧的现象虽不能用强迫命令"定于一",但是希望能充分协商,先提出个在教学上可能试用的纲领来。

从50年代起,叶圣陶为国家一些文件的文稿把"文字"关,例如《宪法》草稿的文字,就是由叶圣陶与胡绳、吕叔湘三人组成"文字修正"小组,反反复复地修润打磨过的。叶圣陶参与修润的文件稿还有《小学生守则》(稿)、兵役法(稿)、解放军军官服役条例(稿)、关于勋章和奖章的文件稿、一届二次人代会提案委员会审查报告(稿)、中华人民共和国参加各国议会联盟的人民代表团的章程与决案(稿)、文字改革委员会关于推广普通话的

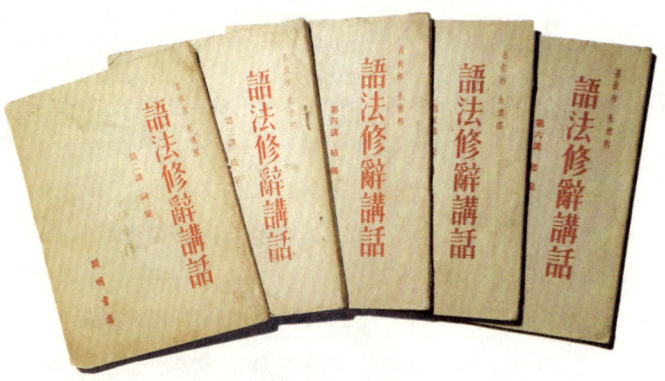

吕叔湘、朱德熙合著的《语法修辞讲话》。

《人民日报》社论。

1954年5月,全国政协《中华人民共和国宪法(初稿)》座谈会第十组委员合影。

决议(稿)、《〈农业合作社章程〉草案》(稿)、《汉语拼音方案草案》(稿)、《国务院关于开展扫盲工作的决定和扫盲协会章程初稿》(稿)、《一九五六年至一九六七年哲学社会科学规划草案(初稿)》(稿)、《高级农业生产合作社示范章程》(稿)等。这在日记中都有记载;50年代出版的《斯大林全集》,译稿也是经叶圣陶修饰过的。中央部委的一些公文(稿)也请叶圣陶批改,批改后发回作为"范文"示范。胡乔木在一次讲话中说:叶圣陶在语文方面"不仅有独到的见解,而且有相当系统的研究"。他说"叶圣老关于语言问题的见解和理论",对他产生了一种"法律的效应"。还说50年代"有叶老这样的榜样","又得力于毛主席的提倡和支持,语言规范化成为一种风气,有许多用法逐渐典范化了"。①

① 《胡乔木同志的讲话》,《叶圣陶研究会通讯》第1期,1990年2月28日。

② 《人民日报》1951年11月22日第三版。

### 撰写《标点符号用法》

正确使用标点符号,也是语言规范化的一个组成部分。1951年7月17日,叶圣陶开始写《标点符号用法》一文。9月26日,《标点符号用法》以政务院出版总署的名义在《人民日报》发表,《光明日报》以及《语文学习》和《语文教学》也作了转载。《标点符号用法》对"句号"、"逗号"、"顿号"、"分号"、"冒号"、"问号"、"感叹号"、"引号"、"括号"、"破折号"、"省略号"、"着重号"、"专名号"、"书名号"的定义和书写格式作了明确的界定。标点符号的规范化,有益于文章跟口语的一致,强化了根据语言来使用标点符号的意识。叶圣陶在日记中说"《标点符号用法》是他做的最满意的一件工作"。萧家霖在《我们应该学会正确地使用标点符号》②

一文中说出版总署公布的《标点符号用法》有三个特点：

第一，他把标点符号分成两类，一类是根据语言而来的，一类是完全属于书面的东西。它指出句号、逗号、顿号等七种符号并非只是书面的东西，而是根据语言而来的。把标点符号的用法和语言的规律结合起来，这还是头一回。过去一般讲标点符号的都只从书面出发，让人觉得标点符号不过是文章的附加品，何妨马夫一点。许多人不重视标点符号，就因为存在着这样的心理。标点符号用得相当混乱，原因也就在此。《标点符号用法》指出了句号、逗号、顿号等七种符号是根据语言而来的，原是语言的有机成分，并非文章的附加品。大家认清了这一点，纠正了过去的错误的想法，才会重视标点符号，认真地使用标点符号。

第二，它指出句号、逗号、顿号等七种标点符号表示语言的种种停顿。停顿就是暂时不说下去，却和说的部分密切相关。语言的意义、组织、情态，靠了停顿才见得显明。一连串说下去、绝不停顿的语言是没法叫人领会的。所以，写文章的时候，必须正确使用句号、逗号、顿号等七种标点符号来表示语言的种种停顿，才可以让读者一点不走样地了解作者的原意。同时，这才实现了写文章和说话一致的原则。

第三，它规定了标点符号在排版、书写方面的格式。……出版物不但整齐美观，而且使读者群众受到实际的好处。

周祖谟在《正确地使用标点符号》①一文中说：

中央人民政府出版总署在九月间公布了《标点符号用法》，这是中国人民文化教育事业上一件重大的事情。对于标点符号的用法，我们有了这一个正确的标准以后，不但目前在运用上混乱的现象可以早日澄清，而且所有从事写作的人也可以由此在书写上求得更准确的途径。由此，我们必须了解其意义，并且普遍地开展学习，正确地使用标点符号。

文章里应用标点符号，自"五四"时期就开始了。……可是，从五四到现在已经三十多年了，在用法上始终没有一定的标准。……

① 《人民日报》1951年11月23日第三版。

叶圣陶拟定的《标点符号用法》。

（左）萧家霖：《我们应该学会正确地使用标点符号》。

（右）周祖谟：《正确地使用标点符号》。

出版总署所公布的文件恰恰解决了这些困难。这一份文件里根据我们民族语言的形式，经过科学的分析，正确地指出语言和应用符号的关系。那就是：符号是跟着语言的停顿相配合的，有停顿，就要用符号来表示这个停顿。可是语言中有种种不同性质的停顿，由此也就要用不同的符号来代表它。句号、逗号、顿号、分号、冒号、问号、感叹号之类就是配合着这些停顿而设的。如果会正确地应用这些符号，同时也就把语句中的逻辑关系表示清楚了。这是一个重要的发明。过去出版的许多讲标点符号用法的书，还没有联系到语言的声音和意义的内容发挥得这样透辟的。我们应该认清这一点，从这一点入手学习。

除这一点以外，更需要特别指出的是：原件对于标点符号的分类和各种符号用法的指示，是集中过去大家应用的习惯并且结合目前实际的需要而定的。它有广大的群众基础，它符合今日广大人民的要求，跟"五四"时期单由一部分新人物所创始的情形大不相同了。现在及时地公布出来，确实值得我们称赞。同时我们要知道语言是社会上调协共同活动的工具，在当前史无前例的统一局面下，我们不但要谋求发展民族共同语，而且在书写上我们还要要求标点符号的统一：这正是为进一步发展我们文化教育事业所必备的条件。我们应当为这一份文件的公布而欢欣，努力学习，把"正确地应用标点符号"作为我们在写作上应负的责任，为发展伟大祖国的文化而奋斗！

叶圣陶一贯谦卑，作风平实，并不希望朋友们表扬他，宣传他。可读了周祖谟的评介感到特别欣慰。周祖谟文章中的话事前曾在给叶圣陶的信中谈起过。叶圣陶1951年9月17日日记中说：

北大周祖谟君前日索余之《标点符号用法》，今得其复书，感其知音，录之于下："其中最扼要最中肯綮者为指明句号以下七种符号系根据语言之停顿而设：语言中有种种不同之停顿，则符号亦因之有异。环顾坊间所出论标点符号各书，未有能洞察及此者。尊著首先提出，使人人了此胜义，可谓沾溉无穷矣。"余之稿本印出后，能明乎此者，不超过五人也。①

虽说《标点符号用法》中有些见解也还值得商榷，但它对于标点符号使用的规范化、纠正当时标点符号使用得相当混乱的现象，提醒人们注意语言和应用标点符号的关系等诸多方面都有开拓性的贡献。

## 拟定课程"总纲"和"标准"

1949年8月至10月中旬，叶圣陶主持拟定了《小学课程标准总纲草案》和《中学课程标准总纲草案》，以及《小学语文科课程标准》（草稿）和《中学语文科课程标准》（草稿），"总纲"和"标准"总结了五四以来我国教材建设的经验（包括解放区的经验），对新中国成立后的语文教学和教材编写工作有重大影响。

《中学语文科课程标准》（草稿）②始用"语文"一名，"语文"作为一门学校功课的名称，是从1949年开始的，这是叶圣陶首先提出来的。以前,这门功课在小学叫"国语"，在中学叫"国文"。这是因为小学课文全是语体文，到了中学，文言文逐步加多，甚至全部采用文言。可见，小学"国语"的"语"字是从"语体文"取来的；中学"国文"的"文"字是从"文言文"取来的。叶圣陶提议改称"语文"，既非过

去的"国语"与"国文"的合并，也非"语言"和"文学"的拼盘，而是划时代的变革。他对此曾作过解释：

前此中学称"国文"，小学称"国语"，至是乃统而一之。彼时同人之意，以为口头为"语"，书面为"文"，文本于语，不可偏指，故合言之。亦见此学科"听""说""读""写"宜并重，诵习课本，练习作文，固为读写之事，而苟忽于听说，不注意训练，则读写之成效亦将减损。……其后有人释为"语言""文字"，有人释为"语言""文学"，皆非立此名之原意。③

叶圣陶指出"语文"这门功课就是学习运用语言的本领的。口头说的是"语"，笔下写的是"文"。"语文"应该培养学生两种基本的能力，一是接受，即听别人说的话，

①《叶圣陶集》第22卷第226—227页。

②收入《叶圣陶集》第16卷。

③叶圣陶1964年2月1日《答滕万林》，《叶圣陶集》第25卷第33页。

1949年8月，叶圣陶拟定的《中学语文科课程标准》（草稿）。

读别人写的文章；二是表达，即说给别人听，写给别人看。口头语言的"听"和"说"，书面语言的"读"和"写"，同样重要，随着社会的日益发展，"听"和"说"显得越来越重要：听报告、听演讲；即兴发言、即席演讲（包括传达、问询、答问、交谈、辩论、申诉）的场合越来越多，善于"听"、善于"说"，成了人的素质和语言表达能力最直观的表现，听不明道不白、羞涩不肯开口、开了口又含糊不清、讲得不准确、不完美、不艺术、不庄重、不风趣、不漂亮，凡此种种大都与一个人的语文水平有关。一般情况下"读"得不好还可以再读或重读；"写"可以从容地构思和反复修改，可"听"和"说"往往是"一次性"的，在特定的场合没有听到的往往就再也听不到了（即便有录音，再"听"时也缺少了"说话时"的语境和氛围），说出去的话如泼出去的水一样再也收不回来了。在现实生活中人们可以不"读"不"写"，但不能不"听"不"说"。鲁迅在1933年9月发表的杂文《由聋而哑》中说："医生告诉我们：有许多哑子，是并非喉舌不能说话的，只因为从小就耳朵聋，听不见大人的言语，无可师法，就以为谁也不过张着口呜呜哑哑，他自然也只好呜呜哑哑了。"[①]这也从一个侧面说出了"听"的重要，"听"与"说"相辅相成。鲁迅在这篇杂文中还说到"由聋而哑，枯涸渺小，成为'末人'"。

① 《鲁迅全集》第5卷第294页，人民文学出版社，2005年。

所谓"末人"就是智商极其低下的愚人。这也从一个侧面说明"听"、"说"太重要了！叶圣陶"听"、"说"、"读"、"写"的界定和排序，是为语文课的功能和目的所作的最科学、最简洁、最权威的阐释。

## 出版"新文学选集"和《朱自清文集》

新中国成立不久，中央人民政府文化部就成立了"新文学选集编辑委员会"，负责编选"新文学选集"，文化部部长茅盾担任编委会主任，出版总署副署长叶圣陶、《文艺报》主编丁玲、文艺理论家杨晦等担任编委会委员。叶圣陶1950年10月11日日记记："新文学选集"各册目录"大致交到"。短短的一句话，让我们看到叶圣陶在组织和出版"新文学选集"中的"牵头"的作用。

"新文学选集"是新中国第一部汇集五四以来作家选集的丛书。1951年由开明书店陆续出版，原定为24种，分为二辑：

第一辑是"已故作家及烈士的作品"，共12种，即《鲁迅选集》《瞿秋白选集》《郁达夫选集》《闻一多选集》《朱自清选集》《许地

开明版"新文学选集"之一。

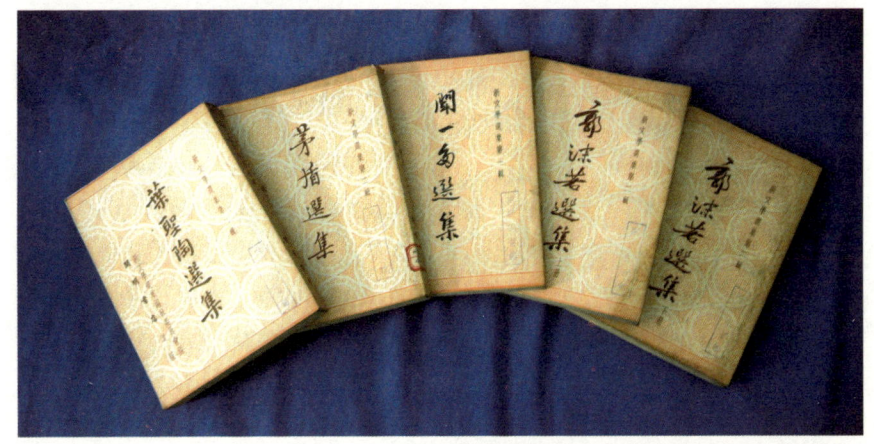

开明版"新文学选集"之二。

山选集》《蒋光慈选集》《王鲁彦选集》《柔石选集》《胡也频选集》《洪灵菲选集》和《殷夫选集》。"健在作家"的选集为第二辑,也12种,即《郭沫若选集》《茅盾选集》《叶圣陶选集》《丁玲选集》《田汉选集》《巴金选集》《老舍选集》《洪深选集》《艾青选集》《张天翼选集》《曹禺选集》和《赵树理选集》。因为某种原因,《瞿秋白选集》《田汉选集》未能出版。最终这部选集共出了22种,规格相当高。

初版本为大32开软精装本,另有乙种本(即普及本)。软精装本扉页和封底衬页的正中都印有鲁迅与毛泽东的侧面头像,因为占的版面比较大,格外引人注目。毛泽东《新民主主义论》中称鲁迅"是文化新军的最伟大和最英勇的旗手","是中国文化革命的主将","不但是伟大的文学家,而且是伟大的思想家和伟大的革命家","鲁迅的方向,就是中华民族新文化的方向",刊印鲁迅头像是为了突出鲁迅在新文学史上的权威地位,将鲁迅头像与

开明版"新文学选集"之三。

毛泽东头像并列刊印在一起,则寄寓着以鲁迅为代表的五四新文学发展的最终方向,就是走向1942年以后的文艺上的"毛泽东时代"。学习毛泽东《在延安文艺座谈会上的讲话》,实现毛泽东提出的革命文艺发展的正确方针,是新中国文学发展的必由之路。这部"新文学选集"对于现代作家的排序和定位以及新文学史的写作都曾产生过重大的影响。

朱自清逝世后,就由叶圣陶牵头,成立了《朱自清全集》编委会,成员还有郑振铎、吴晗、俞平伯、

《朱自清文集》。

## 组建人民教育出版社

1950年7月，叶圣陶开始组建人民教育出版社，1950年12月11日，人民教育出版社正式成立，叶圣陶任社长兼总编辑。人民教育出版社（以下简称"人教社"）是全国研究编写出版中小学教科书和师范教材的专门机构，这是新中国建立的第一家出版社，①毛泽东主席题写了社名，彰显了党和政府对教材建设的高度重视。

中小学教科书是国家、社会、科学乃至莘莘学子的奠基之书。是"体"、"心"、"智"、"德"的启蒙书。新中国儿童是从人教社的教科书上懂得了加减乘除，认识了日月星辰，以及"毛主席"、"共产党"、"新中国"、"全世界"和"爸爸"、"妈妈"、"哥哥"、"姐姐"、"弟弟"、"妹妹"这些启蒙文字的，也是从人教社的教科书上懂得了"吃水不忘挖井人"这一"做人"的道理的。从某种意义上说新中国国力的发展进步、社会主流文化的形成、科学观念的孕

开明版"新文学选集"之四——"扉页正中毛泽东和鲁迅头像"。

①随后建立的有人民出版社（1950年12月18日）、人民文学出版社（1951年3月）、人民美术出版社（1951年9月14日）。

毛泽东为"人民教育出版社"题写的社名。

浦江清、李广田、王瑶、余冠英、徐调孚、季镇淮、陈竹隐等。叶圣陶1952年5月17日日记记："佩弦全集在开明排版，已成大半"，但由于当时学术界和文艺界要彰显现实主义的文学主流，破除"小资产阶级情调"，就《背影》也在批判"人性论"的思潮中受到批评，迫使叶圣陶和编委会"重加考虑"，把正在出版中的七卷本《朱自清全集》简化为四卷本《朱自清文集》。四卷本《朱自清文集》1953年3月由开明书店出版，这是现代作家在新中国成立后出的第一部文集，也是开明书店出版的最后一部文集。1953年4月15日，开明书店就与青年出版社合并，成立中国青年出版社。

人民教育出版社旧址之一。

人民教育出版社旧址之二。

育、思想方法的创新，都与教育事业的兴隆息息相关。兴国需要人才，育才需要教育，教育需要教材。在某种意义上说，教材的编写者是未来人才的设计者和铸造者。在叶圣陶的带领下，人教社同人坚定不移地贯彻党的教育的方针，继承我国教科书好的编辑体例和编辑思想，借鉴国外的先进经验，不断地开拓创新，为新中国编撰全国中小学（包括师范及大学语文）统一使用的各种学科、各个年级的教材，哺育了几代青少年的健康成长。2010年，人教社建社60周年前夕，中学语文编辑室同仁写了一首《人教赞歌》，"赞歌"中写道：

从美丽的东海之滨，
到连绵的西部山川；
从冰封的东北雪原，
到春暖花开的海角天涯；
高高的布达拉宫上，
俏丽的藏族小姑娘展开数学课本，

潜心演练着一道道习题；

一望无际的呼伦贝尔草原上，
赶着羊群的小男孩手捧语文教材，
高声朗诵着"天苍苍，野茫茫……"

我是读人教书长大的，
我是读人教书长大的，
……
四面八方传出同一个声音。①

而"文革"前，叶圣陶就是"人教书"的总设计师。

① 《我们——人民教育出版社建社六十周年纪念文集》第178页。

1955年12月，叶圣陶（前排右一）与顾颉刚（后排左一）、周振甫（前排左一）在北海合影。

## 15 "时出新词吐衷诚"

### 《小记十篇》和《箧存集》

无论是担任出版总署副署长，还是担任教育部副部长，叶圣陶的主要工作是抓中小学以及师范院校的教育改革和教材编写，在为新中国的出版事业和教育事业谱写崭新篇章的同时，叶圣陶创作也取得了丰硕的成果。

从1953—1957年的五年间，他以全国人民代表的身份先后在北京，以及西北的西安、兰州，华东的江苏、浙江、安徽等地参观访问，写了脍炙人口的纪实小品《荣宝斋的彩色木刻画》《景泰蓝的制作》，以及游记散文《登雁塔》《游临潼》《在西安看的戏》《从西安到兰州》《坐羊皮筏到雁滩》《游了三个湖》《黄山三天》《记金华的两个岩洞》，结集为《小记十篇》，1958年8月由百花文艺出版社出版。就主题而言，这十篇小记赞美新中国日新月异的变化，工业、农业、文教事业蒸蒸日上的喜人景象：新人、新事、新思想层出不穷，锦绣河山美如画；风格清新明快，字里行间洋溢着50年代特有的红红火火、蓬蓬勃勃的时代气息。

与游记散文相呼应的，是叶圣陶以无比喜悦的心情创作了许多新诗，讴歌社会主义建设日新月异。从新中国成立到1959年的十年间，叶圣陶创作了一百五十多首诗，其中编入《箧存集》①中的就有一百多首，散见于《叶圣陶诗词稿》中的有近三十首。这一百五十多首诗的内容大致分为三类：

一是呼吁世界和平、反对帝国主义侵略、歌颂国际友谊的，如《读宋庆龄亚洲及太平洋区域和平会议开幕词》《赠和平代表》《"干

① 《箧存集》，作家出版社，1960年。

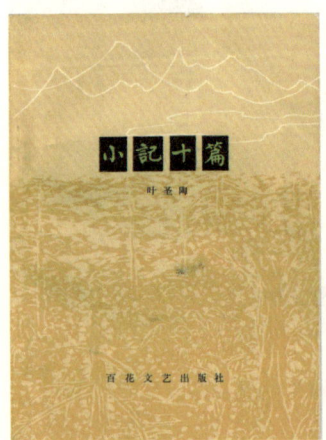

《小记十篇》书影。

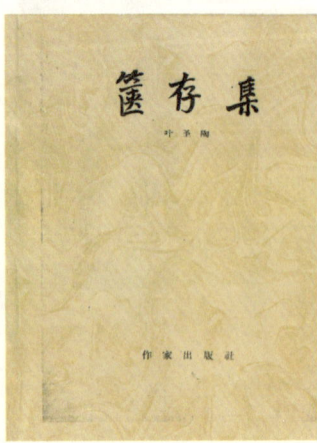

《箧存集》书影。

1958年到河北怀来县花园乡为果树洒农药。

到十三陵水库工地劳动期间写的诗。

杯!"——赠国际友人》等。

二是赞美时代的新风尚、讴歌各民族的新风貌和各条战线上的新人的,如《把心交给党》《十三陵水库》《赠下乡劳动锻炼诸同志》《茶滨青年农场记闻》《涿鹿劈山大渠》等,从题名就可以揣测这些诗篇的内容。

三是讴歌新中国建设成就和雄伟远景,如1955年7月25日写的《观开发黄河规划欣然有作》,以及1959年八九月间写的《建国十年咏》。《观开发黄河规划欣然有作》以宏大的气势,极其庄严地宣告一个治理黄河、驯服洪灾、变水患为水利的新时代即将到来:"黄河之水天上来,奔流到海不复回";"黄河奔流不知几何岁,今将柔驯宁贴听安排"。新中国成立不久,毛主席就发出了"要把黄河的事情办好"的号召。诗人用绚丽多姿的彩笔描述了人民政府拟定的开发黄河的远景规划,讴歌伟大领袖毛主席。

## 赴印度参加亚洲作家会议

1956年12月18日,叶圣陶作为中国作家代表团的成员,赴印度参加亚洲作家会议。代表团的团长是茅盾,副团长是周扬和老舍,成员还有杨朔、端木蕻良、叶君健、白朗、萧三、王任叔、韩北屏、孜亚、余冠英等。代表团乘飞机第一天到昆明,第二天到缅甸,第三天到印度新德里。第四天中国作家代表团全体成员到甘地墓献花圈。第五天(12月22日),上午旁听印度作家协会会议,下午参观红堡和旧德里市区。12月23日,亚洲作家会议开幕。12月24日,叶圣陶在大会上作题为《中国文学中的优良传统》的演讲。12月25日晚,中国作家代表团应邀参加旁遮普俱乐部的茶会。12月27日晚,印度总统招待出席亚洲作家会议的全体代表。12月28日上午亚洲作家会议闭幕。会议期间,中国作家代表团宴请过巴基斯坦代表团和锡兰代表团,并受到印度文学会和苏联驻印大使馆以及印度《新世间》记者的招待和宴请。会议闭幕后,中国作家代表团一行又于12月29日聆听印度副总统与尼赫鲁总理的演讲,12月30日参观泰妃陵,12月31日参观泰妃庙的行宫。1957年1月1日参观

中国作家代表团在泰妃陵前合影。左起茅盾、XXX、XXX、杨朔、端木蕻良、孜亚、周扬、叶君健、叶圣陶、老舍、白朗、萧三、王任叔、韩北屏等。

阿克白（Akbar）陵，1月2日会见印度驻华大使。1月4日离新德里抵加尔各答。1月8日抵仰光。1月10日抵重庆。历时24天。会议期间，叶圣陶写了一篇随笔《"以文会友"——记亚洲作家会议》，文中写道：

许多国家的作家聚在一块儿开会，正像我国古话所说的"以文会友"，这种事从来不曾有过，这回亚洲作家会议是历史上头一回。

好些人在报告里或是发言里都说，亚洲作家会议召开，不说别的，这件事本身就有极重大的意义。这是人人都感觉到的，所以说出来不约而同。

派出代表的是亚洲十五个国家。这十五个国家共有多少人口呢？一十二亿。代表们的肤色、语言、见解、信仰各各不同，可有个共同之点，他们都乐于跟到会的朋友切磋琢磨，使自己的心和手更为高妙，更能传达出同胞的心声——他们的欢乐、哀愁和愿望。

不仅如此，欧洲、澳洲、北美、南美也都有观察员参加这个会议（苏联亚洲部分的共和国派出代表，欧洲部分就派观察员，西蒙诺夫是观察员之一）。虽说是亚洲作家会议，"以文会友"的范围也不限于亚洲。作家们见了面，语言未必相通，有时一道翻译不济事,要翻两道,然而彼此都感觉非常亲切,像遇见了老朋友。一个说他写小说,另一个说他写戏剧,或者一个说他写诗,另一个说他也写诗,这时候,对工作的庄严感和责任感集中在同一焦点,彼此的心团结在一起了。作家们的团结必然加强人民的团结,意义岂不重大?

和参加亚洲作家会议的许许多多作家一样,叶圣陶把这次会议称为"亚洲的觉醒"。

舞蹈家等,共二十多人。参观访问的目的在于促进各民族间的文化交流,所以参观访问团包括好几个民族的人。组织这样的访问团,在我国还是第一次。

参观访问期间,叶圣陶记有详尽的日记,取名为《内蒙日记》,1981年在《收获》杂志第6期发表时,叶圣陶在日记前加的《小记》中说:

### 率"全国著名艺术家文化访问团"访内蒙古

1961年7月29日至9月20日,叶圣陶率"全国著名艺术家文化访问团"访内蒙古。访问团有老舍、梁思成、吴组缃、曹禺、端木蕻良、谢稚柳、林风眠、吕骥、陆柱国、海啸、于淑岩、李高二等,包括作家、画家、摄影家、作曲家、歌唱家、

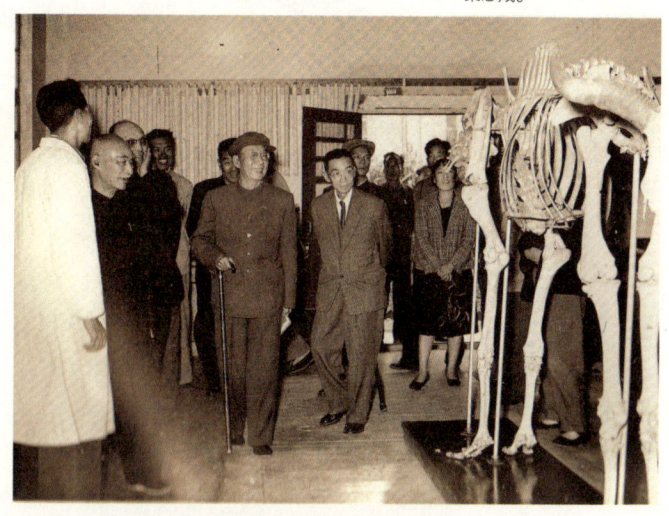

参观内蒙古农学院动物骨骼标本,左起叶圣陶、老舍、梁思成。

全国著名艺术家文化访问团全体留影:前排左二(吴组缃)、左六(叶圣陶)、左八(老舍)。

访问团欣赏牧民表演：前排右五老舍，右四梁思成，右一叶圣陶。

我重读这五十多天的日记，重温二十年前的这次访问旅行，事事处处都值得怀念。首先值得怀念的当然是人。内蒙接待我们的是文化局局长布赫，一位豪爽开朗又极善于体贴人的蒙族同志，他一直陪伴我们，给我们留下了非常深刻的印象。还有许多蒙族的同志和别的兄弟民族的同志，满族的，回族的，达斡尔族的，鄂伦春族的，跟他们接触的时间虽然比较短暂，现在翻看日记都还能想起他们的声音笑貌来。同去的人朝夕共处将近两个月，有的虽然本不相识，也成了极熟的朋友。尤其是老舍，我跟他在一块儿起居，听他那幽默风趣的谈吐，咀嚼他那独到的引人深思的见解，真可以说是一种无比的享受。旅行

在林区留影：第二排左四（老舍），左五（叶圣陶）。

结束的时候还相约有朝一日再结伴同游,可惜那样欢快的日子永远不会再有了。

其次值得怀念的是内蒙这个地方。森林、草原、河流、湖泊,境界异常开阔,林业、牧业、农业、工业、矿业,又色色俱全。我们到过内蒙东部和西部的好些地方,就我个人而言,较之其他省区为多。在日记里看到每一个地名,我总要想,不知道那个地方现在怎么样了。在十年浩劫中,内蒙是个重灾区,那些新栽的防护林,那些新建的水库,那些林场、牧场、农场、工厂、矿山、学校,现在都恢复起来而且更加发展更加完善了吗?身体渐衰,视听不便,再去访问大概是不可能了,只希望每天早晨听新闻广播,常能听到从内蒙传来的叫人兴奋快慰的好消息。

叶圣陶在草原骑马。

叶圣陶与内蒙古青年合影。

叶圣陶(右)和刘尊棋在颐和园。

从日记中可以看到,参观访问期间叶圣陶写的诗歌达二十余首,尽情歌颂内蒙古源远流长的文化和社会主义建设欣欣向荣的成就。且看9月18日的《三姝媚·访包钢》:

大青山作障,耸高炉,轰轰宛然雷响。火候臻时,乍壁开焦吐,满车红亮。吊架移来,盈巨桶铁浆犹烫。注入平炉,再炼重熔,钢龙腾浪。 乘兴凭高环望,看眼底包钢,一何雄壮!石拐乌金,白云佳铁,近连双矿。建设输劳,诸族共热情奔放。伟业成唯今代,临风久想。

"时出新词吐衷诚" ● 177

## 因真诚而受诬

叶圣陶对中国共产党和社会主义建设事业忠心耿耿,对工作始终充满了热忱,用他的话说这就叫作"篑土为山宁肯后",可1957年就遇上了"新问题"。

1957年2月27日,毛主席在最高国务会议上,发表了题为《正确处理人民内部矛盾的问题》的讲话,提出了"百花齐放,百家争鸣"的政策,史称"双百方针",鼓励民主党派和知识分子针对党和政府的工作存在的问题进行批评。3月12日,毛主席又在中共中央全国宣传工作会议上发表长篇讲话,进一步敦促党外知识分子对共产党的执政提出批评。毛主席发动"整风运动",号召"鸣放",在叶圣陶看来这是"有领导的一回革命",于是认认真真地投入"整风运动"。

叶圣陶对教育部的"意见",可阅读《北京日报》5月24日第二版刊登的《叶圣陶副部长谈教育的几个问题》,说"教育部里嗅不到多少教育的味道",批教育部对"普通教育是怎么一回事"毫无主见,对中小学教材不负责任等,都是"方向性"、"路线性"的问题。在作协座谈会上的发言题为《"领导"这个词儿·个人自己的哲学——在作协党组召开的座谈会上的发言》,强调"领导"要有所提高(包括立场、观点、生活实践),如不提高,真有所得,则领导亦枉然,理论亦枉然;同时希望作家和评论家不要盲从,不要迷信"理论"和"概念"。叶圣陶认为"领导这个词儿","跟近来提倡的'百花齐放'有点儿冲突";"领导"会使本应"万紫千红"的百花"开成同一的模样",进而提倡要有"真知"的"个性",作家"可以少谈些文学理论",最重要的是在创作和研究的实践中"充

1956年5月6日,叶圣陶接受参加全国先进生产者代表会议的三位少数民族教师的访问。

1958年5月28日,叶圣陶在河北涿鹿与师范和中小学教师亲切交谈。

实自己的哲学","自己的哲学是'自得'的哲学,不是书本上的哲学"。紧接着,叶圣陶又应上海《文汇报》的邀约,写了《"瓶子观点"》,5月24日日记中说:

上午不出门。写一短文,谈教育行政者见思想政治教育不好,立刻想到恢复政治课,见学生无劳动观点,立刻想到选几篇"劳动教材"令读之,此皆视学生为瓶子,以为装下去即可,实无甚意义。文凡一千馀言,题曰"瓶子观点"。即寄与《文汇报》。

《"瓶子观点"》一文,强调各种学科跟"思想政治教育"都有关系;反对为政治而政治,"把学生看成瓶子",随心所欲地往"瓶子"里装"政治教育"和"劳动教材"的做法;提倡"学以致用","联系实际","必须使所学的东西融化在学生的思想、感情、行动里",使学生的思想、感情、行动确实受到所学的东西的影响,得到名副其实的教育。

《文汇报》把这篇文章送给胡乔木审阅,胡乔木看后即登门"拜访",要叶圣陶撤回稿子,不能发表。他在作协座谈会上作的《"领导"这个词儿·个人的自己的哲学》的发言,成了"辫子","读者"纷

叶圣陶为国际邮联征文获奖者赵爽签名。

1963年6月21日,叶圣陶(中)和教育部副部长韦悫(左)参观福州第一中学。

纷来信批驳,指责他"不要政治"、"不要共产党领导文艺","近乎虚无主义"。据叶圣陶的几位朋友推测,早在"反右斗争"开始之前,"右派"的名单就"内定"了,叶圣陶不在"内定"之列。没料到他突然"跳"出来,反对党对教育和文艺的领导,点名批评中宣部和教育部,不可原谅。但为了不打乱"反右"的步骤,决定先放他一马。胡乔木的登门"拜访",显然是代表"上级"对他的一种警示。叶圣陶虽说心里不服,但也"悬崖勒马",这才成了"漏网"之鱼。

可到了1958年,在"插红旗,拔白旗"运动中,教育部党组组织相关人士给叶圣陶"提意见",非但《"瓶子观点"》《"领导"这个词儿·个人的自己的哲学》受到挞伐,就连1956年7月20日在《人民日报》第八版发表的杂文《"老爷"说的准没错》(署名秉丞),也被"挖"了出来,一并清算。《"老爷"说的准没错》写于1956年7月15日,短文中的"老爷"让好事者找到了口舌,要追究"反对盲从和奴隶主义"背后的潜台词,要斥问"某某说"、"某某指示我们"有何所指,算的是一笔沉重的"政治账"。虽说最终还是侥幸过了关,但"文革"一开始就遭到教育部"革命派"清算和批判。教育部赤卫队铁扫帚战斗组写的《坚决打倒文教界祖师爷叶圣陶》的大字报中,给叶圣陶罗列了四大罪状:(一)一贯反对党的领导,是漏网大右派。(二)一贯反对文艺为无产阶级服务,顽固地宣扬修正主义的写真实论和创作自由论。(三)反对教育为无产阶级政治服务,排除语文教学中的政治思想教育,宣扬为语文而语文的反动观点。(四)反对毛主席的文艺批评标准,树立艺术至上、技术第一的修正主义标本。把叶圣陶称之为"横在社会主义大道上之僵尸",应"把它剁成块,烧成灰,扬入河,清除叶的反动影响,涤荡叶遗留的污泥浊水,把语文教学的阵地夺回来,让毛泽东思想的伟大红旗在文教阵地上高高地飘扬!"

# 16 鞠躬尽瘁 死而后已

## 堪称"史实"的三本通信集

是周恩来总理的"特意安排",叶圣陶在"文革"中没有受到太大的冲击。1971年2月25日,叶圣陶在小孙子叶永和的陪同下离开北京,到南京、苏州、上海、杭州等地自费旅游,这说明叶圣陶在"政治"方面已经获得自由,心情也比较开朗了。他在1972年1月28日给孙功炎的信中说:

我自1966年八月初即停止循例上班,自此家居为闲散之人。消磨岁月,惟藉阅览。观翻译小说约百种,观我国历代笔记约数十种,又尝温习英语,阅读并抄写英译之毛主席著作。他则看报数种,日以为常。以此之故,闲居殊不感寂寞。偶亦出访少数老友,或观市场公园。腰腿尚可,乘电车汽车,上下尚方便,人见我白发白眉,往往让座。①

"文革"期间叶圣陶日常的消遣是抄书。

① 《叶圣陶集》第24卷第315—316页。

1971年3月,叶圣陶与小孙子叶永和在苏州虎丘,这是"文革"开始后第一次自费出游。

1974年9月30日晚上,叶圣陶应邀参加国庆招待会,这是"文革"以来的第一次,表明他在政治上已经"复出",生活也更加宁静,除了读书,空余时间还用来写信、写字。叶圣陶喜欢写信,相识或不相识的只要有信来,一定及时回复。写信和读书一样,成了"文革"期间最大的娱悦。

2002年1月,花山文艺出版社出版了《暮年上娱——叶圣陶、俞平伯通信集》(叶至善、俞润民、陈煦编);2003年9月,福建人民出版社出版了《涸辙旧简——叶圣陶、贾祖璋京闽通信集》(叶至善、贾柏松编);2007年12月,人民出版社出版了《叶圣陶叶至善干校家书(1969—1972)》(叶小沫、叶永和编);这三本书信当然只是叶圣陶这一时期写的部分书信,但量之大,已令人惊异。

叶圣陶的长子叶至善是中国少年儿童出版社第一任社长,1969年4月去了河南潢川团中央"五七干校",1972年12月结束"干校"生活,回到北京。他在"干校"三年又八个月,其间与父亲一来一往,写了很多信,仅收入《叶圣陶叶至善干校家书(1969—1972)》中的就多达500封,近七十万字。

叶至善在"五七干校"放牧。

1978年2月,叶圣陶和叶至善一同出席全国政协五届一次会议。

虽说是家书,说的大多是家庭和身边的琐事,但那是一个真的以国家为重的年代,即便在家书中个人和家庭的成分占得也很少。父子俩在信中谈政治,谈学习,谈"干校"生活,谈国内外大事:国际上美国的阿波罗在月球登陆、柬埔寨政变、尼克松访华、中日邦交关系变化……国内"深挖洞,广积粮"、"林彪事件"、"一打三反"、"清除五一六"、"样板戏"、"教育革命"、"大寨红花遍地开"、知识青年"回城"、"五七干部"回京,等等,内容极其丰富,叙事状物细致入微、生动有趣。父子俩都是"高级干部"、知名作家和教育家,又都是很有生活情趣的人,他们以独

叶圣陶、贾祖璋"文革"通信集《涸辙旧简》。

叶圣陶、叶至善的干校通信集《干校家书》

科普作家贾祖璋(1901—1988)。

①叶至善:《〈涸辙旧简——叶圣陶、贾祖璋京闽通信集〉前言》。

特的眼光和善良的心态,冷静地看待周围的一切,他们相互交流,为那个"特殊年代"留下了许多真实史料。著名学者朱正说得好:"家书"可证"国史"。《叶圣陶叶至善干校家书(1969—1972)》可以作为这一段国史的旁证。

《涸辙旧简——叶圣陶、贾祖璋京闽通信集》收叶圣陶、贾祖璋1970—1982年十三年间的往来书信共220通。一位是教育部副部长,一位是科普出版社副总编;一位留在北京,一位从北京"疏散"到了福建平和县坂仔公社。"在这本通信集中,几乎没有一通不说到花花草草,有的还兼及鸟兽虫鱼。"叶圣陶"自幼喜爱动手种植花草",贾祖璋是"科普作家",谈起来当然很有兴致,虽说是为了排解寂寞,相濡以沫,由于写得很真切,是可以当作"科学小品"来阅读的。有几封探讨"花花草草"、"鸟兽虫鱼"的长信,引证之广博,笔调之清新,不亚于"科学论文"。①

更值得注意的是,叶圣陶在讲"花花草草"和"鸟兽虫鱼"的同时,也讲到了"文革",让我们看到了与"正统"史家叙说的"不一样"的"文革"。如"文革"初期,北京"养热带鱼"成风。"上山下乡"和"五七干校"的大潮掀起后,"养鱼热"自然也就终结。"文革"中后期,"知青"陆续回城,"五七战士"也陆续"回京",而国家还处在乱糟糟的阶段,一切都还没有上正轨,"知青"和"五七战士"回城后无事可做,为了使精神有所寄托,于是栽花、种草、养鸟、刻图章、讨墨宝成了风气。

《暮年上娱——叶圣陶、俞平伯通信集》,收1974—1985前后十一年间两位老人写的八百多封书

俞平伯在欣赏叶圣陶的诗。

中第一封往来书信那年,俞平伯75岁,叶圣陶80岁。到1985年《暮年上娱》收尾的时候,俞平伯86岁,叶圣陶91岁。过了三年,叶圣陶先走了。又过了两年,俞平伯也走了。但是他们留下的这一部厚厚的大书,值得我们认真拜读和赏玩。《暮年上娱》其实也是一部学者个人化了的私下心坎独白;犹同经书那样,学路完整,大气千秋;《暮年上娱》是可以留世传世的家书。

就《暮年上娱——叶圣陶、俞平伯通信集》《涸辙旧简——叶圣陶、贾祖璋京闽通信集》《叶圣陶叶至善干校家书(1969—1972)》三本书信集而言,我们不仅能看到叶圣陶的学识渊博,和蔼可亲,而且还能看到他的真挚、重情,兴趣广泛,善于学习,心胸开阔。"旷日持久的所谓'大革命',使人尝够了'闲愁最苦'的滋味",叶圣陶用"写信"来消解"闲愁",①不仅是让自己,而且也让朋友和亲人得到"投木报琼"的欣悦。

信。写于1974年的有38封,写于1975年的有74封,写于1976年的有152封。这三年间的通信也可看作是"'文革'通信"。与《涸辙旧简》和《干校家书》不同的是,《暮年上娱》谈得更多的是"思想"和"学术",如典籍、词谱、词曲、诗歌、《红楼梦》、林译小说、昆戏、碑帖、印章、佛经等。

1974年,也就是《暮年上娱》

① 叶至善《〈涸辙旧简——叶圣陶、贾祖璋京闽通信集〉前言》。

1983年春天,叶圣陶与俞平伯(左)、章元善在东四八条院中合影。

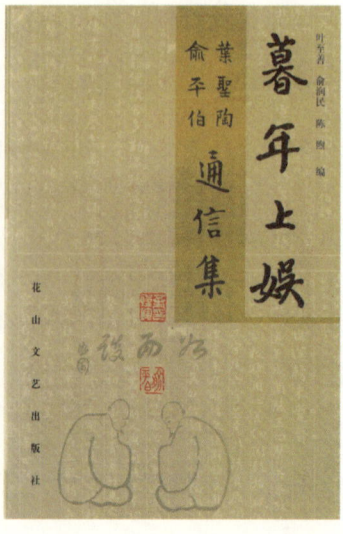

叶圣陶与俞平伯通信集。

## 提交关于"公审'四人帮'"的提案

1976年10月24日下午,叶圣陶不顾年事已高,参加天安门百万人庆祝粉碎"四人帮"大会。10月29日将《满江红·十月二十四日天安门庆祝大会》写定,送交《人民文学》发表,这首词写出了他在粉

1980年4月,叶圣陶出任中央文史馆馆长。

1982年,叶圣陶(右四)列席中共十二大开幕式。

碎"四人帮"后的欢欣:

电掣雷轰,阴霾扫,碧空澄澈。未匝月,遽承民命,断然解决。篡夺阴谋宁许逞?豺狼狠恶须深揭。此心期、久已遍神州,今欣彻。 秋气爽,红旗拂;百万众,天安阙。算年来欢畅,无如斯刻。岁月峥嵘开新史,北辰环拱弥团结。想前途、凌厉胜先时,心头热。①

1976年12月21日及1977年3月19日,叶圣陶分两次看了中央所发《王洪文、张春桥、江青、姚文元反党罪证》的材料和有关的中央文件,文件中说:"中央将在十届三中全会上做出关于王张江姚'四人帮'反党集团的政治结论和组织处理的决议。"到了1978年年初,叶圣陶想到"四人帮"还犯着国法,

① 《叶圣陶集》第8卷第393页。

1983年6月,叶圣陶在第六届全国政协第一次大会上发言,右为邓颖超。在这次会议上,叶圣陶担任全国政协副主席。

云清于十二日将余书交与,陈于十三日即作复,可谓快速。此亦不染流弊之征,可记也。"又隔了一年多,在1980年9月27日的人大常委会全体会议上,叶圣陶的提案终于有了结果,他在当天日记中写道:

下午三点半,人大常委会全体会议,政协常委委员旁听。最高检察长黄火青提出,为审判林彪江青反革命集团之需要,建议组织最高

还得组织人民法庭予以公审,就在五届人大会议(1978年3月2日)江苏代表分组会上,作了要公审"四人帮"的发言,并向大会主席团提交了关于审判"四人帮"的提案。这一年,叶圣陶84岁。

提案交到人大之后,一直没有回音。叶圣陶有点不耐烦。1979年2月10日,他把他的提案交给陈云的秘书王云清,请王云清转交给中共中央副主席、中央纪律检查委员会第一书记陈云。第二天就收到陈云的回信,信中写道:

圣陶同志:

　　二月十日来信和去年人大你的书面建议收到。纪律检查委员会将接收四人帮的案件,我还未知道是否接收已毕。我们将考虑你的意见。专复并致敬礼!

　　　　　　　　　　陈云
　　　　　　　一九七九年二月十三日

叶圣陶特地把陈云的信粘贴在日记中,在旁边写了一段话:"上午接到陈云之复信,黏之于此。王

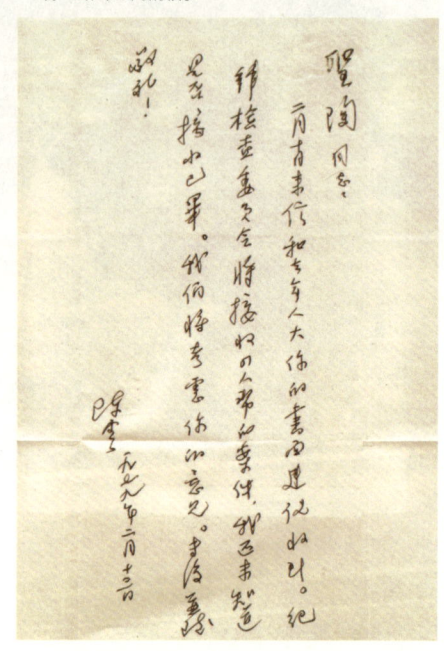

陈云给叶圣陶的信。

1983年6月,国家主席李先念和叶圣陶、费孝通在全国政协六届第一次会议休息室。

人民检察特别检察厅；最高法院院长江华提出建议，组织最高人民法院特别法庭，请常委会审批。黄火青报告，自今年四月始，对反革命集团诸人，侦查预审，知此辈罪行确凿，准备向最高法院提起公诉。提起公诉者为主犯十人，江青、张春桥、姚文元、王洪文、陈伯达、黄永胜、吴法宪、李作鹏、邱会作、江腾蛟。对此辈起诉之罪状凡四：一为煽动策划推翻无产阶级政权，二为诬陷迫害党和国家之领导人，篡党夺权，三为迫害镇压广大干部和群众，实行法西斯专政，四为谋害毛主席，策动反革命叛乱。至于其外之有关罪犯，将视其犯罪情况，分别向各级法院与军事法院提起公诉。黄火青之报告大要如是。

继之，党监察委员会某君谈其会详细研究康生、谢富治二人之所作所为，虽以身死不复提起公诉，实则罪行累累，康生尤为多种罪行之主谋。继之，公安部某君叙述所研究之文件、书信、日记、笔记中，俱有确证，足以证明有关四项罪行者。

……

要对四人帮治罪判刑，余于前年大会上提出建议。在江苏代表团分组讨论会上朗读发言稿，即以发言稿召集人送交主席团，此后杳无消息，余之发言稿不知如何下落。去年人大政协开会时，有不少人提出类似之提案，后经领导方面劝说，提议者遵命收回提案。今年则属闻传说，谓将审判四人帮。迄于今日，则此事已成定局，余之所提意见已得实现，足以安慰矣。

1984年12月18日，叶圣陶在中国民主促进会七届二中全会上当选为民进中央主席时发表讲话（左为雷洁琼，右为葛志成）。

## "晴窗"撰文争朝夕

粉碎"四人帮"之后，叶圣陶先后担任中小学语文教材顾问、教育部顾问、中央文史馆馆长、中华全国文学艺术界联合委员会委员、中国作家协会顾问、中国民主促进会中央委员会主席和名誉主席、中国人民政治协商会议第六届全国委员会副主席等重要职务。虽说年事已高，"目力耳力衰退极速"，但壮心不已，仍然以"俯首甘为孺子牛"的精神，与教育界、出版界和文艺界的朋友们研讨教育、出版和文艺等诸多领域的问题，以"只争朝夕"的精神，著书立说。他在1979年12月写的《晴窗随笔》的"小引"中说：

视力衰退，年来更甚。看书报眼镜和放大镜并用，还是不清不楚。写些什么不能两镜并用，只得在写

北京东四八条的叶圣陶故居大门。

故居被列为北京市东城区文物保护单位。

了一句或者一行之后，拿起放大镜来检查有没有脱漏或者笔误。还得靠阳光。现在是冬季，上午九点到午后四点这一段时间里如果晴朗，对我就较为方便。假如"多云间阴"或者"阴转多云"，那就两镜并用也不济事，只好不写。因此，我的随笔叫做《晴窗随笔》。

叶圣陶故居庭院。

老人"晴窗"写的诗文，仅收入《叶圣陶集》第8卷的就有86首。散文和随笔多达百余篇，这些诗和散文，篇篇都是佳作。

就诗歌而言，叶圣陶晚年写的大多是旧体诗，但师古而不泥古，戒除了旧体诗常见的言之无物、"拼凑"、"啰唆"、"酸腐"、缺少"深凝的诗感"等弊病。叶圣陶是由写新体诗过渡到写旧体诗的，"写作手法有些仍沿着以前写新体诗的路子"，用新事物入诗，用新鲜的口语入诗，用近于白话式的句子入诗，从而创作出了兼有旧词及新诗之长，清丽可爱的旧体诗。这些旧体诗可以说是用旧体式写的富有现代情调和现代精神的"新诗"。越是到晚年，

叶圣陶故居室内一角。

1982年秋，叶圣陶与新凤霞合影。

叶圣陶的旧体诗写得越自然、真实、清新、晓畅，篇篇"毕写吾真"、"当境洽情"，没有一点儿雕凿的痕迹。

1979年5月26日，丁玲来访，叶圣陶高兴极了，当天的日记中写道："下午忽丁玲来访，偕其爱人陈君，二十馀年不见矣。渠先居北大荒十馀年，后迁居山西长治数年，皆不得与外界通消息，不得有所撰作。去年年末始得昭雪，恢复党籍，恢复级别。今暂居友谊宾馆，方撰写文稿，据云拟执笔至八十岁，今则七十五也。渠之最初小说由余发表于《小说月报》，已是五十馀年前之事。丁玲言当时苟无此举，或不治文艺，整个生活将是另外一个样子。余闻此亦深感。"5月28日日记："昨午夜醒来，感于丁玲之来访，思作一词赠之。于是一连两三小时不复入睡。今日上午居然作成一首，完篇之快，前所未有。"

现将这首词抄录于下：

1979年5月，丁玲来访。

赠新凤霞诗

### 六幺令

丁玲见访，喜极，作此赠之。

启关狂喜，难记何年别。相看旧时容态，执手无言说。塞北山西久旅，所患唯消渴。不须愁绝。兔毫在握，赓续前书尚心热。　　回思时越半纪，一语弥深切。那日文字因缘，注定今生辙。更忆钱塘午夜，共赏潮头雪。景云投辖。当时儿女，今亦盈颠见华发。①

1980年6月，为祝贺我国著名语文学家王力八十大寿，叶

词中"那日"二句，是丁玲当时说的话，她说："叶老，要不是您在1927年发表我的短篇小说《梦珂》，我也许就不走这条路。""更忆"二句说的是1928年秋，叶圣陶与丁玲和胡也频等同往海宁观赏钱塘江潮。"景云"句是说1927年四一二事变后，叶圣陶迁居横浜路景云里，丁玲和胡也频曾数次到景云里拜访。"当时儿女"指至善、至美、至诚。这首词为丁玲的"复出"而欢呼，词中凝结我国新文学史上两代作家半个世纪的欣慨。

①《叶圣陶集》第8卷第429页。

1982年夏与李健吾合影。

这些语言感染力强,是被动陈述的语言,是诗,又是很平常的话,经过"形式"的组合和规范之后,就成了极繁富的佳作,空灵而潇洒。

1983年8月,叶圣陶应邀为王惠云、苏庆昌合著的《老舍评传》题了一首《齐天乐·题〈老舍评传〉》,词云:

圣陶填了一首《水龙吟·寿王了一八十》,上阕写他与王力的交谊,如话家常;下阕写王力的治学精神和学术成就,词云:

词中上阕写老舍善于体察各种人物的内心世界,代表作《茶馆》《骆驼样子》影响深远,以及他创作时专心致志的神态;下阕写老舍的语言风格,以及他同老舍一同到印度新德里出席亚洲作家会议,又一同参加作家艺术家文化访问团,同游内蒙古自治区各地的经历,最后呵斥苍天,为什么竟让老舍这样的人走了屈原的那条路。词作真实地描写了老舍的本色才华,音节清婉,情意深挚,读来催人泪下。

今古语文深究,矻孜孜、浑忘昏昼。传薪改火,一隅三反,承先开后。笃学精神,等身著作,乔松苍秀。看群贤毕至,鸿篇云集,为先生寿。①

潜思深入肝肺,英华尽归毫底。茶馆三场,车夫一传,观者神萦心系。如君有几!尽题选多方,琢磨唯细。笔砚朝朝,卷烟徐裳镇凝睇。 庄谐并兼美刺,但逢君启齿,朋辈齐喜。德里遄飞,蒙原纵眺,联袂清游长忆。呵天甚意!竟容忍沉渊,屈原同例。静对秋窗,想知交半纪。②

散文随笔中最让人称颂的是《〈苏州园林〉序》③和《从〈扬州

① 《叶圣陶集》第8卷第443页。

② 《叶圣陶集》第8卷第475页。

③ 《叶圣陶集》第7卷。

1987年4月22日,冰心应邀来赏海棠花。

1987年4月26日到清华大学参加朱自清塑像揭幕仪式后,与陈竹隐及吕叔湘夫妇在清华园"自清亭"合影

作者晚年写的其他的文学散文,如《我钦新凤霞》以及为田汉《母亲的话》写的《〈母亲的话〉序》等,语言更加纯净简约,更具情韵风致,自然从容,这些"醺醺有味"精品,可与朱自清真醇新鲜的"口语风"媲美。

## "教是为了达到不需要教"

1977年12月,叶圣陶把他的教育思想归纳为一句话:"教是为了达到不需要教。"他在12月26日为武汉师院所办的《中学语文》写的题词中说:

园林〉说起》,①它们从美学的角度谈苏州园林和扬州园林,既可以说是准确地把握了园林特征的优美的说明文,也可以界定为旅游散文。《〈苏州园林〉序》写于1979年,作者时年85岁;《从〈扬州园林〉说起》写于1983年,作者时年89岁。叶圣陶从美学观点和历史观点统一的高度来描摹和鉴赏苏州园林和扬州园林,拓宽了游记散文取材的领域,字里行间"参之以新寄之想",给人以新的启迪和美的享受。1948年9月,叶圣陶在《朱佩弦先生》一文中,谈到朱自清晚年的语言风格时说:"近年来他的文字越见周密妥贴,可又极其平淡质朴,读下去真个像跟他面对面坐着,听他亲切的谈话。"②这番话也导出了叶圣陶自己的美学追求。《〈苏州园林〉序》《从〈扬州园林〉说起》以及

我想,教任何功课,最终目的都在于达到不需要教。假如学生进入这样一种境界:能够自己去探索,自己去辨析,自己去历练,从而获得正确的知识和熟练的能力,岂不是就不需要教了吗?而学生所以要学要练,就为要进入这样的境界。

给指点,给讲说,却随时准备少指点,少讲说。最后做到不指点,不讲说。这好比牵着手走,却随时准备放手。我想,在这上头,教者可以下好多工夫。③

叶圣陶多次说到"凡为教,目的在于达到不需要教"。教书的根本目的在于"教人自立",教会学生"自己学习","自己去生活,自己去工作,自己去做人"。教育的重点在"育";所谓"育",就是培养良好的习惯。德育,就是要

①《叶圣陶集》第7卷。

②《叶圣陶集》第12卷第280页。

③收入《叶圣陶集》第11卷题为《为了达到不需要教》。

1981年11月,叶圣陶在《人民日报》等报刊上发表《我呼吁》,呼吁全社会关注中学生在高考重压下负担过重的问题,引起很大的反响。

而能真正做到"疑难能自决,是非能自辨,斗争能自奋,高精能自探","自能读书,自能作文,自为研索,自求解决"。这种"自决"、"自辨"、"自奋"、"自探",以及"自能"、"自为"、"自求"的能力,这才是"读书"和"授业"的根本目的。

1981年10月31日,叶圣陶收到中国青年出版社寄来的《中国青年》杂志第二十期,请求他对这一期上的调查摘要《来自中学生的呼声》发表意见。叶圣陶在当天的日记中写道:"我要家里人念给我听。念的人声音越来越哽咽,我越听越气闷难受";"片面追求高考升学率造成的不良影响我不是不知道,但是没想到影响竟这样严重",于是连夜就写了《我呼吁》。

《我呼吁》针对社会上片面追求升学率,使得学生晚上"加班加点",严重损害学生身心健康的做法,要求教育界和社会各界一同来纠正这种背离党的教育方针的不良风气。叶圣陶认为:片面追求升学率不仅忽视了德育、体育,也忽视了智育;培养优良的品德和行为的习惯;智育,就是要养成不断探求知识的好习惯;体育,就是要养成注意卫生和锻炼身体的习惯。"教育的目的是为了指导学生学"。"各种学科的教学都一样,无非教师帮着学生学习的一串过程"。换句话说,教学,教学,就是"教"学生"学",主要的不是把知识交给学生,而是把学习方法教给学生,学生就可以受用一辈子。"教是为了达到不需要教"、"讲"都是为了达到用不着"讲"。这就需要教师自然而然地站在学生一边,让学生处于主动的地位,教会学生以教材和范例去举一反三,触类旁通;去求规律,从

与吕叔湘(左)、张志公(右)在人民教育出版社谈教育。

德、智、体三个方面是相互作用、相辅相成的，忽视其中任何一种教育都会导致学生的畸形发展。片面追求升学率，其实是以"智"害德，以"智"害体，以"题"害智。叶圣陶大声疾呼："爱护后代就是爱护祖国的未来。中学生在高考的重压下已经喘不过气来了，解救他们已经是当前急不容缓的事，恳请大家切勿等闲视之。"1981年11月30日，五届人大四次会议所做的题为《当前的经济形势和今后经济建设方针》的"政府工作报告"中，高度评价了叶圣陶的这一提议。"政府工作报告"中说：

写《我呼吁》时的叶圣陶。

在中学教育方面，要逐步改变普通高中过多、职业中学太少的状况，积极发展中等专业学校，大量培养技术工人和中级专门人才，以利于劳动就业和提高职工队伍的文化技术与政治思想水平。同时要注意保护学生的身心健康和关心他们学业上的成长，不能片面追求升学率。最近，叶圣陶代表发表了题为《我呼吁》的文章，词意恳切，表达了学生、教师、家长和广大人民群众的心声。希望有关各方面认真注意这个问题，切实加以改正。

《我呼吁》对于中、小学教育方法的改革，对于职业中学的发展，都产生了深远的影响。赵朴初在《叶圣陶先生从事教育事业整七十年赋此为贺》[1]中说：

圣老吾所师，言动必以正，谦谦居处恭，恳恳执事敬。俯首为孺子，流乳如泉迸。辛勤七十年，功业无止境。少时读公书，深义植根性，老取"片石"[2]名，实受公之赠。公今八十八，霜雪须眉劲，一言作雷鸣，针石中时病。祝公寿且康，论道以辅政。物换事多欣，水流心不竟，园增桃李芳，国睹文明盛。

"一言作雷鸣，针石中时病"，这里的"一言"，指的就是《我呼吁》。叶圣陶一直认为教育的根本目的是"培养合格的公民"，而不是追求分数、追求升学、追求做人上人。对于个人来说，教育的作用是激发学生的兴趣、挖掘学生的潜能和培养其成人成才（也就是"凡为教，目的在于达到不需要教"的精髓）；

[1]《光明日报》1982年2月17日第四版。

[2]赵朴初说：少时读《古代英雄的石像》甚受感动，"所以《片石》名吾诗集，并因以自号。"

对于国家和社会来说，教育则是为了培养"合格的公民"，传承文化血脉，推动文明进程。

## "希望文艺界共趋于正派"

对于文艺界的门户之见，以及因人划线等不正之风，叶圣陶极为痛恨。这位德高望重、为人为文均影响整整一个世纪文坛的长者，以他崇高的道德风范，为我们树立了光辉的榜样。冯雪峰1976年1月31日病逝，"当权者"不许给冯雪峰开追悼会，最初的治丧方案中还规定不许称冯雪峰为同志，叶圣陶却为冯雪峰的骨灰盒题写了"中共党员冯雪峰"七个字，表达了他对冯雪峰的敬仰和追念之情。巴金在《我的责任编辑》①一文中说：1929年1月，叶圣陶在《小说月报》上发表了他的处女作中篇小说《灭亡》，从那时起，他一直把叶圣陶敬奉为恩人和"向导"，说叶圣陶不仅是他的第一本小说的责任编辑，也是他人生道路上的"责任编辑"，他不无深情地说：

① 巴金《随想录》第801—807页，北京三联书店，1987年。

1981年4月13日巴金来访，这是"文革"后两人头一回见面。

叶圣陶1977年12月2日写的诗《巴金兄索书作此赠之》。

路上有风有雨，有泥有石，黑夜来临，又得点灯照路。有时脚步乏力还需求人拉我一把。出书，我需要责任编辑；生活，我也同样需要责任编辑。有了他们，我可以放心前进，不怕失脚摔倒。

巴金还列举了叶圣陶"关心"他的三件事。一是1949年初，叶圣陶在北平听到巴金去了香港的传闻后，非常着急，写信向黄裳打听；二是"文革"期间叶圣陶被"解放"后，到上海要求见一下巴金。当时上海当局的答复是"文艺界情况太复杂，还是不去看为好"。叶圣陶知道巴金还在"难"中，好生牵挂；三是"四人帮"倒台后，叶圣陶从《文汇报》

上读到巴金的文章,那是 1977 年 5 月 25 日发表在《文汇报》的《一封信》和《第二次解放》。巴金在文章中谈到"四人帮"对他的迫害,以及"今日之兴奋心情",叶圣陶当即给巴金写信祝贺他的"解放",还特地写了一首诗赠送给他。诗云:

诵君文,莫计篇;
交不浅,五十年。
平时未必常晤叙,
十载契阔心怅然。
今春文汇刊书翰,
识与不识众口传:
挥洒雄健犹往昔,
蜂虿于君何有焉?
杜云古稀今日壮,
伫看新制涌如泉。①

"伫看新制涌如泉",在叶圣陶对文坛泰斗巴金的期待和祝愿中,也寄寓了他对新时期文学的期待和祝愿。1984 年 10 月 12 日,叶圣陶听说巴金受人排斥,极为愤慨,他在给柯灵的信中说:

上海文艺界情形略有所闻,某些人之行为与旧戏剧界之帮派行为无异。排斥巴公,绝对不得人心,而若辈竟为之。您之愤慨不平,不徒因与巴公友好,亦由于为文艺界之趋于下流习气,主要之点则希望文艺界共趋于正派,认真写出好作品,为提高精神文明作出贡献,为中国新文学增加分量。您看我说得

对头吗,不过为巴公着想,不当作协主席也好,免得开会时要准备讲稿,平时也不免要过问些杂务。他身体不甚佳健,以保养为要,少过问外事是有益的。……您若见到巴公,请代为致意,说我时常想念他,只因思力视力都差,懒写信耳,原听说他从日本回来先到北京,甚盼一晤,后知径回上海,未免失望。②

叶圣陶痛恨文艺界的"帮派行为"和"下流习气",盼望能与巴金晤叙,难怪巴金一直把叶圣陶敬奉为恩人和"向导"。

## 为出版业鞠躬尽瘁

叶圣陶做编辑工作的年头最长,看稿子是他经常的工作。因为学识浩博,看稿子又特别认真,被誉为出版界的"伯乐"。他提拔了许许多多的文学新人,推出了方方面面的学术名著。他审阅的最后一部书稿是中央统战部理论研究院汇编的《周恩来统一战线文选》的注释稿。1984 年 9 月下旬,中共中央统战部请他审阅《周恩来统一战线文选》的注释稿。虽说"视力"已经不允许他再看这样的书稿了,但

① 《巴金兄索书作此赠之》,《叶圣陶集》第 8 卷第 415 页。

② 柯灵致〈新文学史料〉编辑部》,《新文学史料》1988 年第 3 期。

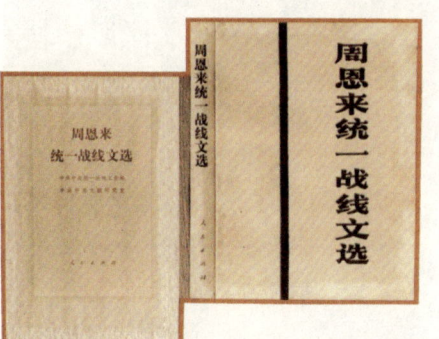

《周恩来统一战线文选》。

因为是周总理的文选的注释,他感到义不容辞,于是戴上眼镜加放大镜,对注释一字一句反复斟酌。10月4日日记记:

上月下旬,统战部送来《周恩来统一战线文选》之送审本,共收六十四篇,嘱过目,并撰题辞,文共六十四篇。用三号字排版,余尚能看,然亦感吃力,看至今日,已有十篇,全看恐难能也。至于题辞,用说理文为之,非余所能,殆只能作诗词言其感受而已。

注释稿审阅完了之后,统战部理论研究院的同志又于1985年1月4日来访,请叶圣陶为《周恩来统一战线文选》作诗或题词,词还没有填完,叶圣陶就感到身体不舒适,到北京医院作检查。医生确诊为肝炎,要他留下来住院治疗。叶圣陶说手上一件事没做完,请医生宽限两天,做完了一定来住院。1985年1月10日,叶圣陶把填完了《六州歌头·读〈周恩来统一战线文选〉》

送出后,住进北京医院,第二天就昏迷了,肝炎的各项指数均已恶化到无法测量的程度。事无巨细,只要答应了下来,就一定认真办到,这是叶圣陶一贯的工作作风。他真不愧为我国进步文化出版事业的先驱者,新中国出版事业的奠基人,出版工作者的楷模。《六州歌头·读〈周恩来统一战线文选〉》,对《周恩来统一战线文选》做了切实的评价,词云:

英才时会,早岁见峥嵘。天下乱,生民困,一心萦。探前程。交结同时俊侣,东瀛棹,西欧旅,马恩学,研磋候,悟亲生。　一自参持党政,彻始终、统战躬行。值其人其事,语出掬真诚。孰不心倾?再三评,示知识界,民族际,党派内,准绳明。学无尽,改无止,切身经。意丁宁。坚持学与改,臻耄耋,宛年青。　五原则,共和平。感寰瀛。立足奉陪凶械,不先发,特地声称。见丰功统战,举世沐高情。千古垂名。①

## "把全部身心交还给人民"

叶圣陶是唯物主义者,相信人总要死的。他老人家想到"死",是在1979年。年老体弱,引起关于"死"的预想来,这也是很自然的事。是年12月11日,他郑重其事地写了《遗言》,嘱咐家人,丧事从俭,"在《人民日报》自费登个广告,告知相识的人,说我跟他们永别了"。

① 《叶圣陶集》第8卷第487页。

1984年2月1日与家人合影。这是叶圣陶在"家"里过的"最后一个除夕之夜",其后的"农历三十"都是在北京医院过的。

1983年2月12日（除夕）与家人合影。

老有所为
叶圣陶
1988.1月

叶圣陶最后一幅题词。

1980年12月21日，他在《遗言》上补写"非但不要开追悼会，别的什么会也不要开。像我这样的一个平凡的人。为我开无论什么会都是不适宜的。务望依我"。1984年2月12日，又在《遗言》上补写"如有医学院校需要，把尸体赠与。如果火化，骨灰不要捡回"。短短一份遗言，一次又一次地补充，真可谓对"生"认真，对"死"认真。正是这种直面"死亡"的态度，激励他执著于"现实"。有一分力，发一分光；生命不息，战斗不止；

鞠躬尽瘁，死而后已。"死后"非但不要给任何人添麻烦，"如有医学院校需要，把尸体赠与"，有一分用，尽一分用。

叶圣陶把"身后事"交待清楚后，心情更为乐观，胸襟更加坦荡。1987年6月5日，叶圣陶在民进全国代表会议上恳切要求辞去中国民主促进会主席职务。他郑重地说：这几年眼看不清，耳听不明，通向外界的这两个窗口几乎关闭。作为主席不能参加民进的活动，是"不能容许的失职"，"恳求这次代表会议免去我的主席职务，希望能得到各位代表的谅解"。6月9日，为免得出席民进大会的代表们惦记，分批来家探望，叶圣陶抱病来到京西宾馆，同与会代表会面，向大家致敬意。他跟大家说："承蒙诸位知道我的实际情况，接受我的恳求，解除了我的主席职务"，"现在我

1986年与广洽法师合影。

年6月9日,叶圣陶在成都《新民报》发表《说话与听话》一文,在论及"说话的人的态度"时说:

> 说话的人的态度应该是"有诸己而后求诸人"。自己也信不过的话,挂在口头说一阵,多么无聊。没有话勉强要说话,想着浪费了的精力就觉得可惜,还不如默尔而息合乎保养之道。尤其是"求诸人"的话,如果"无诸己",内里空虚别扭,说出来怎么会充实圆融?而且说到要人家怎样怎样的时候,想着自己并没有怎样怎样,脸上就禁不住一阵的红,这一阵脸红比较挨人家的骂还要厉害,又怎么受得了!①

的愿望实现了,我找不到什么语言来形容对诸位的感谢。"他用《礼记·大学》中的"有诸己而后求诸人,无诸己而后非诸人"两句话,寄语教育界、文化界、出版界同仁更加严格要求自己,勤勉从公,多做实事。

"有诸己而后求诸人,无诸己而后非诸人"这两句古语,也是叶圣陶一生行谊的准则。早在1925年,他和匡互生、夏丏尊等性情相类、兴趣趋同的朋友们一起创办立达学园,奉行"己欲立而立人,己欲达而达人"的教育理念。随后又成立了立达学会,"修养人格、研究学术、发展教育、改造社会"。1943

过了五十多年,叶圣陶告别政治舞台,在公开场合作"最后一次的演讲",表达自己有生之年的愿望时,本该有许多话要说,但偏偏只讲了这两句古语,究其原因,还是出自"中国改革之不可缓"的企盼,热忱地希望公职人员和文化教育工作者从"正己"、"正身"入

① 《叶圣陶集》第6卷第28页。

叶圣陶遗言。

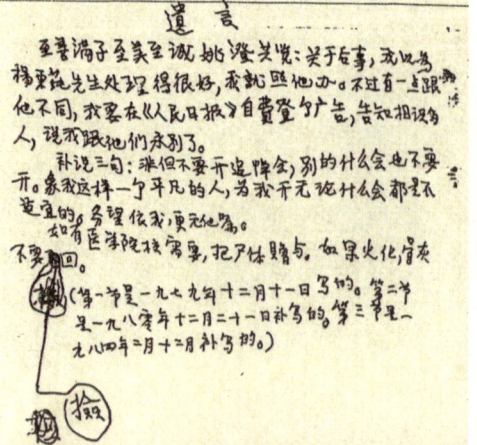

立达学园校徽。

手,去描绘"正民"、"正国"、"正天下"的宏伟愿景。

自1987年6月始,二十五卷本《叶圣陶集》由江苏教育出版社陆续出版,叶圣陶将稿酬全部捐献给"出版者之家"作基金费。"出版者之家"成立于1987年3月,叶圣陶在3月18日日记记:

由民进中央与出版局共同主办"出版者之家",设在魏家胡同。同人们可以在此吃茶,看书报。

叶圣陶以自己无声的实践,为他的生命历程又镌刻了鲜艳的一笔。1988年2月16日农历丁卯年除夕上午8时20分,叶圣陶那颗搏击了94个春秋的心脏停止了跳动。遵照遗愿,他的遗体交给了北京医院解剖研究,真正做到把全部身心都交还给了人民。

先生之风,山高水长!

叶圣陶晚年照片(摄于1987年9月8日)。

# 后　　记

　　两年前，江西人民出版社陈世象先生嘱我撰写《叶圣陶画传》，我因要到澳门大学讲学一年耽搁下来了。去年暑期结束在澳门大学的讲学后，就全身心地投入《叶圣陶画传》的写作，寻找图像资料花的时间最多，扫描和翻拍的工作主要是圣陶先生的后人叶永和、蒋燕燕伉俪做的。永和是圣陶先生最小的孙子，燕燕是圣陶先生最小的孙媳，他俩撰文编书合用一个笔名"叶燕"。《叶圣陶画传》署"叶燕图"，这"叶燕"就是叶永和、蒋燕燕。

　　今年10月28日，是圣陶先生120岁诞辰。《叶圣陶画传》能在今年出版，是很有纪念意义的。谢谢江西人民出版社，谢谢陈世象先生。

商金林

2014年2月20日

于北京大学畅春园寓所

图书在版编目（CIP）数据

叶圣陶画传 / 商金林著 . — 南昌：江西人民出版社，2015.5
（文化的记忆：中国现代文化名人画传 / 朱法元主编）
ISBN 978—7—210—06814—3
Ⅰ.①叶… Ⅱ.①商… Ⅲ.①叶圣陶（1894～1988）—传记—画册 Ⅳ.① K825.46—64

中国版本图书馆 CIP 数据核字 (2014) 第 258633 号

文化的记忆丛书

# 叶圣陶画传

商金林 著
出版：江西人民出版社
发行：各地新华书店
承印厂：深圳市精彩印联合印务有限公司
2015 年 5 月第 1 版　2015 年 5 月第 1 次印刷
开本：787×1092mm　1/16
印张：12.75　字数：210 千
ISBN 978—7—210—06814—3　定价：45.00 元
赣版权登字—01—2014—667　版权所有 侵权必究

江西人民出版社　地址：江西省南昌市三经路 47 号附 1 号
邮编：330006　编辑部电话：0791—86898330　0791—86898565
发行部电话：0791—86898893
网址：www.jxpph.com
E-mail:swswpublic@sina.com　web@jxpph.com
（赣人版图书凡属印刷、装订错误，请随时向承印厂调换）